A MENTE DO
EMPREENDEDOR

A MENTE DO EMPREENDEDOR

TRADUÇÃO
IVAR PANAZZOLO JUNIOR

KEVIN D. JOHNSON

astral cultural

Copyright © Kevin D. Johnson, 2013
Título original: The Entrepreneur Mind
Publicado originalmente em Língua Inglesa por Johnson Media Inc.
Tradução para a Língua Portuguesa © 2019, Ivar Panazzolo Junior
Esta tradução foi publicada em acordo com Columbine Communications & Publications, Walnut Creek, Califórnia, EUA, www.columbinecommunications.com
Todos os direitos reservados à Astral Cultural e protegidos pela Lei 9.610, de 19.2.1998.
É proibida a reprodução total ou parcial sem a expressa anuência da editora.
Este livro foi revisado segundo o Novo Acordo Ortográfico da Língua Portuguesa.

Copyright © Kevin D. Johnson, 2013
Original title: The Entrepreneur Mind
Originally published in English by Johnson Media Inc.
Translation to Portuguese © 2019, Ivar Panazzolo Junior
This translation published by arrangement with Columbine Communications & Publications, Walnut Creek, California USA, www.columbinecommunications.com
All rights reserved to Astral Cultural and protected by act 9.610, from 19.2.1998.
No parts of this publication may be reproduced without prior permission from the publisher.
This book has been proofread according to the New Ortographic Agreement.

Preparação de texto Alline Salles
Revisão Livia Mendes
Capa Agência MOV
Foto autor Arquivo pessoal

Dados Internacionais de Catalogação na Publicação (CIP)
Angélica Ilacqua CRB-8/7057

J65m	Johnson, Kevin D. A mente do empreendedor / Kevin D. Johnson ; tradução de Ivar Panazzolo Junior. — Bauru, SP : Astral Cultural, 2019. 288 p. ISBN: 978-85-8246-869-2 Título original: The Entrepreneur Mind 1. Negócios 2. Sucesso nos negócios 3. Administração de empresas 4. Empreendedorismo 5. Liderança I. Título II. Panazzolo Junior, Ivar
19-0176	CDD 650.1

Índice para catálogo sistemático:
1. Sucesso nos negócios 650.1

BAURU
Joaquim Anacleto Bueno, 1-42
Jardim Contorno
CEP 17047-281
Telefone: (14) 3879-3877

SÃO PAULO
Rua Augusta,101
Sala 1812, 18º andar
Consolação
CEP 01305-000
Telefone: (11) 3048-2900

E-mail: contato@astralcultural.com.br

Aos milhões de empreendedores que, apesar de todas as dificuldades e das pessoas que vivem resmungando que é difícil alcançar o sucesso, montarão seus negócios assim mesmo e alcançarão o sucesso, mesmo que somente neste primeiro passo audacioso.

Para minha família e amigos que me apoiaram desde o primeiro dia. Especificamente, para minha esposa Deidre, cujo amor incondicional inclui me elogiar durante o sucesso e me reconfortar durante os fracassos, e ao meu filho, Miles, cujos sorrisos e risadas são a maior inspiração para que eu busque a realização dos meus sonhos.

SUMÁRIO

Prefácio 13
Introdução 15

CAPÍTULO 1 – ESTRATÉGIA — 19

1. Pense grande 20
2. Crie novos mercados 27
3. Trabalhe com a sua empresa, não na sua empresa 29
4. Nem todo risco é arriscado 31
5. Não perca tempo 33
6. Construa uma empresa que é dependente de sistemas, não dependente de pessoas 36
7. Peça ajuda 39
8. Primeiro os negócios, depois a família 41
9. Faça primeiro o que é mais importante 44
10. Contrate um bom advogado 46
11. O plano de negócios não é tão importante assim 49
12. Exija críticas e discordâncias na sua empresa 51

13. Demita seus piores clientes — 54
14. Ganhe dinheiro enquanto não faz nada — 56
15. Terceirizar faz sentido — 59
16. Deixe para trás uma ideia ruim de negócio — 61
17. Uma economia ruim é uma oportunidade enorme — 63
18. Adote tecnologias com antecedência — 65
19. A ignorância pode ser uma bênção — 67
20. Adapte-se à mudança rapidamente — 70
21. A tecnologia é uma oportunidade, não uma ameaça — 72
22. Cuide sempre da comunicação — 75
23. Concentre-se com a precisão de um laser — 78
24. Sem fins lucrativos significa com fins lucrativos — 81
25. Explore novas aventuras para conseguir inspiração — 85
26. O fracasso não vai matá-lo; vai fortalecê-lo — 88
27. Busque parcerias pelas razões certas — 90
28. Seja mestre em aproveitar recursos — 92
29. É a execução de uma ideia, e não o seu ineditismo, que gera o sucesso — 96
30. Encontre um inimigo — 99
31. Não subestime seus concorrentes — 101
32. Peça aquilo que quer — 103
33. Ausência de concorrência significa que sua ideia provavelmente tem pouco mérito — 105
34. Apague os incêndios rapidamente — 108
35. Tenha uma estratégia de saída — 110

CAPÍTULO 2 – EDUCAÇÃO — 113

36. Escola não é necessariamente educação — 114
37. Não há pressa para você conseguir seu MBA — 116

CAPÍTULO 3 – PESSOAS 121

38. Passe a maior parte do tempo com pessoas que são mais inteligentes do que você 122
39. Espaço físico não é uma prioridade, mas uma boa equipe é 124
40. O que você veste não reflete o quanto você vale 126
41. Você não precisa ser sempre a pessoa mais inteligente da sala 129
42. O talento vale mais do que a experiência 131
43. Você é estranho, e não há problema nisso 133
44. As pessoas não trabalham somente por dinheiro 135
45. Tenha um parceiro 137
46. Não deixe as pessoas abusarem da sua flexibilidade 140
47. Não gerencie pessoas; gerencie expectativas 142
48. Encontre o mentor certo 144
49. Escolha seu cônjuge com sabedoria 146
50. Demita pessoas improdutivas 148

CAPÍTULO 4 – FINANÇAS 152

51. Você não precisa de dinheiro para ganhar dinheiro 153
52. Cuidado com os impostos 155
53. Um cheque na mão não vale nada 157
54. Evite fluxo de caixa negativo 159
55. Pegue dinheiro emprestado com um banco antes de precisar 162
56. Pagamentos antecipados são a melhor coisa; esqueça os termos habituais de pagamento 164
57. Contratar um contabilista profissional é um dinheiro bem investido 167
58. Administre bem as dívidas 170
59. Há uma desvantagem em ter investidores 172

60. Concentre-se em construir receita   176
61. O maior investimento na sua empresa é o seu   179
62. Use bancos diferentes para minimizar riscos   181
63. Conheça a reputação da sua empresa   184

CAPÍTULO 5 – MARKETING E VENDAS   186

64. Você trabalha com vendas, queira ou não   187
65. Seu cliente é o seu chefe   189
66. Você tem vendas antes de ter um negócio   192
67. Você nem sempre é a melhor pessoa para fechar um negócio   195
68. Networking não é algo que está centrado em você   197
69. Não perca tempo com pessoas que não podem dizer sim   199
70. Não existe esse negócio de ligação não solicitada   201
71. Fale sobre a sua empresa para todo mundo   204
72. Faça as perguntas certas   207
73. Receba o valor máximo por seus produtos ou serviços   210
74. Não seja condescendente com seus clientes   213
75. Construa a sua rede de contatos criativamente   215
76. Não guarde rancor   218

CAPÍTULO 6 – LIDERANÇA   221

77. Aja, apesar daquilo que está sentindo   222
78. Avance para além do seu medo   224
79. Seja um delinquente   226
80. Faça seus sonhos virarem realidade   228
81. Faça sacrifícios custosos   230
82. Você tem uma perseverança inacreditável   233
83. Esteja preparado para perder tudo   236

CAPÍTULO 7 – MOTIVAÇÃO 239

84. Ter sucesso não é o objetivo	240
85. Você fica empolgado nas manhãs de segunda-feira	242
86. Você fica decepcionado quando a sexta-feira chega	244
87. Trabalhar em horário comercial é pior do que a morte	247
88. Seus pais querem que você encontre um emprego de verdade e que tenha benefícios	249
89. Às vezes, você consegue mais decepções do que respeito	251
90. A questão não é ser seu próprio chefe	254
91. O empreendedorismo está no seu sangue, literalmente	256
92. Você sabe o quanto vale	258
93. Você não consegue ficar em um só emprego	261
94. Você chora quando as coisas não acontecem do seu jeito	263
95. Nunca é tarde para ser um empreendedor	265
96. Você sente uma alegria incrível quando sua ideia se transforma em realidade	267
97. Seguir a sua paixão é algo que não existe	269
98. Você tem a motivação certa	271
99. Você ama a sua vida	275
100. Você é um eterno empreendedor	277
Posfácio	281
Agradecimentos	282

PREFÁCIO

> O segredo do sucesso na vida é que o homem esteja pronto
> para a sua oportunidade quando ela surgir.
> — Benjamin Disraeli, primeiro-ministro do
> Reino Unido (1868, 1874-1880)

Enquanto eu terminava este livro, a Johnson Media Inc., a pequena empresa que fundei quando estava no segundo ano da faculdade em 2000, venceu duas outras empresas em uma concorrência para assumir um projeto de 40 milhões de dólares. O projeto, que vai se estender por três anos, é o maior contrato que minha empresa já conquistou. A Johnson Media Inc. agora vai ser uma das empresas mais proeminentes na indústria do marketing.

No final de julho de 2012, recebi um e-mail e um telefonema do vice-presidente de uma organização de alcance nacional que estava impressionado com o trabalho da minha empresa na indústria de serviços financeiros. O vice-presidente pediu que enviássemos uma proposta para um projeto bastante importante da sua organização. Concordei sem hesitar.

Embora estivesse em férias e visitando minha família em Chicago, comecei a trabalhar naquela mesma hora, convocando minha equipe a concentrar todos os esforços para vencer essa concorrência. Além disso, entrei em contato imediatamente com dois mentores cujas empresas haviam ganhado milhões de dólares em busca de apoio e orientação. Minha equipe e eu concluímos nossa proposta vencedora semanas antes do prazo final, passando ao cliente a imagem de que éramos incrivelmente profissionais e o projeto deles era nossa prioridade. Valeu a pena.

Menciono essa grande conquista porque ela é um testamento à efetividade dos princípios discutidos neste livro. Em *A mente do empreendedor*, descrevo em detalhes como os empreendedores de elite respondem rapidamente, colocam seus negócios em primeiro lugar, consultam mentores, contratam a melhor equipe, criam um ambiente baseado na urgência estressante, usam o tempo de maneira sábia e assim por diante. As 100 lições deste livro são precisamente os princípios básicos que usei para construir uma empresa multimilionária quando ainda era jovem.

Este não é simplesmente mais um livro sobre empreendedorismo focado em teorias de alta complexidade ou em concepções populares. Em vez disso, é uma abordagem pragmática que vai lhe trazer resultados. Em suas mãos, há um verdadeiro roteiro que vai ajudá-lo a conquistar seu sonho empreendedor — seja ele conseguir determinar seu próprio destino ou conquistar um projeto multimilionário em uma concorrência. Se você aprender com as minhas experiências e as lições de empreendedores de sucesso, então estará no caminho para o sucesso. Se adotar estes princípios e acreditar neles com todo o seu coração, o sucesso estará à sua espera.

INTRODUÇÃO

Ser empreendedor é pensar diferente. Enquanto a maioria das pessoas busca segurança, os empreendedores assumem riscos. Não querem um emprego; querem criar empregos. O objetivo não é "pensar fora da caixa", mas, sim, serem os donos da caixa. Empreendedores não seguem o mercado; eles definem o mercado. A esse modo de pensar, audacioso e aparentemente retrógrado, eu me refiro como a Mente do Empreendedor.

Como uma pessoa pode desenvolver uma mente empreendedora? O debate sobre essa questão nunca termina. Todo mundo, desde os acadêmicos até os próprios empreendedores, se pergunta se é possível chegar a desenvolver uma mentalidade como essa. Alguns acreditam que empreendedores já nascem feitos, que certos indivíduos já nascem predestinados a serem empreendedores, dotados desde o nascimento com a mistura certa de características e circunstâncias. Outros acreditam que os empreendedores podem se desenvolver por meio de uma combinação de *coaching*, educação e experiência.

A ideia de que empreendedores já nascem feitos, em vez de se formarem com o tempo, é ridícula. Contrário ao que muitos acreditam erroneamente, o empreendedorismo *pode* ser ensinado e aprendido. O fato de que mais de seiscentos mil estudantes universitários estavam matriculados em algum tipo de programa de empreendedorismo em 2011, comparado a uma quantidade menor do que 1% desse montante uma década antes, é um testemunho à crença cada vez mais disseminada de que o empreendedorismo tem um lugar respeitável no universo acadêmico. De várias maneiras, o empreendedorismo é como qualquer outra disciplina importante que requer estudos intensos e experiência prática.

Apesar de não ter tido o privilégio de estudar empreendedorismo em um ambiente acadêmico formal, consegui aprender com livros, muitos dos quais ainda tenho em minha biblioteca e uso como referência. Idas à livraria foram um primeiro passo natural quando decidi mergulhar nos negócios. Com bastante empolgação e avidez, comprei e li *High Tech Start up: The Complete Handbook for Creating Successful New High Tech Companies*, de John L. Nesheim. Um dos meus livros favoritos era *Netscape Time: The Making of the Billion-Dollar Start-Up That Took on Microsoft*, de Jim Clark. Livros como esses formaram o alicerce da minha educação no empreendedorismo. Sem eles, provavelmente eu teria desistido devido à frustração de, por conta própria, tentar descobrir e compreender tudo e encontrar a motivação.

Este livro é uma tentativa de acrescentar uma perspectiva moderna e prática ao vasto conhecimento disponível sobre como ser um empreendedor. Conforme me desenvolvia como um jovem empreendedor e passava por experiências e situações diferentes, percebi que poucos livros ofereciam conselhos mais sucintos como aqueles que dou aos meus mentorados. Ao contar minhas histórias pessoais e também as histórias de outros profissionais bem-sucedidos, eu me propus a escrever um livro centrado em 100 lições fundamentais que ensinam aos empreendedores as coisas que talvez eles não encontrem em um manual, revista ou na internet. Essas lições vão de como pensar grande até por que é preciso usar vários bancos, e até inclui quem você deve escolher como cônjuge.

Além disso, meu objetivo ao escrever este livro é ajudar jovens empreendedores a evitar os erros que cometi. Erros durante os primeiros dias de uma empresa podem ser devastadores. Uma decisão ruim, como gastar dinheiro de mais ou escolher um sócio inadequado para a empresa, pode levar um empreendedor a ter que encerrar suas operações por completo. Depois de cometer alguns dos meus maiores erros, eu sempre pensava: *queria que houvesse um livro que pudesse ter me avisado sobre isso.* Agora esse livro existe e eu posso ajudar as pessoas que têm o mesmo desejo.

Este livro é dividido em sete partes: Estratégia, Educação, Pessoas, Finanças, Marketing e Vendas, Liderança e Motivação. Cada parte contém pedaços relevantes de sabedoria que você pode ler separada ou sequencialmente. Sinta-se livre para pular de um ponto a outro de acordo com seus interesses, ou leia o livro do começo ao fim.

Se estiver pensando em empreender, celebrar o primeiro ano da sua empresa ou se já está chegando aos dez anos desde que abriu seu negócio, você vai encontrar um valor enorme na leitura deste livro. De maneira simples, esta obra vai ajudá-lo a desenvolver A Mente do Empreendedor.

CAPÍTULO 1

ESTRATÉGIA

> Estratégia é um estilo de pensar, um processo consciente
> e deliberado, um sistema intensivo de implementação,
> a ciência de garantir o sucesso futuro.
> — Pete Johnson, empresário britânico

Todos os empreendedores devem fazer três perguntas vitais a si mesmos em relação à sua estratégia de negócios: *Onde estamos agora? Onde queremos estar? Como vamos chegar lá?* Se não souber as respostas para essas perguntas, você não tem uma estratégia para o sucesso. Em vez disso, você tem um interesse empresarial sem foco e, provavelmente, um fracasso nas mãos.

Empresas com uma estratégia clara e sólida estão preparadas para vencer. Companhias com produtos inferiores frequentemente derrotam companhias com produtos superiores porque, enquanto os cachorros grandes repousam sobre os louros do sucesso, os vira-latas estão implementando e executando uma estratégia melhor. Além disso, eles podem ter sócios melhores, usar os serviços de advogados mais arrojados ou automatizar mais processos. A estratégia e as táticas de uma empresa podem ajudá-la a superar obstáculos que parecem intransponíveis. Neste capítulo, você vai aprender sobre estratégias e táticas para aperfeiçoar sua empresa, desde testar um novo mercado até desenvolver um plano de saída. Dominar esses conceitos importantes vai colocar sua empresa à frente das outras.

1. PENSE GRANDE

É preciso ter em mente que a tragédia na vida não se deve ao fato de não alcançar seu objetivo. A tragédia está em não ter um objetivo a alcançar... Não é uma lástima não tentar alcançar as estrelas, mas é uma lástima não ter estrelas para tentar alcançar. Não o fracasso, e sim as baixas expectativas é que são um pecado.
— Benjamin E. Mays, religioso, educador, acadêmico e ativista social

Os dois tipos de fracasso nos negócios

Uma empresa pode fracassar de duas maneiras: se não sobreviver além do seu início e se não alcançar todo seu potencial. Enquanto empresas que fecham as portas recebem a maior dose de atenção, o fracasso em alcançar todo seu potencial é muito mais catastrófico.

Por um lado, mensurar e compreender por que tantas empresas fracassam no sentido tradicional é relativamente fácil. Temos os dados. Organizações que vão desde a Kauffman Foundation até a Câmara de Comércio dos Estados Unidos vêm analisando anos e anos de estatísticas, o que nos dá uma ideia firme sobre os motivos pelos quais cerca de setenta e cinco por cento das empresas não sobrevivem por quinze anos ou mais. Algumas das razões para o fracasso incluem a subcapitalização, a expansão sem critérios, mau planejamento e mercados em crise.

Por outro lado, medir e compreender por que uma empresa não consegue maximizar seu potencial é bem difícil. Estudos e estatísticas a respeito dificilmente estão disponíveis de imediato. Além disso, o parâmetro normalmente utilizado para medir o sucesso de uma empresa, com frequência, é a própria existência da empresa em si. Eu sou culpado por perpetuar essa baixa expectativa, pois costumo parabenizar empresários que sobreviveram aos seus primeiros cinco anos. Embora essa conquista seja honrosa, é mais impressionante ter uma empresa *lucrativa e de alto crescimento* após cinco anos. Em vez de lisonjear empresários que alcançaram um certo número de anos, o objetivo deveria ser desafiar e ajudar empresas sólidas a alcançar um patamar mais elevado — a pensar grande.

Definindo "pensar grande"

A expressão "pensar grande" é amplamente disseminada, desde comentaristas da ESPN até Donald Trump. Da mesma forma, uma camiseta popular traz estampado o slogan "Cresça ou vá para casa!". Aparentemente, nós temos uma epidemia de pessoas que pensam pequeno. Apesar da sua popularidade e da ascensão no mundo da cultura pop, o ditado não tem um significado muito claro, especialmente no que diz respeito aos negócios.

Empresarialmente, "pensar grande" significa simplesmente dedicar-se a ideias que maximizam o escopo do seu potencial. Da mesma forma, pode significar investir em ideias que tenham impacto máximo no mundo. Apesar da sua definição simples, pensar grande é algo difícil de fazer por diversas razões; mas se você tiver noção de quais são os obstáculos, vai conseguir evitá-los completamente.

1. *Um dos principais obstáculos a pensar grande é a incapacidade de crescer além dos limites do seu ambiente.* Sou mentor de vários jovens empreendedores, e uma das decepções comuns que tenho em relação aos meus mentorados é sua incapacidade de criar empresas que vão além dos confinamentos da sua realidade ou ambiente. Em outras palavras, o ambiente em que estão inseridos restringe seu pensamento a ponto de fazer suas empresas sofrerem com o crescimento limitado ou até mesmo a morte.

Para contrabalançar esse efeito, dou exemplos de empreendedores que saíram do seu ambiente para alcançar o sucesso. Por exemplo, muitos estudantes universitários querem abrir empresas cujo público-alvo é formado somente pelos universitários que estudam no seu próprio *campus*. Em vez disso, eu os estimulo a expandir seus mercados, levando seu produto ou serviço para segmentos adicionais. Estudantes, por exemplo, podem vender seu produto ou serviço a faculdades espalhadas por todo o país ou pelo mundo. Além disso, conto aos meus mentorados como o Facebook, que originalmente se destinava somente a universitários, foi alicerçado em uma ideologia que agrada a pessoas de todo o mundo. Foi somente uma questão de tempo até que Mark Zuckerberg, cofundador do Facebook, expandisse o público-alvo da sua empresa — de estudantes universitários para todas as pessoas do planeta.

2. *Muitos empreendedores carecem de motivação para se dedicar às grandes ideias.* Percebo que essa mentalidade é disseminada entre empreendedores que tiveram algum nível de sucesso monetário nos negócios e isso diminui sua disposição em encampar ideias maiores. Esses empreendedores lutam para manter seu conforto ou acostumam-se a ir somente atrás de metas fáceis de alcançar. Como o escritor especializado na área de negócios Michael Gerber diz, "o conforto nos transforma em covardes". Além disso, esses empreendedores podem simplesmente estar sobrecarregados com as tarefas relacionadas à administração do seu próprio negócio e não têm condições de fazer qualquer outra coisa.

Para superar a falta de motivação, os empreendedores devem encontrar um indivíduo ou equipe que lhe cobre o empenho pela execução da sua grande ideia, passo a passo. Sei que se manter motivado pode ser difícil. Entretanto, contar com a cobrança de pessoas para que eu cumprisse com meus objetivos realmente funcionou. Além disso, se tiver várias empresas, assim como eu, você precisa delegar tarefas a outras pessoas e encontrar tempo para desenvolver a sua ideia. Caso contrário, você fará pouco progresso.

3. *Falta a vários empreendedores a autoconfiança para pensar grande.* Eles não conseguem enxergar a si mesmos administrando uma organização de grande porte, ou ficam paralisados pela enormidade da ideia. Podem perguntar a si mesmos: *Por onde começo? Como vou*

construir uma equipe capaz de executar essa ideia? Onde vou conseguir o capital inicial para um projeto tão grande?

Para aumentar sua autoconfiança, desenvolva e dê pequenos passos que façam com que você comece a trabalhar na sua ideia. Por exemplo, faça algumas pesquisas básicas sobre a sua ideia ou coloque suas ideias no papel. Se for como a maioria das pessoas, essas pequenas vitórias vão se acumular para aumentar a sua autoconfiança e estimular seu avanço.

4. *Empreendedores frequentemente carecem da diversidade e expertise de influenciadores necessárias para pensar e, posteriormente, executar de maneira grande.* Sou fã do programa *Shark Tank*, no qual empreendedores descrevem suas ideias para um painel de investidores, ou tubarões, que em seguida decidem se farão investimentos com a companhia que apresentou o projeto. Os empreendedores que aparecem no programa procuram, além do capital de investimento, a experiência valiosa dos tubarões. Em um dos episódios, um tubarão sugeriu que um empreendedor licenciasse seu produto em vez de vendê-lo a varejistas individuais, o que é um processo árduo. O empreendedor não havia pensado em licenciar seu produto, uma estratégia que lhe traria lucros mais rapidamente e também minimizaria os riscos. Neste caso, como em tantos outros, o fundador precisou da experiência e influência de empreendedores veteranos para maximizar o potencial de uma ideia de negócio.

Para ultrapassar esse obstáculo, você deve estabelecer uma rede diversificada de indivíduos que pensam grande e entendem o que é necessário para chegar a esse nível. Da mesma forma, eles vão poder ajudá-lo a analisar e aperfeiçoar sua ideia. Recentemente, Reid Hoffman, o criador do LinkedIn, disse a um grupo de empreendedores aspirantes em Cambridge, na Inglaterra: "Conversem com quantas pessoas puderem. O que vocês querem são as pessoas que vão lhes dizer o que há de errado com a sua ideia. É com essas pessoas que vocês podem aprender".

Minha primeira grande ideia

Assim como muitos dos meus mentorados universitários de hoje, eu não era capaz de pensar grande durante meus primeiros dias de start-up, porque era limitado pelo meu ambiente. Além disso, minha rede de contatos não incluía empreendedores mais velhos que pudessem me ajudar a traduzir o valor do meu site universitário para um público mais amplo e mais lucrativo.

Quando percebi o enorme potencial que minha ideia tinha, já era tarde demais. Concorrentes bem financiados e talentosos tomaram o mercado agressivamente enquanto eu me concentrava em aumentar o sucesso no meu pequeno microcosmo universitário. Se as circunstâncias tivessem sido diferentes, eu poderia ter sido um concorrente formidável para grandes empresas, como CollegeClub.com ou até o Facebook.

Apesar da oportunidade perdida de me tornar um portal web universitário de alcance nacional ou até mesmo global, nem tudo estava perdido. Ansioso para sair do mercado universitário e deixar minha marca em uma área maior, eu me deparei com uma oportunidade que mudaria para sempre como me dedico a ideias de negócios. Decidi me concentrar em comercializar uma ferramenta interna que criei para ajudar minha equipe a atualizar páginas da web sem que precisassem conhecer linguagens de programação de computadores. O Omni Publishers, um dos primeiros sistemas de gerenciamento de conteúdo — similar às primeiras versões do WordPress —, foi meu primeiro produto com apelo global. Daquele ponto em diante, comecei a pensar grande e nunca voltei a pensar pequeno.

Vendemos o Omni Publishers a jornais comunitários locais e outras empresas do ramo editorial para simplificar o processo de fazer atualizações frequentes de conteúdo em seus sites e automatizar o arquivamento com uma base de dados portátil. O Omni Publishers também ajudou usuários com orçamentos limitados a adquirir um *software* de qualidade empresarial que normalmente lhes custaria muito mais se fossem desenvolvê-lo por conta própria ou comprá-lo de um revendedor estabelecido. Minha empresa teve sucesso regional com o projeto e acabou por vender o Omni Publishers para uma pequena empresa do ramo editorial.

Durante um dos primeiros períodos de consolidação, empresas com *softwares* similares ao da minha companhia foram adquiridas por milhões de dólares. Meu sonho de vender para um enorme conglomerado de mídia por um grande valor não chegou a se realizar, mas eu dormia bem à noite sabendo que sonhava grande e que estava no caminho certo.

Onde mais ajuda pensar grande

Afirmo que a perda total de valor por empresas que deixam de atingir seu pleno potencial é muito maior do que o valor perdido por empresas que deixam de existir. Algumas estatísticas sólidas apoiam essa minha posição, conforme o que foi relatado em uma recente proposta da Technology Association of Georgia (TAG): De acordo com o site YourEconomy.org (criado pela Fundação Edward Lowe com base em dados de Dun e Bradstreet), de 2000 a 2007, a maior parte da criação de novos empregos nos Estados Unidos ocorreu por meio de empresas de Estágio I (de 1 a 9 funcionários). Entretanto, no decorrer desse período, os novos empregos pelas empresas de Estágio I eram criados numa média de 1,5 por empresa nova, enquanto as empresas de Estágio II (de 10 a 99 funcionários) criaram novos empregos numa taxa de 26 por cada nova empresa. O site também indica que, desde 2000, empresas do Estágio IV (500 funcionários ou mais) ainda não criaram nenhum emprego a mais. Em vez disso, elas perderam aproximadamente 2,5 milhões de empregos.

Por essa razão, economistas, empreendedores e outras pessoas interessadas em desenvolvimento econômico não deveriam necessariamente enfatizar o estímulo ao crescimento das start-ups. Em vez disso, precisam tentar ajudar empresas e líderes estabelecidos a transformar suas operações de médias em grandes. Em outras palavras, aumentar o número de novas start-ups é menos importante do que garantir a plena maturação de empresas estabelecidas que têm um potencial de crescimento tremendo e sustentável.

Como fazemos para transformar empresas de médio porte em grandes empreendimentos? Muitos desenvolvedores econômicos estão se perguntando isso hoje, e nós estamos trabalhando de modo bastante diligente para responder. Uma das abordagens, conhecida como *economic gardening*, está abordando o desafio e obtendo resultados impressionantes, especialmente na Flórida. Conforme a definição da Kauffman Foundation, *economic gardening* é um modelo que adota a ideia fundamental de que são os empreendedores que impulsionam a economia. O modelo busca criar empregos ao dar apoio às empresas existentes em uma comunidade. A prática do *economic gardening* também desenvolve a capacidade mental no empreendedor de pensar grande e dá recursos para transformá-las em realidade.

Deixar de pensar pequeno e passar a pensar grande pode ser extremamente difícil, mas vale a pena. Na verdade, todas as grandes conquistas da humanidade começaram com uma ideia grande e ousada. Imagine onde estaríamos se as palavras inspiradoras do grande Benjamin E. Mays, as quais nos encorajam a pensar grande, não houvessem inspirado um jovem aluno do Morehouse College que sonhava em viver em um mundo diferente daquele onde se encontrava. Martin Luther King Jr., um dos ícones mais conhecidos do mundo, poderia ter se contentado simplesmente em ser um pastor religioso em sua cidade natal de Atlanta, na Geórgia. E nunca teria avançado para realizar seu sonho, uma visão que mudou o nosso mundo para sempre.

Pessoas com a capacidade e a audácia de pensar grande abrem caminhos rumo à grandiosidade.

2. CRIE NOVOS MERCADOS

Se eu tivesse perguntado às pessoas o que elas queriam, a resposta seria: cavalos mais rápidos.
— Henry Ford, fundador da Ford Motor Company

Os dois tipos de empreendedores são aqueles que criam mercados e os que não criam. Por um lado, o empreendedor que cria mercados é considerado um revolucionário. Por outro, o empreendedor que compete em mercados bem estabelecidos é considerado ordinário. Essas duas abordagens podem levar ao sucesso nos negócios, mas as pesquisas indicam que o empreendedor criativo tem uma melhor posição estratégica.

A Estratégia do Oceano Azul, um *best-seller* da área de negócios, traz um argumento bastante convincente: criar novos mercados conhecidos como "oceanos azuis" é melhor do que competir em setores superlotados da indústria, conhecidos como "oceanos vermelhos". Os autores W. Chan Kim e Renée Mauborgne estudaram 150 movimentos estratégicos ao longo de mais de cem anos e 30 setores da indústria para escrever seu livro. Eles também analisaram 108 empresas que lançaram novos negócios para quantificar o impacto no crescimento das receitas e lucros advindos da criação de oceanos azuis. As conclusões de Kim e Mauborgne são notáveis: descobrimos que 86 por cento dos lançamentos eram extensões de linhas, ou seja, melhorias incrementais dentro do oceano vermelho do espaço de mercado existente. Mesmo assim, elas foram responsáveis por apenas sessenta e dois por cento das receitas totais e meros trinta e nove por cento dos lucros totais. Os outros catorze por cento dos lançamentos estavam focados na criação de oceanos azuis. Eles geraram trinta e oito por cento das receitas totais e sessenta e um por cento dos lucros totais.

De acordo com esses dados, a criação de oceanos azuis compensa. O livro dá exemplos sólidos de empresas de sucesso que criaram novos mercados, incluindo nomes como Yellow Tail, Cirque du Soleil, Ralph Lauren e Lexus. E oferece também um processo passo a passo para executar a estratégia do oceano azul. Recomendo fortemente que você compre um exemplar do livro.

Como mentor de jovens empreendedores, estimulo meus mentorados a buscar novos mercados em vez de entrarem em mercados já estabelecidos. Minha primeira start-up era um oceano azul, ou um lago azul, se considerasse o tamanho do meu mercado. No meu microcosmo de um *campus* universitário, criei um portal na web que permitia que os alunos interagissem de maneiras que nunca haviam sido possíveis antes. Como resultado, anunciantes se amontoaram para aproveitar minha plataforma. Além disso, estimulo meus mentorados a estudar alguns dos nossos maiores e mais ricos empreendedores para aprender como eles conseguiram identificar e dominar novos mercados.

Ao passar a lista dos quatrocentos americanos mais ricos na revista *Forbes*, você consegue ler os nomes de vários empreendedores que criaram e foram líderes em mercados que eram inexistentes anteriormente. Michael Bloomberg, por exemplo, abriu sua empresa depois de ser demitido de um banco de investimentos em 1981 e foi pioneiro no fornecimento de dados financeiros de alta qualidade a bancos e *traders* de Wall Street. Antes da Bloomberg L.P., nenhuma empresa fornecia esses dados valiosos rapidamente e em vários formatos diferentes. Da mesma forma, a Amazon.com de Jeff Bezos revolucionou a maneira pela qual os consumidores compram livros e outros produtos. A lista segue com nomes como Michael Dell, Phil Knight (cofundador da Nike), George Lucas e outros.

Que tipo de empreendedor é você? Se tiver um oceano azul, você está no caminho certo para um sucesso tremendo. Por outro lado, se estiver competindo em um oceano vermelho, é hora de adotar estratégias para criar inovações e levar sua empresa rumo a lucros significativos e uma vantagem competitiva sustentável.

3. TRABALHE COM A SUA EMPRESA, NÃO NA SUA EMPRESA

Se a sua empresa depende de você, você não é dono de uma empresa; você tem um emprego.
— Michael Gerber, autor de *O mito do empreendedor*

Foi uma das maiores sensações de realização e satisfação que já tive. Depois de um processo longo e difícil de buscar as pessoas certas, todas as funções essenciais na minha empresa editorial estavam preenchidas. Minha equipe de quase vinte pessoas cuidava de tudo, desde determinar o conceito de uma nova edição até entregá-la para os leitores. Eu nem precisava olhar a revista impressa se não quisesse. E agora podia me concentrar em como fazer a revista crescer, deixando de ser uma publicação regional para se transformar em uma publicação nacional.

Enquanto a companhia de um empreendedor não puder funcionar sem o fundador, essa pessoa não é nada além de um profissional autônomo, o degrau mais baixo na hierarquia dos empreendedores. A infeliz realidade para milhões de empreendedores é que a própria empresa depende demais deles. Você conhece esse tipo de empreendedor e talvez a descrição dessa pessoa sirva para descrever você. Estão sempre sobrecarregados com os assuntos da empresa, cuidando de absolutamente tudo — desde o pagamento de impostos até levar o lixo para fora. Trabalham sem parar, não somente porque querem, mas porque precisam fazer isso. Talvez ajam como se tivessem uma equipe para cuidar de tudo, mas não têm. Tudo isso é só uma fachada. A dura realidade é que, se essas pessoas fossem atropeladas por um ônibus e morressem, suas empresas também morreriam.

O simples fato de *ter* a capacidade de assumir uma função crucial em sua empresa não significa que você *deva* fazer isso. Em uma conversa recente que tive, um amigo empreendedor se gabou da sua frugalidade empreendedora como se fosse uma qualidade admirável.

Normalmente as coisas são assim, mas ele a levou longe demais. Ele falava com bastante entusiasmo: "Por que deveria pagar alguém por algo que eu mesmo posso fazer?". Geralmente, isso significa "Eu não tenho dinheiro para pagar alguém para fazer esse serviço". Se você não tem a receita suficiente para contratar uma equipe e substituir a si mesmo, sua empresa não é lucrativa — e talvez você devesse considerar uma abordagem ou um empreendimento totalmente diferentes. Fazer tudo por conta própria em sua empresa leva a um rápido esgotamento, e a atividade impede que você cumpra seu papel de empreendedor: trabalhar com a sua empresa, e não na sua empresa.

Antes mesmo de abrir sua empresa, concentre-se em planejar como você vai se livrar de si mesmo — especialmente se a empresa é focada na prestação de serviços e se for você mesmo quem os presta. Essa perspectiva é absolutamente obrigatória porque, quando o negócio começar a deslanchar, você não vai ter tempo para dedicar ao planejamento quando o trabalho começar a se empilhar. Você naturalmente vai dar prioridade ao atendimento dos clientes e a gerar receitas em vez de planejar sua substituição.

Encontrar pessoas de qualidade para preencher as funções importantes coloca você no estado mental adequado da administração de uma empresa. Nesse estado, você realmente é um empreendedor, e isso é o mais importante. Quando conseguir eliminar com sucesso a dependência que sua empresa tem de você — e o processo não será rápido, nem fácil —, será possível se concentrar em expandir sua empresa ou até partir para sua próxima empreitada.

Vi isso acontecer várias e várias vezes: empreendedores abrem uma empresa na esperança de se livrarem da tirania e exigências de um emprego regular e não demora muito até ficarem esgotados por terem que fazer tudo pelo próprio negócio. Na realidade, muitos vivem num estado lastimável. São pessoas que não conseguem remover a si mesmos da empresa antes disso se tornar muito difícil de fazer, ou simplesmente não conseguem se desapegar do projeto e afastar-se dele. Se você deseja passar do nível primário de ser um profissional autônomo e chegar aos escalões mais altos do empreendedorismo, aprenda a delegar rapidamente. Caso contrário, suas chances de crescimento serão significativamente limitadas. Se quiser um crescimento garantido e limitado, talvez seja melhor conseguir um emprego.

4. NEM TODO RISCO É ARRISCADO

O risco advém de não saber o que você está fazendo.
— Warren Buffett, empresário, investidor e filantropo

Entre as várias definições de um "empreendedor", algumas são bem adequadas, enquanto outras são decididamente terríveis. Apesar disso, uma palavra comum entre elas parece ser "risco", que é o que realmente define um empreendedor. A seguinte definição simples, extraída do dicionário *Merriam-Webster*, é uma das melhores: "Um empreendedor é alguém que organiza, administra e assume os riscos de um negócio ou empresa".

O foco, portanto, passa a ser compreender o risco e como ele influencia o ato de empreender. "Risco", de acordo com a definição do mesmo dicionário, é "a possibilidade de perda". O que há de mais interessante nessa definição — ao contrário da crença popular — é que ela não traz consigo um julgamento de valor negativo; a definição meramente declara a possibilidade de perda. Em outras palavras, um evento pode ter uma probabilidade de perda de um ou noventa e nova por cento. A reação e a interpretação a esses dois níveis de risco fazem toda a diferença.

Empreendedores têm uma tolerância maior ao risco do que a média das pessoas quando o assunto é planejar, abrir e administrar uma empresa. De acordo com a Kauffman Foundation, menos de 80 por cento das empresas sobrevivem após seu quinto ano de existência. Além disso, de acordo com a Saratoga Venture Finance, menos de 1 por cento das empresas chega a abrir o capital. Apesar dessas estatísticas assustadoras, os empreendedores não se deixam abater e continuam tentando alcançar seus objetivos.

Essa maior tolerância ao risco entre os empreendedores, entretanto, não é capaz de descrever toda a situação. Empreendedores certamente enfrentam probabilidades em relação ao futuro, mas não gostam necessariamente de apostar. Em vez disso, eles assumem riscos calculados, montando o tabuleiro de modo que as peças e as cartas estejam a seu favor. Encontram maneiras de minimizar ou de dissipar os riscos de seus projetos para aumentar as chances de sucesso ou minimizar as chances de perda. Empreendedores têm a confiança em si mesmos para evitar e superar obstáculos que poderiam causar uma grande perda, seja por meio de conhecimento especializado, relacionamentos sólidos ou mesmo pela sua riqueza pessoal.

Por exemplo, a mídia costuma enfatizar histórias no estilo "Cinderela" de CEOs que alcançaram grande sucesso apesar das probabilidades desfavoráveis. Entretanto, um olhar mais atento a esses casos frequentemente revela que os CEOs assumiram riscos calculados e tinham planos de contingência sólidos para eventualidades. Em seu livro *The Reluctant Entrepreneur*, Michael Masterson descreve como Bill Gates é com frequência retratado como alguém que largou a faculdade e assumiu um risco gigantesco para começar a Microsoft. Masterson critica essa perspectiva e descreve uma imagem muito prática de Gates, retratando-o como um jovem metódico e brilhante que sempre planejou retornar à faculdade se o seu projeto de negócio não desse certo. Talvez a decisão de Gates de trancar a faculdade em Harvard teria sido mais arriscada e, portanto, mais atraente para a mídia se ele não fosse tão inteligente e não tivesse os enormes recursos financeiros que seus pais já bem estabelecidos financeiramente lhe deram.

Em resumo, nem todo risco é arriscado, e os empreendedores conhecem bem essa regra. Em outras palavras, a realidade de se tornar empreendedor não se resume à alta probabilidade do risco de fracassar, mas, sim, da sua capacidade de vencer, mesmo que as probabilidades não os favoreçam. Ironicamente, o mundo inteiro aprendeu essa lição com a Grande Recessão. O reverso dessa regra é tão válido quanto. O que as pessoas pensavam que era seguro não é mais tão seguro quanto pensavam. A faculdade não vai lhe garantir um trabalho de alta remuneração na área para a qual você estudou depois que se formar. Um emprego corporativo não significa que você não será demitido. Registrar-se no plano de aposentadoria privada da sua empresa não significa que você terá mais dinheiro no banco do que quando se associou ao plano. Se o mundo continuar no caminho de declínio econômico, dedicar-se ao seu sonho de empreendedor vai ser menos arriscado do que conseguir um emprego tradicional. E isso não é algo tão ruim.

5. NÃO PERCA TEMPO

A procrastinação é a assassina natural da oportunidade.
— Victor Kiam, empreendedor; ex-proprietário
do New England Patriots

Recentemente saí para almoçar com um de meus mentorados que havia acabado de se formar na faculdade. Agora que a escola ocupa menos de seu tempo, ele queria conversar comigo para obter alguma orientação sobre o que fazer a seguir. Ele e mais alguns amigos da faculdade abriram uma empresa há cerca de um ano que parecia estar finalmente conseguindo ganhar tração.

Embora tenha grande potencial, meu mentorado me decepcionou com sua falta de esforço e a noção de urgência. Durante nosso encontro, ele me fez praticamente as mesmas perguntas que havia feito durante nossa reunião anterior, onze meses antes. Fez muitas anotações naquele dia, mas não progrediu em nenhum dos passos cruciais que sugeri para impulsionar o negócio. Na verdade, não havia feito absolutamente nada que fosse digno de nota. Não ofereceu nenhuma justificativa válida para sua falta de progresso, simplesmente baixando a cabeça e repetindo "Pois é... tenho que começar a fazer isso". Frustrado, simplesmente lhe dei as mesmas informações da reunião anterior e também uma bronca, mandando que seguisse imediatamente os conselhos que eu havia lhe passado. Receio que minhas palavras tenham entrado por uma orelha e saído pela outra.

Depois de nossa conversa de duas horas, comecei a pensar sobre o significado daquela hesitação e a incapacidade de entrar em ação. Para entender melhor, eu me lembrei de como me sentia sobre me dedicar aos meus projetos de empreendedorismo enquanto estava na faculdade e logo depois de me formar. Minha urgência em criar um negócio lucrativo era quase uma obsessão. Algumas pessoas diriam que era realmente uma obsessão, pois eu estava sempre correndo para casa para programar e acrescentar alguma função nova ao meu site. Eu não tinha tempo para nada, exceto cumprir as tarefas necessárias para empurrar minha empresa para a frente. A escola, uma namorada exigente e o desejo de sair com os amigos não eram obstáculo para mim. Fiz acontecer, independentemente das circunstâncias. Eu certamente não estava disposto a ficar parado sem fazer nada. Mesmo enquanto trabalhava duramente para expandir a empresa, eu sentia que o tempo estava se esgotando, como se um concorrente estivesse apenas esperando pelo momento em que eu cometeria um erro.

Os melhores empreendedores criam ambientes de urgência estressante. Empreendedores sabem que as start-ups raramente conseguem construir ou realizar coisas em um ambiente relaxado e sem pressão. Steve Jobs, o cofundador da Apple, por exemplo, era notório por forçar sua equipe a ir além dos limites com o estabelecimento de cronogramas aparentemente sem nenhuma noção de realismo. Como resultado, sua empresa criou produtos mais rapidamente do que jamais havia imaginado ser possível e, assim, ganhou uma enorme vantagem competitiva sobre empresas rivais como a IBM.

Médicos e psicólogos acreditam que o estresse causado por cronogramas restritos ou urgências tem um lado positivo. Inclusive, eles argumentam que todos nós precisamos de estresse na vida para desempenhar certas tarefas em um nível mais alto, desde evitar um acidente de carro até terminar um relatório para o trabalho.

Um artigo recente da MSNBC.com explorou os benefícios do estresse no organismo: "Quando o cérebro percebe estresse físico ou psicológico, começa a liberar substâncias, como o cortisol, epinefrina (adrenalina) e norepinefrina, no corpo. Instantaneamente, o coração bate mais rápido, a pressão arterial sobe, os sentidos ficam mais aguçados, um aumento da glicose no sangue nos revigora e estamos prontos para detonar". O artigo também citou Janet DiPietro, psicóloga do desenvolvimento na escola Johns Hopkins Bloomberg de Saúde Pública: "Quando você tem um prazo a cumprir, quando tem que dar o melhor de si, é bom ter um pouco de estresse para ajudá-lo a fazer o melhor que puder".

Se você não tem essa sensação de urgência para fazer seu negócio crescer, avalie o motivo pelo qual quer ter esse negócio. Talvez você não tenha paixão pela ideia do negócio. Talvez seu inconsciente esteja lhe dizendo que não vale a pena se dedicar a essa ideia. Talvez a ideia não seja sua e você não tenha apego por ela, ou talvez você não tenha a autodisciplina necessária para ser um empreendedor. Seja qual for a razão, sua falta de entusiasmo não é um bom sinal.

Antes que nossa reunião terminasse, meu mentorado me deu um indício do motivo pelo qual ele me chamou para aquele encontro, mesmo que parecesse que ele não estava progredindo. Revelou que tinha que ganhar dinheiro para poder pagar as contas dentro de pouco tempo e havia recebido uma oferta de emprego, que não queria necessariamente aceitar. Consegui compreender bem melhor as circunstâncias em que ele se encontrava e seu senso de urgência. Estava na cara. Concluí a reunião reiterando que ele deveria estar trabalhando mais do que nunca para fazer sua empresa crescer, porque o tempo está se esgotando. Mesmo assim, a experiência e a intuição empreendedoras me dizem que ele vai acabar arranjando um emprego e vai trabalhar para outra pessoa. Ele gastou o tempo valioso que tinha.

6. CONSTRUA UMA EMPRESA QUE É DEPENDENTE DE SISTEMAS, NÃO DEPENDENTE DE PESSOAS

> Sistemas são os blocos estruturais essenciais
> de toda empresa de sucesso.
> — Ron Carroll, empreendedor e *coach* empresarial

No curso de ciência da computação, juntamente com alguns dos estudantes mais brilhantes de todas as partes do mundo, rapidamente aprendi que minhas habilidades de programação não eram as mais econômicas. Eu era capaz de concluir minhas tarefas, mas não da maneira mais eficiente. Eu precisaria de cem linhas de código de programação para fazer algo que meus colegas conseguiam fazer com dez. Tal eficiência se traduz em programas mais rápidos e arquivos menores. Após algum tempo, aperfeiçoei minhas habilidades de programação porque o sucesso em áreas relacionadas à tecnologia depende predominantemente da capacidade de se implementar sistemas e metodologias eficientes.

O pioneiro na criação de sistemas que aumentam a eficiência do trabalho foi Henry Ford, o fundador da Ford Motor Company. Ford criou um sistema de linha de produção que lhe permitiu produzir o carro conhecido como Modelo T. Antes da introdução da linha de montagem em 1913, uma pequena equipe de especialistas construía carros, e o processo era demorado. Os métodos de Ford, entretanto, reduziram esse tempo de mais de doze horas para duas horas e trinta minutos. Sua inovação colocou o carro ao alcance econômico de uma família média e melhorou as taxas de produtividade em diversas indústrias.

Ford não fez somente a produtividade crescer, mas também eliminou a necessidade pelo profissional generalista. Em vez disso, os trabalhadores que ficavam na linha de produção poderiam ser especializados, o que também tornava mais fácil a sua substituição. Antes da linha de produção, se um funcionário que construía a maior parte de um carro ficasse doente, a produtividade cairia e seria muito mais difícil dar continuidade ao árduo processo de construir um carro manualmente.

Eu não compreendia a importância de construir e implementar sistemas nos negócios até que minha companhia se tornou dependente demais de pessoas.

Quando montei meu primeiro site popular na faculdade, aprendi que uma empresa em expansão que dependesse totalmente de mim não era sustentável. Eu acabaria sofrendo um esgotamento crônico e não conseguiria atender ao número cada vez maior de usuários. E se, por algum motivo, eu não pudesse administrar o negócio, não estava claro quem iria fazer o quê para que o site continuasse a crescer. Eu tinha que fazer uma mudança. Consequentemente, criei uma ferramenta de gerenciamento de conteúdo para acelerar as atualizações *on-line* e me dar mais tempo, mas nem mesmo isso foi o bastante após algum tempo. Eu estava crescendo rápido demais e precisava trazer outras pessoas. A necessidade de um sistema claro sobre como fazer as coisas era óbvia.

Como resultado desse sofrimento crescente, aprendi a fazer duas coisas ao começar um projeto de negócios: em primeiro lugar, separar claramente e descrever por escrito as funções na empresa.

Em segundo, usar a tecnologia para mapear e construir sistemas que simplificam e automatizam tarefas importantes.

Mesmo que você seja um exército de uma pessoa só, reserve algum tempo para delinear as funções e as expectativas que as pessoas na sua empresa irão desempenhar e atender. Escreva uma descrição das atribuições de cargos cruciais, como CEO, CFO, diretor de vendas, diretor de operações e assim por diante. Você pode ter que abraçar uma, duas ou todas essas funções no início, mas essa atividade o força a conceitualizar como cada função, e não uma pessoa individual, se relaciona com o seu negócio. Como já mencionei anteriormente, as pessoas vêm e vão, mas as funções necessárias para manter sua empresa funcionando, não.

Além disso, usando a tecnologia, crie mapas de processos para visualizar como você vai executar diferentes tarefas. Esse passo vai ajudá-lo a determinar onde seus processos podem ser melhorados e a ver onde a tecnologia pode tornar seus processos mais eficientes. Por exemplo, minha empresa usa várias ferramentas para ajudar a automatizar campanhas em mídias sociais. Ferramentas poderosas, como a HootSuite, ajudam usuários a administrar várias contas em plataformas de mídia social em uma única interface, e sua funcionalidade automatiza mensagens. Uma pessoa é capaz de fazer o trabalho de dezenas ou centenas de pessoas. Essa tecnologia tornou minha empresa mais eficiente, economizando tempo valioso e aumentando receitas.

Ser uma start-up não significa que você tenha que operar atabalhoadamente e sem sistemas. Embora um certo nível de caos organizacional seja inevitável, ainda assim, você deve criar, refletir e otimizar continuamente seus sistemas de modo que seja menos dependente de pessoas.

Dar esse passo logo no início vai levar você mais longe na trajetória de alcançar seus objetivos e fazer com que você saiba que está funcionando no modo de construir uma empresa.

7. PEÇA AJUDA

> Diga a todo mundo o que você quer fazer e alguém
> vai surgir para ajudá-lo.
> — W. Clement Stone, empresário e filantropo

Quando cheguei ao Morehouse College, onde passaria quatro anos, estava bastante contrariado. Cerca de um ano antes da minha chegada, o Morehouse ofereceu e eu aceitei uma bolsa de estudos integral para estudar ciência da computação. Minha bolsa era financiada pela NASA e destinava-se a estimular os melhores universitários nas áreas de matemática e ciências a trabalhar no programa espacial depois que se formassem. No verão daquele ano, antes que as aulas começassem oficialmente em agosto, participei de um programa de orientação obrigatório, com duração de seis semanas, para os trinta e poucos alunos patrocinados pela NASA em Morehouse. Éramos os alunos de elite e sabíamos disso. Juntamente com altas pontuações no exame SAT e em nossos GPAs, cada um de nós era muito cheio de si e se achava o máximo. Mas essas opiniões logo mudariam.

O que pensávamos que seria um verão tranquilo, cheio de uma independência recém-descoberta e diversão, acabou se transformando em um verão de tortura. Durante o programa, cursamos algumas matérias universitárias, incluindo cálculo e programação avançados. Nossa aula de cálculo era ministrada por um ex-aluno do curso, um sujeito bastante severo que era o típico professor difícil. Respostas corretas nunca existiam. Mesmo quando um aluno propunha uma resposta correta na aula, o professor perguntava: "Essa resposta está certa?". Assistir às aulas era como ter suas unhas arrancadas uma a uma. Nosso professor de ciência da computação era igualmente intimidante, mas tinha uma postura diferente. Era um cara jovial e bem-articulado, porém ria e zombava do aluno que desse uma resposta errada. E ele frequentemente divagava, falando sobre a vida de maneira geral. A pior coisa naquele curso de verão eram nossas notas. Por exemplo, na aula de cálculo, a melhor nota na primeira prova foi 55. Minha nota estava mais próxima da minha idade. E não melhoraria além desse valor. O material, o ritmo e a pressão que faziam eram excessivos. O programa do Projeto Espacial da NASA sabia exatamente o que estava fazendo. Eles nos dobraram e nos colocaram em nosso devido lugar.

Como resultado, todos começamos a morrer de medo daquilo que iríamos encarar na faculdade e estudamos mais do que nunca para nos preparar para o primeiro dia de aulas de verdade em agosto. Estudantes que nunca haviam tido dificuldades acadêmicas estavam à beira de um colapso no programa da NASA. Havia um pânico generalizado, mas todo mundo tentava manter a aparência de calma. Alguns de nós formaram grupos de estudos e cortaram suas atividades sociais. Muitos de nós questionaram a própria capacidade e coragem para sobreviver e conseguir concluir o curso universitário. Alguns pediram arrego antes do fim das seis semanas do programa.

Esse período foi difícil. No Ensino Médio, raramente precisava pedir ajuda nas minhas aulas. Se alguma coisa me causasse problemas, eu mesmo procuraria a solução. Agora, já adulto, precisava pedir ajuda — e aos meus próprios colegas —, algo que não me sentia muito confortável em fazer. Eu pensava que isso era um sinal de fraqueza, e minha relutância em aceitar isso me fez pagar um alto preço acadêmico.

Aprendi a lição como aluno graças à NASA e jurei nunca mais cometer o mesmo erro quando me tornasse CEO em uma empresa. Na verdade, segundos depois de ter minha primeira ideia para criar uma empresa, quando estava no segundo ano, pedi ajuda. Entrei em contato com meu companheiro das aulas na NASA, Chris, para pedir sua opinião sobre o nome e o endereço na internet da minha nova empresa. Além disso, antes de começar outro empreendimento na faculdade, pedi ajuda a uns cinco empreendedores. Muitas dessas pessoas continuam a me orientar até hoje, mais de dez anos depois. A ajuda que pedi e recebi foi incrivelmente valiosa para o crescimento da minha empresa e meu desenvolvimento pessoal. Não demorou muito tempo até que pedir ajuda se tornasse algo natural. Eu só precisava me livrar do egocentrismo.

Quando abrir sua empresa, livre-se do egocentrismo imediatamente. É a principal razão pela qual os empreendedores não procuram ajuda. Um ego exacerbado impede até mesmo aqueles que pedem ajuda de recebê-la. Raramente as pessoas querem ajudar aqueles que agem como se não precisassem. E há uma diferença entre ser autoconfiante e ter um ego que é grande demais para o próprio bem. A autoconfiança atrai pessoas; o egocentrismo as repele.

Uma das maneiras mais rápidas de levar uma vida de mediocridade ou de completo fracasso é pensar que você pode executar uma tarefa enorme sozinho. O homem ou a mulher autossuficiente é um mito. Até mesmo as maiores mentes empreendedoras precisaram pedir ajuda. Um dos meus exemplos favoritos é Mark Zuckerberg, que pediu aos pais que o ajudassem a financiar sua jovem empresa, Thefacebook. Seus pais lhe deram 85 mil dólares no verão de 2004 para ajudá-lo a comprar servidores para sua empresa, que crescia. Esse dinheiro, de acordo com um processo judicial, era para pagar suas mensalidades da faculdade. Não faz mal pedir. Seja seu ego inflado ou sua tendência de introversão atuando como obstáculos, saia da sua zona de conforto e peça ajuda. Sua empresa depende disso.

8. PRIMEIRO OS NEGÓCIOS, DEPOIS A FAMÍLIA

Coisas boas acontecem quando você prioriza seus
assuntos da maneira certa.
— Scott Caan, ator

Tenho quase cem por cento de certeza de que o conceito de colocar a empresa antes da família me fez perder alguns seguidores no Twitter, ou que pelo menos deu a alguns de meus seguidores uma percepção negativa a meu respeito. Quem, em sã consciência, admite que prioriza os negócios antes da família? Para as pessoas comuns, essa noção é absurda e totalmente incorreta politicamente.

Na primeira vez em que tuitei que meus negócios estavam em primeiro lugar para mim e a família em segundo, recebi os seguintes comentários: "Você perdeu alguns amigos com essa"; "Eu discordo. Sempre coloco minha família em primeiro lugar".

Estremeci quando vi esses e outros comentários pipocando no meu *feed* do Twitter. Certamente não gosto de criar controvérsias, mas acho que as pessoas que não são empreendedoras ferrenhas não conseguiram captar minha mensagem. Não as culpo, necessariamente, porque não consigo explicar meu raciocínio com os 140 caracteres que o Twittter me dá. Ironicamente, não recebi nenhuma reprimenda de empreendedores mais tarimbados. Algo me diz que eles me compreenderam.

Uma parcela das reações adversas a esse comentário veio de pessoas que têm um emprego normal. A ironia desses comentários foi acachapante. Alguns disseram "Eu sempre coloco minha família em primeiro lugar". Duvido disso. Se quisessem parar de trabalhar por um ano inteiro para cuidar de um pai ou mãe adoentado e confiassem somente na renda proveniente do seu emprego, não seriam capazes de fazê-lo. Acabariam sendo demitidos. Eles têm um compromisso assumido com seus empregadores.

Por que os empreendedores de alto desempenho colocam seus negócios em primeiro lugar?

Vou usar uma analogia para explicar. Quando informam aos passageiros sobre procedimentos de emergência nos aviões, os comissários sempre dizem aos adultos viajando com uma criança que devem colocar a própria máscara em primeiro lugar, para depois colocar uma na criança. Não parece correto, mas faz sentido quando você pensa na situação. As crianças dependem de passageiros adultos para se proteger porque não são capazes de colocar a própria máscara. Se não seguir esse procedimento, pode perder os sentidos antes de dar a chance de sobrevivência a uma criança.

Esse passo, que parece simples, salva vidas. Da mesma forma, uma empresa é uma situação de vida ou morte. Se você não cuidar da sua empresa primeiro, todos podem "morrer" em consequência disso. Como meu pai frequentemente diz, citando uma passagem da *Bíblia*: "se você não trabalhar, não vai comer."

Da mesma forma, adoro como a guru financeira Suze Orman diz aos pais que não façam uma poupança para pagar a faculdade dos filhos se não tiverem reservas adequadas. Ela lhes dá uma bronca, dizendo: "Vão com calma! Será melhor para seus filhos se as finanças da família estiverem em ordem antes".

Agora que expliquei o que significa colocar os negócios em primeiro lugar, vamos dar um passo atrás. Eu não sigo essa regra de maneira absoluta. Claro, há exceções: não deixaria de comparecer ao funeral de um membro da minha família com o qual tivesse proximidade, por exemplo. Entretanto, se eu estiver prestes a fechar um negócio milionário e meu filho me pedir para brincar de pega-pega naquela noite, teremos que encontrar outro dia para isso. Não é crueldade; é apenas uma questão de bom senso. Embora ele possa ficar chateado no curto prazo, realmente vai se sentir agradecido pela renda extra mais tarde; talvez porque conseguimos ingressos no camarote VIP no jogo dos Braves ao lado de Hank Aaron, a lenda do beisebol.

Uma das maiores vantagens do empreendedorismo é a independência e a flexibilidade para poder priorizar sua própria vida. Se sua empresa estiver indo bem, você merece tirar mais folgas para passar o tempo ao lado da família. Caso contrário, precisa trabalhar duro, certificando-se de que é capaz de prover o necessário à sua família e às gerações futuras.

9. FAÇA PRIMEIRO O QUE É MAIS IMPORTANTE

> O segredo não é priorizar o que está na sua agenda,
> e sim agendar suas prioridades.
> — Stephen Covey, autor best-seller de *Os sete hábitos das pessoas altamente eficazes*

Quando comecei a aprender a jogar golfe, foi muito mais difícil do que pensei que seria. Entre todas as diferentes atribuições mentais e físicas para dar uma boa tacada, minha maior dificuldade era manter a cabeça abaixada antes de fazer contato com a bola, e acabava dando uma tacada ruim. Às vezes, eu nem chegava a encostar o taco na bola. Era muito desafiador porque manter a cabeça abaixada não era uma atitude natural para mim. Era completamente contraintuitivo.

Da mesma maneira, fazer as tarefas mais importantes em uma empresa é contraintuitivo. Normalmente essas tarefas cruciais exigem mais tempo, energia e foco do que estamos dispostos a dar. Assim, nós as evitamos, cuidando daquelas tarefas mais simples que não têm realmente um impacto tão forte em nossa empresa. Assim como um golfista novato que luta para dominar o básico, muitos empreendedores parecem não conseguir assimilar o hábito de fazer aquilo que é mais valioso para sua empresa. Essa disciplina básica é a chave para um sucesso contínuo como empreendedor.

Se você é como a maioria dos empreendedores, o impulso de marcar uma das tarefas da sua lista como "completada" é grande demais para resistir. Conforme você se refestela na felicidade de ter concluído outra tarefa insignificante, as atribuições mais importantes são empurradas cada vez mais para baixo na sua lista de tarefas do dia e frequentemente acabam esquecidas. É irônico como os itens mais importantes vivem sendo adiados e, na realidade, acabam se transformando em tarefas de baixa prioridade. Nós nos enganamos quando nos forçamos a acreditar que fazer um progresso significativo é o mesmo que concluir várias coisas pequenas.

Na verdade, empreendedores veteranos e inteligentes priorizam aquelas tarefas que são dolorosas, mas que compensam no fim. Eles têm a capacidade de ignorar a satisfação efêmera que pode surgir com a conclusão de pequenas tarefas. Como resultado, parecem ter o talento singular de concluir muito mais coisas em um espaço de tempo menor. Não têm superpoderes. Em vez disso, eles têm superprioridades e hábitos que facilitam cuidar daquilo que é mais importante.

Aqui estão algumas dicas simples que podem ajudar você a se concentrar nas tarefas mais importantes que levarão sua empresa a patamares mais altos:

1. *Cumpra as tarefas importantes logo pela manhã, assim que acordar.* Esse talvez seja o hábito mais útil que me ajudou a ser muito mais eficiente. Se eu estiver trabalhando em um livro, compondo música, fazendo pesquisas ou programando, minha mente está mais descansada no período da manhã. Além disso, com menos distrações pela manhã, sua capacidade de manter o foco está no melhor momento.

2. *Mude seu ambiente.* Às vezes, tudo de que você precisa para melhorar a produtividade é uma mudança no ambiente. Se trabalha em casa, fuja para algum parque pequeno ou, se estiver em um escritório, vá a uma cafeteria. É incrível como algo tão simples pode melhorar sua produtividade. Alguns ambientes, inconscientemente, podem fazer com que você tenha mais ansiedade ou estresse do que outros. Identifique-os e evite-os. Quem sabe ao mudar o que há em volta, talvez você receba uma injeção de criatividade como jamais recebeu. Já aconteceu comigo.

3. *Desconecte-se do mundo real.* Não verifique seu e-mail antes ou durante o trabalho. Desligue a televisão e o telefone. Esses interruptores atrapalham sua capacidade de manter o foco. Pesquisas também demonstraram que fazer várias coisas ao mesmo tempo afeta negativamente sua produtividade. Além disso, o estado mais eficaz do cérebro é quando ele consegue se concentrar em fazer uma coisa só.

4. *Faça pausas substanciais.* Faça algo que tire completamente sua mente da tarefa com a qual você está ocupado. Por exemplo, gosto de sair para correr, buscar as cartas ou dançar. Movimentar o corpo me ajuda a rejuvenescer e faz meu sangue fluir nas veias. Seja lá o que você fizer, não faça uma pausa diante da própria mesa de trabalho ou ficando na mesma sala onde trabalha. Mude definitivamente de cenário e, se puder, faça uma atividade física por pelo menos cinco minutos.

Depois que aprendi a manter a cabeça baixa durante minhas tacadas, meu desempenho no golfe melhorou consideravelmente. Na verdade, aquilo que antigamente era desconfortável e pouco natural se transformou em algo com o qual não tenho mais problemas. Da mesma forma, se você seguir essas dicas, sua performance nos negócios também vai melhorar. Você vai começar a concluir cada vez mais coisas, e fazer o que é mais importante vai se tornar algo automático.

10. CONTRATE UM BOM ADVOGADO

> Um bom advogado corporativo vai dar uma assistência vital em quase todos os aspectos da sua empresa.
> — Cliff Ennico, autor de *Small Business Survival Guide*

Se sua empresa está no mercado há tempo suficiente, cedo ou tarde você vai precisar de conselhos fidedignos de um advogado. Sim, você pode usar alguma empresa que preste serviços jurídicos pela internet, mas, após algum tempo, vai precisar de uma conversa cara a cara.

Em primeiro lugar, *quando você estiver pronto para abrir sua empresa, um advogado vai recomendar uma categoria jurídica que seja adequada a você*, tais como Empresário Individual, Sociedade Empresarial Limitada e a Empresa Individual de Responsabilidade Limitada – EIRELI etc.

Na época em que abri minha empresa, uma advogada me deu ótimos conselhos. Ela sugeriu que eu considerasse as implicações e a flexibilidade a longo prazo da categoria que eu escolhesse. E recomendou que eu escolhesse uma categoria que melhor se encaixasse na minha visão de longo prazo para a empresa. Uma empresa com um único sócio, por exemplo, não seria a melhor escolha para um fundador que planeja vender ações no futuro. Claro, eu poderia mudar de categoria, mas isso envolve custos extras. O ideal é escolher a melhor opção já no início e continuar com ela.

Embora você consiga encontrar muita informação *on-line* sobre as diferentes categorias de empresas, discuta sua situação específica com um advogado que possa avaliar suas necessidades e ajudá-lo a tomar a decisão certa.

Em segundo lugar, *um advogado vai ajudá-lo a proteger sua propriedade intelectual*. Há boas razões pelas quais você não pode pegar o nome e o logotipo da *The Coca-Cola Company* e usá-lo para vender uma bebida — ou qualquer outro produto, na verdade. Não somente esse tipo de comportamento é considerado inescrupuloso, mas também é ilegal, pois viola especificamente as leis sobre marcas registradas. Da mesma forma que a Coca-Cola precisa proteger sua propriedade intelectual, você vai querer proteger a sua. A propriedade intelectual, definida de maneira geral como criações da mente, inclui especialmente patentes, direitos autorais e o registro de marcas.

Proteger a propriedade intelectual da minha empresa me poupou de disputas judiciais custosas e de frustrações. Devido à popularidade das marcas da minha empresa, nós tivemos que lidar com muitos impostores que tentaram ganhar em cima do nosso sucesso roubando nossas propriedades intelectuais. Os perpetradores são desde empresas cujas ações são negociadas em bolsas de valores até indivíduos descuidados. Por exemplo, uma empresa literalmente usou uma de nossas marcas registradas para promover um evento exatamente com o mesmo nome, na mesma cidade onde nossa companhia está sediada. Minha advogada rapidamente me aconselhou a enviar à empresa uma carta de advertência, exigindo que a empresa parasse imediatamente de usar nossa marca registrada; caso contrário, correria o risco de ser processada. A empresa em questão acatou nosso pedido. Se não tivéssemos acesso a uma assessoria jurídica adequada ou provas registradas de que éramos os verdadeiros donos da marca, não poderíamos lançar mão desses recursos.

Se você acredita no valor dos seus produtos e serviços, proteja sua propriedade intelectual desde o início, independentemente dos custos. Muitas start-ups não conseguem proteger sua propriedade intelectual devido ao custo relativamente alto. Cortar despesas agora custa caro a longo prazo. Em particular, você pode ser obrigado a mudar o *branding* do seu produto, sofrer restrições de venda em regiões específicas e ser intimado a pagar indenizações a alguém que o processe por abusar da sua própria propriedade intelectual.

Em terceiro, *um advogado analisa os documentos jurídicos que sua empresa cria e recebe de outros clientes e empresas para garantir que seus interesses estejam protegidos.* Esses documentos podem incluir contratos, acordos e apólices de seguro.

Como já mencionei anteriormente, meu advogado recentemente analisou correspondências com empresas que haviam infringido nossos direitos sobre marcas registradas. Sua visão e sua orientação foram cruciais para um resultado rápido e favorável nessas questões.

Já que toquei nesse assunto, é possível encontrar muitos contratos genéricos na internet para serem usados, mas tenha cuidado. Esses contratos podem não lhe dar toda a proteção de que você precisa. Inclusive, alguns desses contratos podem causar mais danos do que trazer benefícios. Contratos genéricos, às vezes, são um bom começo, mas o ideal é que um advogado revise todos os contratos apenas por precaução.

Advogados frequentemente acabam angariando uma reputação ruim, eu suponho, por causa de pessoas que recebem conselhos jurídicos ruins ou que não recebem conselho nenhum durante circunstâncias infelizes. Entretanto, se você estiver preparado e for proativo com suas estratégias jurídicas, vai amar o seu advogado. Certifique-se de proteger seu patrimônio mais importante — sua empresa — com os serviços jurídicos adequados de um advogado.

11. O PLANO DE NEGÓCIOS NÃO É TÃO IMPORTANTE ASSIM

Nenhum plano de negócios sobrevive
ao primeiro contato com um cliente.
— Steve Blank, empreendedor serial aposentado do Vale do Silício

Depois de conjurar uma ideia brilhante para uma empresa, eu começava imediatamente a redigir um plano de negócios. Como um mágico habilidoso, eu poderia fazer com que um plano de negócios maravilhoso surgisse diante dos seus olhos depois de apenas alguns dias. Seria um plano completo com gráficos coloridos, uma pesquisa de mercado aprofundada e a questão financeira detalhada. O plano estaria pronto para ser executado. E eu tinha certeza de que ele se estendia por tantas páginas quanto possível. Por quê? Certa vez ouvi um investidor dizer que só considera investir em companhias com planos que fazem "ploft" quando você os deixa cair sobre a mesa. Depois de anos de experiência empresarial prática, percebi que não era um mágico muito bom e que estava apenas enganando a mim mesmo. Hoje sei como as coisas devem ser.

A experiência me ensinou que, quando tenho uma nova ideia para um negócio, trabalhar no plano de negócios é uma das últimas coisas a fazer. Os três passos cruciais que sigo antes de sequer pensar em redigir um plano de negócios vão funcionar para você também. Em primeiro lugar, *examine o ambiente competitivo e veja quais empresas já estão ali.* O que elas não fazem tão bem? O que você pode fazer de maneira diferente para criar uma vantagem competitiva? Em segundo lugar, *discuta a ideia com clientes em potencial,* fazendo perguntas básicas para determinar o valor que eles dariam ao seu produto ou serviço, algo que talvez seja o passo preliminar mais importante para redigir o plano de negócios. Em terceiro, *crie um esboço ou protótipo básico do produto.* Se for um serviço, mapeie os passos vitais e descreva experiências dos consumidores.

Por falar nisso, quando você estiver finalmente pronto para redigir o plano de negócios, certifique-se de encontrar ajuda profissional em áreas que não fazem parte da sua expertise. Se não entende como projetar o fluxo de caixa para os cinco anos seguintes, nem tente fazê-lo. Da mesma forma, se não sabe nada sobre marketing, algo que provavelmente é a parte mais importante do seu plano, então não deveria redigir essa seção. Um plano de negócios deve ser uma colaboração, não um projeto solo. Um respeitado empreendedor serial me disse, certa vez, que investidores são céticos em relação a qualquer plano de negócios que tenha sido escrito por uma única pessoa.

Até mesmo o mundo acadêmico, renomado por sua resistência a mudanças, está reavaliando a importância do plano de negócios. Candida Brush, catedrática da divisão de empreendedorismo e diretora do Centro Arthur M. Blank para o Empreendedorismo no Babson College de Wellesley, Massachusetts, descreveu de maneira magistral em uma entrevista recente que concedeu à revista *Entrepreneur.* Os alunos vêm até aqui dizendo que querem redigir um plano de negócios, mas isso é a última coisa que precisam fazer. A única maneira de chegar a um ponto no qual você tem uma ideia verdadeiramente empreendedora é usar uma abordagem criativa. Observe. Reflita. Faça miniexperimentos em vez de ficar sentado na biblioteca lendo estudos de caso... e, para nós, até mesmo esse plano deve estar focado no processo, não em criar um plano de ação de cinquenta páginas. Se você tiver uma ideia ruim, um plano de negócios não significa nada.

Os alunos de Babson são estimulados a fazer três estudos de viabilidade antes de avançarem com uma ideia ou redigirem um plano de negócios. Os estudos são similares aos passos que mencionei anteriormente. Mais universidades e empreendedores deveriam adotar esse modo de agir.

Em resumo, ainda se dá muita ênfase na confecção de um plano de negócios quando você tem uma ideia. Há uma epidemia de "Frankenplanos", planos de negócios que são uma aglomeração sem nenhum critério de vários outros planos de negócios ou modelos; ter o documento em si parece mais importante do que a qualidade do plano de verdade. Em vez de correr para terminar o documento, certifique-se de que você deu os passos preliminares essenciais para começar a escrever. Se forem feitos de maneira bem abrangente, esses passos fortalecem seu plano de negócios e melhoram muito suas chances de conseguir sucesso e verbas.

12. EXIJA CRÍTICAS E DISCORDÂNCIAS NA SUA EMPRESA

Uma discordância honesta frequentemente é um bom sinal de progresso.
— Mahatma Gandhi, líder nacionalista indiano e ativista social

Michael Jordan é motivo de riso da National Basketball Association, a NBA. Jordan, que dominou a NBA por anos, venceu seis campeonatos com o Chicago Bulls, foi coroado como melhor jogador da liga cinco vezes e continua sendo uma das personalidades esportivas mais reconhecidas em todo o mundo — não está fazendo muitas cestas como empresário, aparentemente. Como proprietário do time Charlotte Bobcats, ele não conseguiu traduzir seu sucesso nas quadras em sucesso no escritório. Durante a temporada 2011-2012 da NBA, os Bobcats de Jordan tiveram a pior porcentagem de vitórias em toda a história da associação. Chegaram ao fundo do poço. Quando a temporada terminou de maneira totalmente vergonhosa, os jogadores e proprietários se prepararam para um tipo diferente de jogo durante os meses em que não havia partidas a disputar: estavam colocando a culpa pelo fracasso uns nos outros.

Enquanto o debate sobre o que é necessário para salvar essa franquia do colapso total prossegue, a maioria das pessoas já concorda que a falta de liderança de Jordan é um problema significativo. Charles Barkley, um ex-jogador da NBA que hoje atua como comentarista esportivo, deu uma bronca pública no amigo, insinuando que Jordan é um proprietário omisso que não tem a capacidade administrativa necessária nem o interesse em comandar uma equipe vencedora. Muitos dos confidentes mais próximos de Jordan concordam que a liderança dos Bobcats tem de mudar. Além disso, eles apontam para uma cultura de aquiescências que impede a franquia de avançar. Em outras palavras, Jordan está cercado por puxa-sacos que só sabem dizer sim e que têm medo de dizer o que ele precisa ouvir para poder melhorar a equipe. Esse tipo de cultura pode destruir uma empresa com a mesma facilidade que ocorre com uma franquia de basquete.

Quando minha empresa era jovem, cometi o erro de criar uma cultura na qual todo mundo concordava comigo. Eu aceitava na minha equipe somente indivíduos que pensavam como eu ou que obedeciam a ordens alegremente. Além disso, da mesma forma que Jordan intimida os membros da organização dos Bobcats, eu aparentemente causava o mesmo efeito. Assim como Jordan, eu era o superastro com uma história de sucesso. Ninguém estava disposto a desafiar a mim ou as minhas ideias para levar a empresa a um patamar mais alto. Eu tinha uma noção relativa sobre essa cultura interna, mas não achava que era danosa. Além disso, eu não tinha maturidade ou autoconfiança suficiente para buscar ativamente opiniões discrepantes. Como resultado, minha empresa não alcançava seu pleno potencial. Uma cultura que estimulasse críticas e discordâncias frequentes poderia ter levado a esse tipo de sucesso.

Hoje em dia busco ativamente pessoas que me deixem de cabelo em pé ao criticar minhas ideias. Quando possível, transformo esses críticos em parte da minha equipe. Caso contrário, eu os mantenho por perto para que possa consultá-los. Se encontro pessoas que são realmente capazes de me influenciar e fazer com que eu questione minha maneira de pensar, sinto-me especialmente motivado. Passo a trabalhar com mais afinco porque quero provar que elas estão erradas, de uma maneira ou de outra: reforçando meu argumento ou encontrando uma maneira melhor. Se minhas ideias não estiverem funcionando, frequentemente adoto as sugestões deles. Por meio desse processo, minha empresa se fortalece.

Meu projeto mais recente, uma empresa de análise de dados, se beneficiou tremendamente de uma cultura na qual as ideias são rotineiramente desafiadas. Por exemplo, quando agimos contra a facção dos puxa-sacos na empresa, optamos por usar novas metodologias, como a Agile, para criar nosso produto. Consequentemente, o desenvolvimento de produtos ficou mais rápido e enxuto.

Deixar de ser um campeão respeitado e se tornar um perdedor ridicularizado não era o que Jordan tinha em mente quando decidiu assumir o controle do Charlotte Bobcats. Entretanto, talvez isso seja algo para o qual ele não tem talento, e a culpa é toda do próprio Jordan. Agora ele entende, como tantos outros líderes de empresas, que deve empregar pessoas que lhe digam quando ele está indo na direção errada. Caso contrário, suas chances de fazer com que sua franquia dê uma reviravolta são próximas de zero.

Aprenda uma lição com o sufoco da liderança de Jordan e as minhas histórias, que não são tão impressionantes. Cerque-se de pessoas honestas que lhe dizem o que há de bom, o que há de ruim e o que há de feio em suas ideias. Se não fizer isso, você vai virar motivo de riso para sua indústria também.

Um fim inglório para o daquele clássico comercial de Gatorade no qual Jordan aparecia: "Eu quero ser como Mike!".

13. DEMITA SEUS PIORES CLIENTES

> Organizações de sucesso (e incluo igrejas e partidos políticos nessa lista) demitem aquele 1 por cento dos seus membros que causam 95 por cento da dor.
> — Seth Godin, empreendedor e autor

Quando a maioria dos empreendedores abrem suas empresas, eles atendem todos os clientes que podem. Esse tipo de atitude me lembra da minha obsessão em marcar pontos nos jogos de basquete da escola primária. Como era um adolescente frequentemente relegado ao banco de reservas e com pouquíssimas oportunidades para jogar, eu corria para arremessar a bola quando finalmente recebia um convite para jogar. Quanto mais bolas eu arremessava, melhores eram minhas chances de pontuar e declarar o sucesso. A pontuação geral e as estratégias do time não importavam. Eu raramente pontuava e agia como uma galinha sem cabeça quando fazia os arremessos mais ridículos e sem a menor elegância. Ficava tão concentrado em receber e arremessar a bola que, certa vez, marquei uma cesta para o time adversário enquanto estava defendendo. Da mesma forma, empreendedores frequentemente causam mais danos a si mesmos e às suas equipes quando fazem tentativas desajuizadas na tentativa de conquistar todos os clientes em potencial.

Todo empreendedor veterano já marcou um gol contra, por assim dizer. Em outras palavras, todos nós já tivemos clientes que se aproveitam de nós, e deixamos que o façam. Em alguns casos, esse tipo de solução pode ser perfeitamente normal, mas não é ideal quando sua empresa perde dinheiro. Frequentemente, só percebemos que toda essa situação desfavorável poderia ter sido evitada quando as coisas chegam a um ponto onde não há mais volta, e que poderíamos ter dispensado esse cliente.

Tomar a decisão de dispensar um cliente é especialmente difícil para jovens ou novos empreendedores que estão famintos por negócios e receitas. Por outro lado, escolher clientes ruins pode causar bastante frustração, drenar recursos, prejudicar sua reputação e até causar o fechamento da sua empresa.

Para ajudá-lo a decidir quem realmente é digno do seu tempo, considere quatro sinais importantes que indicam que você não deveria atender ou trabalhar com um determinado cliente e se afaste elegantemente dessa relação. Esses sinais se aplicam, em especial, a empreendedores que têm empresas de prestação de serviços ou de consultoria.

1. *Desconfie de um cliente que parece não saber o que é necessário ou que pede mudanças constantemente.* Por exemplo, se você tem uma empresa de design gráfico ou *web design*, explique com clareza seu processo criativo e o tempo necessário para o projeto. Quantifique todas as expectativas. Alguns *designers*, por exemplo, concordam em criar três protótipos. Em seguida, o cliente deve escolher um desses três protótipos. Evite a todo custo uma situação na qual você terá que projetar ou criar indefinidamente, e na qual o cliente faz uma escolha somente na décima iteração. Além disso, um cliente deve se sentir confortável com suas capacidades e saber o que deve esperar de você. Descubra, entre os novos clientes, o que os atraiu para seu trabalho. Mostre seu portfólio.

2. *Tenha cuidado se um cliente não estiver disposto a pagar por hora trabalhada ou valores proporcionais conforme o trabalho for sendo executado.* Concordar com um valor fixo pelo seu trabalho não é algo ruim, por si só. Entretanto, não é tão bom se você tiver que trabalhar mais do que havia previsto. Muitos clientes negociam para que você diminua seus custos para estabelecer um bom valor. Em um

gesto de boa-fé, alguns clientes oferecem fazer todo o pagamento no ato da contratação. Dessa maneira, você fica preso ao cliente até que ele receba um resultado do qual goste. Esse tipo de contratação pode ser especialmente estressante e desgastar uma relação profissional ao ponto de ser necessária uma ação judicial.

3. *Evite clientes que hesitem em assinar um acordo por escrito.* Este é um verdadeiro teste que vai dizer se um cliente vale seu tempo e trabalho. Um contrato protege ambas as partes e descreve as expectativas. Sem um acordo, não há como proteger seus interesses, avaliar o progresso do trabalho e verificar o que foi ou deve ser entregue.

4. *Preste atenção em qualquer sensação desconfortável que tiver em relação a um cliente em potencial.* Aprendi a aceitar minha intuição nos negócios, e diria que, em cerca de oitenta por cento das vezes, ela me ajuda a tomar decisões melhores sobre o valor de um potencial cliente.

Recentemente, recebi um pedido para prestar serviços a um ex-cliente que me custou mais dinheiro do que ganhei com ele. Na verdade, a experiência de trabalhar com aquela empresa foi terrível. Como resultado, eu, respeitosamente, recusei a oferta e recomendei outra empresa. Aprendi da maneira mais difícil da primeira vez e decidi que faria tudo o que pudesse para evitar essa agonia novamente. Não tenha medo de demitir um cliente. O simples fato de que alguns clientes querem você não significa que você precisa deles.

14. GANHE DINHEIRO ENQUANTO NÃO FAZ NADA

Um milhão de dólares no banco não é a fantasia. A fantasia é o estilo de vida de completa liberdade que esse montante supostamente lhe dá.
— Timothy Ferriss, autor de *Trabalhe 4 horas por semana*

No século 13, o Terceiro Concílio de Latrão, um grupo de bispos cristãos, declarou que seriam negados a qualquer pessoa que cobrasse e aceitasse juros por um empréstimo os sacramentos e um enterro cristão. Após algum tempo, a usura foi declarada como heresia e criminalizada, relegando a prática aos judeus, cuja lei sagrada, a Torá, lhes permitia fazer empréstimos a não judeus. Líderes cristãos e seus seguidores acreditavam piamente que cobrar juros por um empréstimo era uma abominação aos olhos de Deus. Seu raciocínio estava baseado na *Bíblia Sagrada* e na interpretação de passagens relevantes por estudiosos da época. Muitas razões foram apresentadas, mas uma delas é especialmente digna de nota: eles acreditavam que o trabalho sem gasto de energia era um pecado.

Os tempos certamente são outros, mas o desdém por aqueles que ganham sua fortuna por meio de heranças em dinheiro, pela cobrança de juros ou fazendo acordos que não envolvam esforço ainda se manifesta — seja na forma de protestos, como *Occupy Wall Street*, ou por fofocas mesquinhas. As pessoas comuns, especialmente aquelas que fazem trabalhos braçais, abominam a ideia de que há pessoas que ganham dinheiro sem fazer nada. Isso vai contra a boa e velha ética protestante sobre a qual os Estados Unidos foram construídos. A ideia, frequentemente potencializada por uma inveja intensa, faz com que muitas pessoas se sintam bastante desconfortáveis.

Nunca imaginei que seria alvo de toda essa aversão e inveja. Recentemente, enquanto planejava uma longa temporada de férias em família, um parente irritado comentou: "Eu não posso ficar de férias por tanto tempo! Ninguém pode agir como Kevin". Quando ouvi isso, fiquei chocado. Aparentemente, como minha renda pessoal não depende de eu trabalhar no sentido tradicional, acabei me tornando o alvo de ridicularizações. Preferi manter o silêncio. Lidar com esse tipo de coisa é um preço baixo a pagar. Certamente não é tão ruim quanto ter que realmente trabalhar para ganhar dinheiro ou ter negado o direito a um enterro digno.

Mas o que significa "não fazer nada"? Em minha opinião, o termo não é tão absoluto. Para manter a simplicidade, vou usar o termo popularizado por um *best-seller* com o mesmo nome. Se sua empresa é capaz de funcionar mesmo que você *Trabalhe 4 horas por semana* ou menos, então você cai na categoria chamada "não fazer nada". Em tempo: o trabalho empregado na preparação de uma empresa que opera sem o seu fundador frequentemente passa despercebido. "Não fazer nada" desconsidera o trabalho que o empreendedor fez de antemão. Por exemplo, passei anos fazendo tentativas, erros e trabalhando diligentemente para dominar os conceitos necessários para ser livre.

Assim, quais são as estratégias que podem levar você a esse nível mais alto de empreendedorismo? Em resumo, as estratégias — já abordadas neste livro — são *remover a si mesmo da sua empresa, construir sistemas que não dependem de pessoas, automatizar atividades com o uso da tecnologia* e *terceirizar serviços para os parceiros certos*. Essas sugestões certamente não são abrangentes e você não precisa empregar todas em uma ordem específica, mas elas dão uma ideia geral sobre o tipo de pensamento que vai levá-lo à independência. Eu expando esses conceitos em outras partes deste livro.

Receber os lucros de uma empresa enquanto se dá início a outra é uma sensação excelente. Essa é a vida de um empreendedor de empreendedores. Inclusive, enquanto estou escrevendo isso, o PayPal me enviou uma notificação de pagamento recebido por uma das minhas empresas. Que oportuno!

Há uma coisa que não mencionei antes. Eu tenho uma definição muito diferente do comum sobre o que é trabalhar. Em vez de ficar enfurnado em um escritório, prefiro que meu dia de trabalho seja como uma excursão que fiz recentemente com um de meus cliente. Nós fizemos um safári em Nairóbi, no Quênia, e caminhamos pela praia com camelos em Mombaça, no Quênia. Durante a viagem, eu conseguia verificar meus painéis financeiros de tempos em tempos pelo meu *smartphone*.

Essa é a ideia que tenho a respeito do trabalho.

15. TERCEIRIZAR FAZ SENTIDO

Se você se eximir de terceirizar e se seus concorrentes não o fizerem, você eliminará suas oportunidades de negócios.
— Lee Kuan Yew, ex-primeiro ministro de Singapura

Em pelo menos dois episódios de *Shark Tank*, o popular programa da rede ABC no qual empreendedores têm a oportunidade de apregoar sua ideia de negócios e receber verbas de investidores, alguns empresários mais teimosos se recusavam a fabricar seus produtos onde os custos fossem mais baixos, mesmo podendo manter o patamar de qualidade desejado. Cada empreendedor tinha uma empresa sólida com clientes e receitas significativas, mas nenhuma das companhias era lucrativa, particularmente porque os custos de produção eram muito altos. Os tubarões, que imediatamente perceberam o problema, sugeriram que os empreendedores produzissem suas mercadorias na China, onde os custos seriam muito menores e, consequentemente, as margens de lucro muito maiores. Entretanto, os dois empresários foram taxativos em continuar a produzir nos Estados Unidos e em criar empregos no próprio país — uma decisão admirável, embora ingênua, que provavelmente acabaria fechando completamente as portas das duas empresas. Ironicamente, ao tentarem criar empregos no país que amam, eles poderiam acabar se juntando às altas taxas de desemprego. Os investidores, que originalmente estavam bastante empolgados com os prospectos, acabaram perdendo o interesse devido à relutância dos proprietários em terceirizar a produção.

Os dois episódios foram bastante emocionantes. Na verdade, um dos empresários chegou quase a chorar porque acreditava intensamente no que estava fazendo pelo seu país. Suas convicções o impediram de aceitar o conselho dos tubarões. Em uma última tentativa de fazer um acordo, um dos tubarões tentou fazer com que um dos proprietários compreendesse que ele poderia causar um impacto maior em sua comunidade, já afetada por um alto índice de desemprego, se sua empresa tivesse sucesso. O esforço do tubarão foi em vão. Embora estivesse sensibilizado, o proprietário bateu o pé, mesmo percebendo que poderia estar cometendo o maior erro da sua vida. Como um telespectador frustrado e empresário, certamente pensei que era seu maior erro.

Desde que nossa economia deu uma guinada para pior, "terceirizar" se transformou em uma palavra suja, sinônimo de "traidor" ou "antiamericano". Que verdadeiro americano não iria querer criar empregos em seu próprio país, hein? Os Estados Unidos, onde terceirizar chegou a ser uma tendência popular e ótima para as empresas, subitamente jogou a globalização para escanteio e adotou uma ideologia de isolacionismo. Programas televisivos de comédia, como *Outsourced*, no qual uma corporação americana terceiriza seu *call center* para a Índia, não ajudam a melhorar a situação. Em uma demonstração incomum de harmonia política, os partidos Republicano e Democrata concordam que manter os empregos na América é uma das maiores prioridades para fazer nossa economia crescer e fazê-la voltar ao patamar de épocas mais prósperas. Entretanto, ignorando a política e usando um pouco de bom senso, a campanha contra a terceirização causa mais malefícios do que benefícios para o desenvolvimento econômico.

De maneira bem simples, os benefícios da terceirização são muito maiores do que qualquer aspecto negativo descrito por seus oponentes. Além disso, você deve fazer o que é melhor para sua empresa. Se estiver mandando trabalho para um produtor em Singapura ou para um varejista na Carolina do Sul, terceirizar é uma prática boa para os negócios. Qualquer funcionalidade que não seja central para sua empresa deve ser terceirizada ao melhor custo e com a melhor qualidade. Na maioria dos casos, tentar produzir por conta própria tudo o que sua empresa precisa, além de não ser realista, é altamente ineficiente. Se você acreditou na tendência de considerar a terceirização como algo negativo, livre-se rapidamente dessa ideia e implemente o processo na sua estratégia de negócios. Se você engoliu a propaganda ideológica e se recusa até mesmo a considerar a terceirização, seus concorrentes, nesse meio-tempo, estão terceirizando sua produção e trabalhando duramente para tirar você da jogada. Você não precisa ser um tubarão dos altos escalões para compreender essa realidade.

16. DEIXE PARA TRÁS UMA IDEIA RUIM DE NEGÓCIO

Nada é mais perigoso do que uma ideia quando ela é a única que você tem.
— Emile Chartier, filósofo e jornalista francês

"Minha empresa está indo rumo ao fracasso completo, e creio que a melhor coisa a fazer é fechar as portas antes que as coisas piorem." Quantas vezes você já ouviu o fundador de uma empresa fazer esse tipo de avaliação sobre o próprio negócio? Se você for como eu, provavelmente não muitas. Durante meus doze anos de vida empresarial e em círculos profissionais associados, posso contar em uma das mãos o número de vezes que um empreendedor me falou que sua empresa estava indo mal ou destinada a um fracasso explosivo.

Por que isso acontece? Empreendedores são naturalmente tenazes, e espera-se que sejam assim. Eles nunca desistem; continuam fiéis a uma ideia até a morte. Todos nós já ouvimos alguma história milagrosa que fala sobre um fundador que superou grandes obstáculos. Pandora, uma empresa que Tim Westergren fundou e levou dez anos para dar lucro, é um dos relatos que vem à mente. É uma história bastante inspiradora de paciência e persistência, mas distante da norma geral.

Raramente se discute o lado negativo da tenacidade empresarial, mas já vi muitos empreendedores se apegarem a uma má ideia por mais tempo do que deveriam. Eles se recusam a reconhecer que as coisas estão indo mal ou que não são promissoras e afundam junto com o navio. Por exemplo, um bom amigo meu finalmente jogou a toalha em relação à sua revista para casamentos focada no público masculino. Ele se manteve firme durante quase uma década inteira. Admiro sua determinação, mas fico feliz por ele ter deixado isso para trás. Era como se ele estivesse tentando fazer um casamento ruim funcionar (com o perdão do trocadilho). Meu amigo é um cara inteligente e seria melhor dedicar seu tempo a outras ideias.

Esse problema é comum entre empreendedores novatos. Eles costumam pensar que a ideia que têm é a única boa ideia que irão ter, exigindo uma resposta do tipo "tudo ou nada" sem que seja possível voltar atrás. Entretanto, empreendedores seriais e aqueles que angariaram uma fortuna enorme raramente cometem erros como esse. Pela própria experiência, eles aprenderam a determinar se devem continuar investindo em uma ideia e por quanto tempo. Seu sucesso anterior faz com que eles consigam admitir fracassos livremente e se dediquem à próxima oportunidade.

Seja qual for sua experiência em termos de negócios, o melhor é evitar a síndrome da tenacidade desvairada. Infelizmente, não existe uma lista de sinais que indiquem se você deveria abandonar uma ideia. Uma das razões é que certos sinais podem ser específicos de certos setores.

Por exemplo, eu teria dito ao meu amigo da revista sobre casamentos para escutar com atenção o que disse Marc Andreessen, cofundador da Netscape e investidor de risco, em uma recente entrevista na televisão. Parafraseando: "Publicações devem cortar suas perdas, desativar suas impressoras e se mudar para o reino digital. A mídia impressa está morta. Os dólares da propaganda impressa estão se esgotando para esse meio. Assim, agora não é o momento ideal para iniciar uma publicação impressa". A sua circunstância pode ser diferente. Talvez seu ponto de equilíbrio esteja muito mais à frente na estrada de acordo com a métrica da indústria, ou seu mercado seja pequeno demais para ser rentável. Como já mencionei no cenário da revista, você deve encontrar os oráculos e as métricas específicas da sua indústria para ter certeza de que está no caminho certo.

Reiterando a afirmação de Chartier no início deste capítulo, um empreendedor com uma única ideia pode ser catastrófico. Não deixe uma ideia ruim descarrilar seus planos para atingir o sucesso. Se não estiver funcionando, dedique-se a outra coisa ou ajuste-se rapidamente.

17. UMA ECONOMIA RUIM É UMA OPORTUNIDADE ENORME

Um pessimista enxerga a dificuldade em cada oportunidade; um otimista enxerga a oportunidade em cada dificuldade.
— Winston Churchill, primeiro-ministro
do Reino Unido (1940-45, 1951-55)

A época era boa. Não, era ótima. Minha empresa havia acabado de chegar aos seis dígitos em receitas e estava rumando para romper a marca dos sete dígitos. Minha equipe cresceu para abranger quase vinte pessoas, e todos eles eram apaixonados pela empresa e excediam minhas expectativas. Várias publicações de alcance local e nacional estavam me ligando para conseguir uma entrevista de modo que pudessem escrever algo a meu respeito, um jovem empreendedor com grande potencial. Cheguei até a receber uma ligação de um representante financeiro do Northwestern Mutual que viu um artigo a meu respeito em uma revista e achou que eu seria um ótimo cliente. Nós nos encontramos e ele me entregou um fichário de couro com um plano detalhado que permitiria que eu me aposentasse confortavelmente aos quarenta anos. Eu mal havia passado dos vinte.

Vamos avançar alguns anos até chegar ao presente. Os dias de glória já passaram faz tempo. Conforme o presidente Barack Obama disse, continuamos a encarar a pior época econômica desde a Grande Depressão. Desde 2008, a receita da minha empresa caiu significativamente. Às vezes, parece que voltamos à época desafiadora, em termos financeiros, dos nossos dias de start-up. A equipe não tem mais vinte pessoas, e alguns dos nossos melhores e mais inteligentes integrantes saíram para se dedicar a outros projetos. Se apareço em alguma publicação ou na televisão, isso raramente acontece para que eu ostente o sucesso. Em vez disso, provavelmente será para dar conselhos sobre como não afundar nesse redemoinho econômico. Meu plano financeiro precisa de ajustes. A aposentadoria aos quarenta anos não vai acontecer. Apesar das nuvens negras no horizonte, sei que os dias de glória voltarão em breve. A história e a experiência me dizem isso.

Muitas das maiores companhias da história — e algumas pequenas também — tiveram sucesso durante um período econômico ruim. Por exemplo, a Microsoft, fundada por Bill Gates e Paul Allen, foi fundada durante uma recessão em 1975. Naquela época, o desemprego era alto e o preço da gasolina era estratosférico devido à decisão da OPEP de aumentar os preços drasticamente.

Outras companhias fundadas durante períodos econômicos difíceis são Disney, IBM e General Motors. Da mesma forma, muitas empresas que já existiam fizeram retornos triunfais durante períodos financeiros desafiadores. Talvez o exemplo mais familiar e recente seja a Apple, que começou sua ressurgência em 2001, durante a crise das empresas pontocom e os efeitos da tragédia de 11 de setembro de 2001.

Conforme reflito sobre as empresas que resistiram à tempestade, lembro-me de que iniciei as atividades da minha empresa em 2000, na época da crise das pontocom e quando houve uma breve recessão. Na verdade, eu me lembro vividamente de reportagens publicadas nos grandes veículos de mídia sobre o número gigantesco de universitários formados que estavam desempregados. Os sinais de uma recessão iminente e severa estavam se multiplicando, especialmente depois dos ataques de 11 de setembro. Apesar dos maus presságios, minha juventude e audácia fizeram com que eu enxergasse o mundo por meio de uma lente positiva. Eu sabia que o trabalho duro traria bons resultados, independentemente das circunstâncias. E certamente foi o que aconteceu.

Em resumo, empreendedores não permitem que uma economia ruim os impeça de alcançar seus objetivos. Ironicamente, condições econômicas ruins frequentemente têm o efeito oposto: elas motivam ainda mais os empreendedores e os levam ao sucesso ainda mais rápido. A época em que escrevo isso não é das melhores, mas empreendedores ignoram o *zeitgeist* e criam circunstâncias positivas. Arregaçam as mangas e colocam as mãos na massa, já antecipando o próximo período de crescimento. É aí que você quer estar: pronto para agarrar o touro pelos chifres e montar nele.

18. ADOTE TECNOLOGIAS COM ANTECEDÊNCIA

Qualquer nova tecnologia tende a passar por
um ciclo de adoção de vinte e cinco anos.
— Marc Andreessen, cofundador da Netscape e investidor de risco

Tive a felicidade de crescer em Boston, perto de algumas das melhores e mais criativas mentes da cidade. A tecnologia avançada de computadores estava entremeada em praticamente todos os aspectos da vida diária. De certa maneira, ser *nerd* era legal, eu acho, porque havia muitos de nós.

Meu melhor amigo na época da adolescência, que posteriormente frequentou o Massachusetts Institute of Technology, e eu construímos um site interativo em uma intranet para uma apresentação na sala de aula no décimo ano escolar, em 1994. Enquanto estávamos no Ensino

Médio, o pai dele era um dos cientistas-pesquisadores do Bates Linear Accelerator Center (física nuclear) do MIT, e assim os laboratórios de ciência da computação do *campus* do MIT eram um terreno aberto para nós. Lembro-me dos dias tranquilos que passávamos hackeando nas estações de trabalho Sun Microsystems Ultra com detalhes roxos, recostados em nossas cadeiras giratórias que tinham a palavra ATHENA pintada em grandes letras brancas no encosto.

Da mesma forma, quando era jovem, fui exposto a projetos que só aparecem nos sonhos das pessoas comuns ou em livros de ficção científica. Por exemplo, visitávamos lugares como a MITRE Corporation, uma organização envolvida com pesquisas extensas para o Departamento de Defesa e para a Administração Aeroviária Federal. A empresa também fazia pesquisas para explorar novas tecnologias. Como adolescente, eu me lembro vividamente de conversar com um cientista que desenvolveu a *verdadeira* versão de Nintendo Power Glove, um acessório usado em *videogames*. Ele mencionou que o projeto custou centenas de milhares de dólares. Também vimos outras inovações com lasers e biometria que estão chegando ao mercado comercial apenas nos dias de hoje.

Menciono tudo isso porque meu histórico me dá uma perspectiva tremenda sobre como as inovações acabam chegando ao mercado comercial. A maioria dos especialistas em tecnologia sabe que a internet não é algo novo, por exemplo. Na verdade, ela já era usada, embora de forma mais primitiva, em meados de 1958.

Meu primeiro encontro com a internet foi por meio da Prodigy, em 1990, quando eu conversava religiosamente com minha amiga Rachel, via correio eletrônico. Lembre-se de que o velcro foi adotado pela NASA no final da década de 1950 para uso em viagens espaciais, e acabou sendo usado para uma infinidade de coisas aqui na Terra. A inovação tecnológica leva, em muitos casos, décadas para alcançar o mercado consumidor. Hoje, esse processo frequentemente é condensado em alguns poucos anos.

Pesquisar os históricos de muitos dos mais bem-sucedidos empreendedores do ramo da tecnologia revela uma tendência comum. Assim como eu, eles foram expostos a tecnologias novas e exclusivas ainda cedo, o que lhes permitiu dominar essas tecnologias e adotá-las para um posterior uso comercial. Por exemplo, o cofundador da Apple, Steve Jobs, infiltrou-se no PARC da Xerox e "pegou emprestado" a interface gráfica para usuários que eles haviam desenvolvido. Da mesma forma, Reed Hastings, fundador da Netflix, foi exposto aos primórdios da tecnologia do DVD que viria a inspirar sua ideia de negócio, e assim por diante. A glorificação pela mídia de tantos empreendedores de sucesso na área de tecnologia pode fazer com que as pessoas acreditem que suas conquistas são o resultado de pura genialidade. Entretanto, nós sabemos que a verdade é outra. Esses empreendedores frequentemente foram expostos ainda cedo a tecnologias que deram contexto e inspiraram sua genialidade.

E o que isso tudo significa para você? Empreendedores não são somente *early adopters*, mas também exploram tecnologias muito antes que elas sejam introduzidas para o consumo do público em geral. Assim, encontre todas as possibilidades para aprender qual tecnologia é a próxima grande tendência. Essa prática resulta em dividendos enormes.

19. A IGNORÂNCIA PODE SER UMA BÊNÇÃO

> Para ter sucesso na vida, você precisa de duas coisas: ignorância e autoconfiança.
> — Mark Twain, escritor e humorista

Pete Kight tem uma história de sucesso que é simplesmente incrível. A empresa que ele fundou, a CheckFree, foi adquirida em 2007 pela Fiserve por aproximadamente 4,4 bilhões de dólares em dinheiro vivo.

Em vários aspectos, a experiência dele se parece com outras histórias de sucesso de milionários que incluem coisas como desistir da escola, ser ridicularizado por se dedicar a uma grande ideia, receber rejeição após rejeição de possíveis clientes, ter pouco dinheiro e assim por diante. Mas um aspecto da sua história é verdadeiramente inspirador e serve como uma grande lição de empreendedorismo.

Tive a sorte de ouvir Pete relatar suas realizações fascinantes ao vivo e com suas próprias palavras poucos meses antes de sua empresa ser comprada. Ele começou a contar sua história diante de uma plateia de estudantes, empreendedores e dignitários:

— Eu não ia muito bem na escola. Na verdade, dedicava a maior parte do tempo e energia aos esportes. Eu era decatleta. Depois de me machucar e ficar frustrado com a faculdade, larguei os estudos...

Sua fala não impressionava. Era marcada pela monotonia e por uma cadência desajeitada, mas, mesmo assim, todos os presentes estavam fascinados. A rota não tradicional que ele tomou rumo ao sucesso prendia a atenção de todo mundo. Ele não precisava da marra ou da eloquência de um Donald Trump ou da inteligência de um Warren Buffett.

Pete terminou sua história falando sobre como se tornou gerente de academias de ginástica e começou a explorar a ideia de deduzir as mensalidades das academias diretamente de contas bancárias. Ficava frustrado com um sistema de pagamentos que exigia vendas sob forte pressão e muito trabalho manual para receber os pagamentos. Convencido pela própria visão a mudar a indústria financeira, após algum tempo, Pete contratou um programador de computadores e começou a administrar sua própria empresa de pagamentos de contas no porão da casa da sua avó, em Ohio.

A parte mais emocionante da palestra de Pete foi quando ele admitiu que não sabia nada sobre *softwares* para computador. Inclusive, ele enfatizou esse fato. Pete comentou que não acreditava que teria o sucesso que teve nos negócios se soubesse programar computadores. Em outras palavras, sua ignorância em relação a computadores possibilitou que ele se concentrasse nos aspectos mais importantes da expansão da sua empresa. É um *insight* bastante profundo, considerando que muitas das histórias de milionários ou bilionários que ouvimos vêm de indivíduos cujo sucesso depende muito dos seus talentos técnicos e conhecimento sobre sua indústria particular.

O que a maioria dos vinte americanos mais ricos têm em comum? Eles trabalharam na indústria que posteriormente viriam a dominar. Bill Gates era programador de computadores; Warren Buffett era investidor; Larry Ellison estudou design de computadores; George Soros era investidor; Jeff Bezos estudou ciência da computação; Mark Zuckerberg também estudou ciência da computação. Eu poderia continuar a enumerar os membros da lista dos 400 mais ricos da revista *Forbes*, mas alguns indivíduos ricos realmente quebraram os padrões e desafiaram a noção de que você precisa estar muito familiarizado com a indústria na qual planeja competir. Pete Kight é uma dessas pessoas. Ele não tinha experiência em serviços financeiros nem em programação de computadores. Como disse um investidor que lhe recusou verbas, ele era somente um "ex-atleta frustrado". Suas conquistas, portanto, são realmente impressionantes.

O que estou querendo dizer? Os dados indicam que, para ser um indivíduo rico ou um empreendedor de sucesso, você provavelmente deve ser um especialista ou ao menos versado na indústria que luta para dominar, embora haja exceções a essa regra. Observe indivíduos como Pete Kight, fundador da CheckFree; Sara Blakely, fundadora da Spanx; e Kevin Plank, fundador da Under Armour. Conceber uma ideia que o coloca fora da sua área de expertise ou da zona de conforto não é igual ao fracasso. Talvez sua perspectiva externa o capacite a fazer as coisas de uma maneira nova, aproveitando oportunidades que estejam dormentes. Como Pete Kight provou, sua ignorância, na verdade, pode ser sua maior vantagem e a maior responsável pelo seu sucesso.

20. ADAPTE-SE À MUDANÇA RAPIDAMENTE

Mude antes de ter que fazer isso.
— Jack Welch, ex-CEO da General Electric

O tempo de vida médio de uma empresa listada na *Fortune* 500 está ficando cada vez menor, principalmente por causa do surgimento de tecnologias e companhias revolucionárias. Start-ups pequenas e ágeis frequentemente são ignoradas por corporações maiores e agora têm a capacidade de, com poucos recursos, derrubar empresas de bilhões de dólares.

Dados substanciais mostram a taxa de atrito maior das empresas grandes. Uma análise dos principais índices do mercado de ações nas últimas décadas revela que as empresas existem por períodos mais curtos. Por exemplo, somente uma fração das empresas listadas no Dow Jones Industrial Average da década de 1980 continua na lista hoje. O que isso significa? Muitas coisas, mas uma olhada mais cuidadosa nas rejeitadas dá uma boa perspectiva sobre por que as empresas foram removidas: muitas empresas desapareceram porque não conseguiram se adaptar a uma época de mudanças e evoluir com as demandas do consumidor. Assim, é seguro dizer que as empresas que não se abrem a mudanças e não se reinventam estão em uma via expressa para fechar as portas.

A mudança é inevitável, mas não é fácil. Um dos meus escritores e palestrantes favoritos, Don Hutson, disse isto aqui sobre a mudança: "A mudança acontece quando a dor de continuar como sempre excede a dor de mudar". Embora Hutson estivesse falando com um grupo de indivíduos interessados em aprimorar a si mesmos, o mesmo princípio se aplica à qualquer empresa. Isso significa que uma empresa que não muda ou não se reinventa periodicamente vai passar pela dor da falência. Quando chega esse momento sombrio, a mudança é a única opção.

Empresas que alcançaram certo grau de sucesso têm uma probabilidade maior de resistir à mudança e esticar sua tolerância à dor. Em time que está ganhando não se mexe, não é? Errado. Há inúmeros exemplos de grandes empresas que dominaram o mercado por longos períodos, mas que agora estão se esforçando para conseguir sobreviver. Um dos principais exemplos é a Sears Roebuck & Co., que dominou o mercado de varejo por décadas. Hoje, a empresa luta para apresentar lucros. A Sears repousou sobre os louros do próprio sucesso e perdeu oportunidades para conquistar a nova fronteira dos negócios na década de 1990: o e-commerce. Para a infelicidade da Sears, concorrentes, como a Amazon.com e o Walmart, invadiram o mercado de varejo e agora estão vencendo a disputa.

A questão, então, se torna a seguinte: como administrar e lidar com mudanças, especialmente com o tempo e a tecnologia avançando tão rapidamente? Cada uma das minhas empresas encarou o desafio de continuar relevante e de se manter constantemente atualizada. Como resultado, eu desenvolvi uma dose saudável de paranoia. Hoje, uso uma estratégia básica que minimiza o risco de que as minhas empresas vão se tornar complacentes e perder a vontade de mudar. Conduzo cada empresa como se nossa maneira de fazer negócios fosse ficar obsoleta dentro de um ou dois anos. Para prever as condições de mercado e onde devemos investir, fazemos uma revisão bimestral e um relatório de todos os nossos sistemas e processos. Essa análise nos permite identificar e nos adaptar a revoluções potenciais, como novas tecnologias e novos concorrentes.

Por exemplo, os chefes de setor fazem uma análise e um relatório de como podemos melhorar nossos produtos e serviços, mesmo se estiverem vendendo bem. Nós também fazemos uma análise da paisagem competitiva para descobrir quaisquer inovações que sejam ameaçadoras. Além disso, identificamos novas tecnologias e recursos que nos ajudam a permanecer adiante da curva da mudança. Uma análise recente da empresa, por exemplo, revelou como podemos usar o Pinterest, uma plataforma de mídia social que ganhou popularidade em 2012, para identificar e atingir novos segmentos em nossas campanhas de marketing que normalmente seriam ignoradas. Sabemos, por experiência própria, que o valor de usar tais plataformas é maior se você as usar quando ainda são novas. Esperar lhe coloca em uma posição extremamente desvantajosa. Esse processo de análise e relatório é uma das maneiras mais simples de buscar a mudança proativamente e reinventar a maneira como se faz negócios, impedindo que você se torne complacente e mais vulnerável à obsolescência.

Uma empresa que ignora a mudança é uma empresa que abre os braços para o próprio extermínio. Os produtos e serviços que você oferece hoje não vão manter sua empresa em funcionamento amanhã. A própria natureza dos empreendimentos inclui mudar para atender às exigências dos consumidores de uma maneira melhor. Se você não tem uma estratégia para lidar proativamente com a mudança em sua empresa, poupe-se de uma morte lenta e feche as portas agora mesmo.

21. A TECNOLOGIA É UMA OPORTUNIDADE, NÃO UMA AMEAÇA

A tecnologia sempre foi importante, mas estamos diante do precipício de um ponto de mudança na história da humanidade. A tecnologia está alcançando o que chamo de joelho da curva, um ponto no tempo em que seu crescimento exponencial está decolando em uma trajetória praticamente vertical... o próprio ritmo do progresso está acelerando.
— Ray Kurzweil, autor de *The Singularity Is Near*

A coisa mais desafiadora a se fazer no mundo dos negócios é permanecer no mundo dos negócios. De acordo com o Departamento de Comércio dos Estados Unidos, "sete de cada dez novas empresas sobrevivem pelo menos dois anos; metade delas sobrevive a cinco anos, um terço sobrevive pelo menos a dez anos e um quarto continua operando por quinze anos ou mais". Evidentemente, conforme o tempo passa, as chances da sua empresa sobreviver diminuem.

O tempo parece ser o fator condenatório comum de milhares de empresas, mas há um agente muito mais devastador atuando nessa situação, principalmente nos dias de hoje. Esse agente é a tecnologia. Em um congresso recente sobre tecnologia em Atlanta, Carlos Dominguez, o vice-presidente sênior da Cisco, discutiu sobre como as coisas que costumavam demorar muito tempo agora acontecem de maneira rápida e sem tanto esforço. Um dos seus exemplos demonstrava o poder da mídia social e sua capacidade de espalhar informações com uma velocidade sem precedentes. Ele relatou uma história de como usou o Twitter para evitar um desastre imediato de viagem no México. E terminou a apresentação declarando que "o tempo é exponencial". Concordo totalmente com isso. A inovação tecnológica, seja no rápido progresso na ciência da computação ou em nanotecnologia, aparentemente, está causando a condensação do tempo. E também está forçando muitas pessoas a fechar suas empresas.

Como empreendedor, você deve estar ciente do poder que a tecnologia pode exercer para alterar sua empresa. Por um lado, ignorar a tecnologia pode resultar em uma morte rápida. Por outro lado, se você adotá-la em seus estágios iniciais, a tecnologia pode catapultar sua empresa rumo a um crescimento tremendo. Uma maneira de se manter em meio à inovação tecnológica é implementar estratégias que promovem e recompensam o pensamento antecipado em sua empresa.

Em seu excelente livro *Jump the Curve*, o futurista Jack Uldrich discute estratégias para sobreviver ao que chama de "uma economia exponencial", uma economia impulsionada pela inovação tecnológica. Com casos impressionantes e analogias sensatas, ele incita os leitores a permanecer à frente da curva, referindo-se à curva de um gráfico exponencial. Uma das suas estratégias mais convincentes é pensar racionalmente sobre as implicações de tecnologias futuras. Para ilustrar seu argumento, ele usa o caso de Reed Hastings, o fundador da Netflix. Hastings, um ex-voluntário das Forças Pacificadoras da ONU, percebeu, depois de conhecer a tecnologia do DVD em 1996, que o armazenamento de dados faria avanços gigantescos (como certamente fez). Como resultado, Hastings fundou a Netflix em 1999 e expandiu sua empresa para que se tornasse um monstro que vale bilhões de dólares. A Netflix continua a ser uma das líderes na indústria de vídeos e filmes para assistir em casa. Uldrich diria que Hastings conseguiu "saltar adiante da curva".

Da mesma forma, atribuo o sucesso empresarial que tive logo cedo na carreira à capacidade de enxergar o futuro tecnológico e antecipar as demandas de consumidores que eu poderia atender usando novas tecnologias. Ao perceber que publicações e indivíduos não tinham uma ferramenta simples para publicar seu conteúdo on-line, criei um sistema de gerenciamento de conteúdo baseado na internet chamado Omni Publishers. Os usuários não precisavam conhecer HTML, CSS, PHP, JavaScript nem nenhuma outra linguagem de programação para usar o *software*. Precisavam somente se sentir confortáveis com o ato de usar um navegador para a web para conseguirem publicar seu próprio conteúdo on-line. Conforme a capacidade de largura de banda e o uso da internet cresceram, o Omni Publishers também cresceu em popularidade.

Em 1977, Ken Olsen, presidente e fundador da Digital Equipment Corp. (DEC), proclamou: "Não há nenhuma razão para que alguém queira ter um computador em casa". Seu comentário condenava os desenvolvimentos tecnológicos mais recentes e favorecia o principal produto da sua empresa, os *mainframes* comerciais. Ao mesmo tempo — naquele mesmo ano, inclusive — uma empresa promissora chamada Apple foi fundada na ideia de que todo mundo teria um computador pessoal algum dia. E todos nós sabemos como essa história termina. Em dezembro de 1980, a Apple abriu seu capital, impulsionada pelas incríveis vendas do Apple I.

Há inúmeras histórias de pessoas que resistem às inovações tecnológicas e têm maus resultados por conta disso. São pessoas que dizem que o Facebook é assustador, que o Twitter é uma perda de tempo, e o Pinterest... o que é isso? Esses céticos são os descendentes de Ken Olsen. Cedo ou tarde, eles também estarão fora do jogo. Não deixe isso acontecer com você.

22. CUIDE SEMPRE DA COMUNICAÇÃO

O sucesso é consequência de tomar a iniciativa e fazer o acompanhamento posterior.
— Anthony Robbins, escritor e palestrante profissional

Há alguns meses, almocei com um bom amigo e mentor que é membro de uma das maiores e mais bem-sucedidas organizações de investidores-anjo dos Estados Unidos. Nós nos encontramos de tempos em tempos para compartilhar histórias, ideias e oportunidades.

Nosso almoço aconteceu pouco depois de uma das reuniões da sua organização na qual dois empreendedores fizeram uma breve apresentação de suas empresas e pediram capital de investimento. Membros da organização-anjo discutiram, então, se deviam prosseguir para a fase de diligências prévias requerida antes de ceder qualquer montante. Uma das empresas, uma companhia verde, tinha uma proposta interessante de valor que pensei que valeria a pena financiar.

Participei de várias dessas reuniões, e não importa de quantas eu participe, a experiência nunca envelhece ou perde o senso de empolgação. Essa é a primeira divisão, na qual as grandes empresas são criadas. Empreendedores que alcançaram esse ponto trabalharam duramente e lutaram pela oportunidade de se apresentar perante os anjos. Apesar de receberem milhares de propostas, os anjos convidam somente algumas empresas para se apresentar perante o corpo de investidores. Por essa razão, fiquei chocado ao ouvir o que meu amigo compartilhou comigo sobre uma empresa em particular que desperdiçou totalmente a oportunidade.

Uma empresa que impressionou os anjos com uma apresentação impecável e um produto inovador basicamente desapareceu durante o processo de diligências prévias. O diretor do comitê destacado para fazer a diligência prévia não recebeu mais notícias do CEO da empresa durante os estágios finais do processo. O diretor chegou até a fazer várias ligações pessoais para o CEO, mas era impossível encontrá-lo. Ironicamente, não houve nenhum tropeço durante o processo de diligência prévia. O pedido de verbas que a empresa fez estava praticamente garantido. Depois de várias tentativas de encontrar o CEO desaparecido, os anjos desistiram. Àquela altura, eles não tinham mais tanta certeza se deveriam investir em uma pessoa que não têm a decência de acompanhar o processo, de qualquer maneira.

Aparentemente, as fraquezas que pensei que estivessem limitadas a empresários novatos ou CEOs de jovens start-ups também eram comuns entre empresas mais estabelecidas. Eu não conseguia acreditar. No fundo da minha mente, os seguintes pensamentos se retorciam: *Se você tiver um milhão para investir na minha empresa, eu vou atender o telefone com tanta rapidez que você vai até mesmo se perguntar se ele chegou a tocar!* Não sei por que o tal CEO desapareceu, mas não há motivo para deixar pessoas tão influentes — ou qualquer outra pessoa, na verdade — sem resposta desse jeito. Independentemente das circunstâncias, ele deveria pelo menos ter informado ao grupo de anjos. Isso seria, no mínimo, uma demonstração de cortesia.

Esse caso clássico de um empreendedor que não fez o acompanhamento esperado é um erro simples que pode ter consequências devastadoras. É um fato simples: aqueles que dominam a arte da comunicação têm mais sucesso do que aqueles que não dominam e, mesmo assim, muitos empreendedores ignoram e subestimam essa regra simples. Por quê?

1. *O medo da rejeição faz com que muitos empreendedores não mantenham uma comunicação efetiva.* Aprender a lidar com a rejeição foi difícil para mim, um jovem e relativamente antissocial programador de computadores. Ter que vender minhas ideias para outros era assustador — e, francamente, continua sendo assustador às vezes. A única rejeição que eu conhecia quando abri a empresa era quando um compilador me dizia que o meu programa não ia rodar. (Não se preocupe se você não entendeu essa última sentença. É somente a linguagem dos programadores.) Ninguém gosta de ser rejeitado, mas você precisa superar esse medo. Sempre interpreto um "não" como uma mensagem que diz "não neste momento". Aprendi mais sobre meus produtos e serviços com pessoas que me disseram "não" do que com pessoas que me disseram "sim". Quando você se comunica com as pessoas e faz o acompanhamento, especialmente durante uma negociação, faça isso com toda a autoconfiança. Se receber um não, faça perguntas abertas para descobrir por que a situação não aconteceu do jeito que você gostaria. Por exemplo, se alguém não quiser comprar seu produto, pergunte: "Qual foi o fator determinante na sua decisão?". Transforme uma negativa em algo positivo.

2. *Empreendedores não têm a dedicação e a energia para estender a comunicação.* Cuidar da comunicação demanda esforços e planejamento em conjunto. Nunca pensei que alguma coisa poderia ser tão exaustiva. Às vezes, é preciso ligar várias vezes para um indivíduo para conseguir o resultado desejado. Mas vale a pena fazer isso. Foi necessário fazer cerca de cinquenta contatos no decorrer de um ano até que eu conseguisse transformar uma empresa automotiva em um cliente, e agora ela é um dos meus maiores. Comprometido a conseguir um bom resultado, anotei na agenda que deveria me comunicar com meu contato toda semana ou quando eu encontrasse informações ou notícias que fossem relevantes ao cargo dela na empresa. Uma ferramenta para gerenciamento do relacionamento com consumidores simplifica a tarefa de manter uma comunicação regular com pessoas.

3. *Não compreender direito a etiqueta empresarial impede muitos empreendedores de manter uma comunicação a longo prazo.* O empreendedor que comete esse erro é autocentrado, comunicando-se com o cliente de maneira pouco adequada. Um empreendedor pode presumir que é sempre o contato que deve dar o próximo passo. Enquanto isso, os períodos de planejamento de alocação de verbas passam, prioridades de investimento mudam, contatos deixam a empresa e assim por diante. Por outro lado, o empreendedor que volta a entrar em contato várias vezes, ignorando o "protocolo da espera", frequentemente é quem leva o prêmio para casa. Às vezes, as pessoas simplesmente se esquecem ou querem que você faça todo o trabalho, mas às vezes isso é um preço pequeno a pagar por uma compensação maior.

Em resumo, não deixe que essas três razões comuns para não manter uma comunicação constante o prejudiquem. Empreendedores não perdem oportunidades; eles as aproveitam. A melhor maneira de fazer isso é se comunicando frequentemente com todo mundo, especialmente com pessoas que podem ajudar sua empresa a ter sucesso. E sobre o empreendedor elusivo que estava tentando conseguir verbas com investidores-anjo, sua empresa não fez muitos progressos. Nada que seja surpreendente.

23. CONCENTRE-SE COM A PRECISÃO DE UM LASER

Você precisa manter o foco durante sua jornada rumo ao sucesso.
— Les Brown, palestrante motivacional e escritor

Poucas semanas depois de ser contratado, Adam, meu vice-presidente de marketing e vendas, enfiou a cabeça pela porta entreaberta do meu escritório e disse: "Acho que temos um problema". Depois que o convidei para entrar, ele continuou falando com uma voz tranquila, mas que suavizava a seriedade do seu aviso, dizendo: "Acho que nós vendemos coisas de mais. Estou percebendo que as vendas estão sendo afetadas porque confundimos os clientes em potencial com muitas opções, assim, as pessoas ficam menos propensas a comprar".

Fiquei em silêncio por alguns segundos, absorvendo a veracidade daquelas observações. Ele tinha razão. Minha empresa precisava mudar; precisávamos focar naquilo que fazíamos melhor em vez de tentarmos ser tudo para todo mundo.

Naquele dia, minha empresa estava prestes a celebrar o décimo aniversário. A companhia havia passado por uma longa jornada desde sua fundação em um pequeno *campus* universitário. Nos dias iniciais da empresa, o foco era construir aplicações para a web de alta qualidade e oferecer bastante valor. Entretanto, dez anos depois, nós crescemos e passamos a incluir vários produtos e serviços sob o guarda-chuva de uma *holding*. Consequentemente, desenvolvemos uma mentalidade e um argumento de vendas do tipo "fazemos-de-tudo". Nossos materiais de divulgação, que incluíam páginas de opções e belos exemplos do nosso trabalho, eram bem extensos. Quando o assunto era mídia e marketing, se você precisasse de algo, nós vendíamos.

De algum modo, no decorrer dos dez anos de existência, minha empresa perdeu o foco e, com ele, o potencial para o verdadeiro sucesso. Assimilamos a ideia comum de que expandir nossa linha de produtos e serviços seria o caminho certo para um sucesso maior. Não foi. Como resultado, a empresa mergulhou na mediocridade, tentando perseguir todos os mercados possíveis. Especificamente, a qualidade dos nossos produtos e serviços diminuiu, o moral dos funcionários ficou abalado, recursos foram desperdiçados, as vendas atingiram um patamar e não conseguiam crescer além dele e a confusão abundava. Nós nos transformamos em uma *commodity* e estávamos felizes porque achávamos que era isso que devíamos estar fazendo.

Essa ideia não somente debilita empresas de pequeno e médio porte, mas também grandes multinacionais. Por exemplo, na década de 1990, a Apple sofreu por causa de uma linha de produtos cada vez maior que quase a levou à falência. Você provavelmente conhece a história. Foi necessário que o cofundador da Apple, Steve Jobs, retornasse como CEO para colocar a empresa nos trilhos. E como ele fez isso? Jobs eliminou as linhas de produtos não essenciais da empresa, mantendo apenas quatro. Algumas das suas eliminações eram linhas lucrativas. Devido, em grande parte, ao seu foco limitado, a Apple agora é a empresa mais valiosa do mundo. Quando discutia a incrível reviravolta em uma entrevista no ano de 2008, Jobs disse: "As pessoas acham que foco significa dizer 'sim' àquilo no qual você precisa focar. Mas está errado. Significa dizer 'não' às cem outras boas ideias que estão por ali. Você tem que escolher cuidadosamente. Na verdade, eu me orgulho das coisas que não fizemos tanto quanto das coisas que fizemos."

Da mesma forma, a Pepsi-Cola parou de tentar ser tudo para todas as pessoas para poder competir com sua rival Coca-Cola. Em seu livro, *As 21 consagradas leis do marketing*, Al Ries e Jack Trout discutem o incrível crescimento da Pepsi-Cola na década de 1980 quando mudou seu foco para alcançar o mercado adolescente. Consequentemente, a Pepsi-Cola passou de uma desvantagem de vendas para a Coca-Cola da magnitude de cinco para um no final da década de 1950 e tinha resultados que eram somente dez por cento menores do que sua concorrente principal em vendas totais nos Estados Unidos. Ries e Trout escrevem: "Parece haver uma crença quase religiosa de que uma rede mais larga captura mais clientes, apesar de muitos exemplos mostrarem o contrário".

Quando meu vice-presidente entrou em meu escritório para me dizer que precisávamos cortar alguns dos nossos negócios, eu refleti rapidamente sobre os meus vários projetos de empreendedorismo. Naquela época, eu havia dado início a quinze diferentes empresas.

Todas elas haviam ganhado dinheiro em algum momento, mas somente um punhado era lucrativo. Percebi que deveria retornar aos meus dias de start-up, quando meu foco tinha a precisão de um laser. Naquele dia, aprendi a dizer não, como Jobs teria recomendado. Cortei linhas de negócio desnecessárias. Desde então, minha empresa desfrutou um renascimento revigorante e um período de crescimento que só pode ser atribuído à nossa disposição em dizer sim ao ato de dizer não.

24. SEM FINS LUCRATIVOS SIGNIFICA COM FINS LUCRATIVOS

> A oportunidade frequentemente aparece disfarçada.
> — Napoleon Hill, autor de *Pense e enriqueça*

Quando abri minha empresa, eu tinha uma noção estúpida sobre organizações sem fins lucrativos: acreditava falsamente que não valia a pena ter organizações filantrópicas como clientes. Imaginava que elas seriam clientes horríveis. Afinal de contas, elas não lucravam nada, não é mesmo? Como poderiam pagar pelo que eu tinha a oferecer? Eu era muito ingênuo e estava completamente errado. Organizações sem fins lucrativos foram contribuintes gigantescas do meu sucesso inicial e continuam sendo uma fonte significativa de receita para a minha empresa.

Aprendi que empresas com fins lucrativos e organizações sem fins lucrativos têm mais similaridades do que diferenças. Por exemplo: as filantrópicas têm o mesmo grande desafio das corporações: gerar receita. Na verdade, muitos CEOs e diretores de organizações sem fins lucrativos lideram com uma mentalidade centrada no lucro. Além disso, assim como as corporações, as entidades filantrópicas devotam uma grande porção de suas verbas para a compra de produtos e serviços que vão ajudá-las a gerar receita. Esse fato se traduz em oportunidade para que empreendedores atendam a essa demanda. Consequentemente, entidades filantrópicas provavelmente são um mercado viável para sua empresa.

Há diferenças, também, entre os dois tipos de organização. A maioria das pessoas se concentra no fato de que as filantrópicas usam receitas para alcançar seus objetivos em vez de distribuí-los como lucros ou dividendos. Em outras palavras, organizações sem fins lucrativos *podem* ter mais receitas do que despesas em um determinado ano fiscal, mas devem usar o que seria considerado lucro para financiar mais programas ou estabelecer um fundo de doações. Algumas pessoas imaginam que essa diferença seja pequena, considerando que é possível interpretar uma entidade sem fins lucrativos como uma corporação que reinveste seu excedente de volta na empresa. Mesmo assim, a conclusão é que as filantrópicas certamente têm dinheiro para gastar, exatamente como as corporações.

Aqui estão três razões pelas quais você deve fazer negócios com organizações sem fins lucrativos e talvez até considerá-las como prioridade.

1. *Empresas filantrópicas gastam dinheiro, sim.* Grande parte do orçamento dessas entidades é dedicado a operações, o que pode incluir pagamento de contas, aluguel, *software*, treinamento e viagens. Elas também gastam bastante com vendas e marketing para encontrar doadores ou para suplementar fontes auxiliares de renda. De acordo com a lista da *Forbes* das 200 maiores organizações sem fins lucrativos nos Estados Unidos em 2011, a classificação e o volume de despesas de cinco entidades populares são os seguintes:

1. The Mayo Clinic, US$ 5.1 bilhões.
2. YMCAs of the USA, US$ 4.5 bilhões.
3. United Way, US$ 3.8 bilhões.
15. Boys and Girls Clubs, US$ 1.1 bilhão.
20. Habitat for Humanity International, US$ 781 milhões.

Além disso, exige-se que várias entidades sem fins lucrativos gastem o dinheiro que receberam por meio de bolsas de estudo ou verbas que têm diretrizes bem específicas. Certas doações exigem que essas entidades gastem o dinheiro antes de um determinado prazo-limite. Assim, uma organização pode estar buscando gastar dinheiro rapidamente para continuar em conformidade com as estipulações de uma verba ou doação recebida de um doador privado ou de uma entidade governamental.

Um dos meus primeiros grandes clientes foi uma entidade filantrópica no ramo da educação. Minha empresa conseguiu fazer uma negociação incrível, na qual recebemos um banco de dados com os contatos corporativos dessa entidade. Era uma lista de mais de cem empresas listadas na *Fortune* 500 e informações sobre seus respectivos contatos da área de compras. Além disso, a entidade filantrópica nos contratava anualmente para desenvolver novos materiais de marketing. Também criávamos e implementávamos sua estratégia de mídia social. Trabalhamos com essa grande conta por quase uma década e, embora o cliente não esteja mais conosco, ainda usamos e nos beneficiamos do banco de dados que recebemos com as empresas listadas na *Fortune* 500.

2. *Entidades sem fins lucrativos estão dispostas a assumir riscos com novos revendedores para economizar dinheiro ou para gerar receitas sólidas.* Se o seu produto ajudar entidades sem fins lucrativos a economizar dinheiro ou a gerar uma renda significativa, você está no caminho certo para conquistar ótimos clientes. As filantrópicas estão sob pressão constante para vigiar seus gastos e manter as despesas sob controle. Um produto ou serviço de qualidade que as ajude nessa área é ouro puro.

Pouco depois da conclusão do Omni Publishers, o sistema de gerenciamento de conteúdo on-line da minha empresa, nós decidimos usar entidades sem fins lucrativos locais como testadoras da versão beta. Após algum tempo, várias delas se tornaram clientes pagantes e, no processo, nós recebemos um excelente *feedback* sobre como poderíamos melhorar nosso produto. Consequentemente, nossa primeira campanha de marketing para o *software* se concentrou em organizações de comércio em nível estadual e nacional que atendiam milhares de organizações filantrópicas. A estratégia funcionou muito bem, já que muitas organizações filantrópicas adoraram o produto, mas o mais importante foi que adoraram o preço.

3. *Empresas sem fins lucrativos são leais e vão recomendá-lo se você for excelente.* Em muitas grandes cidades, você vai perceber que as entidades filantrópicas tendem a ficar localizadas em uma determinada parte da cidade. Talvez um prédio específico ofereça aluguéis a preços subsidiados, ou simplesmente foi ali que a comunidade filantrópica floresceu. É uma excelente indicação do quanto a indústria é próxima. Da mesma forma, executivos e funcionários de diferentes organizações compartilham recursos frequentemente. E são especialmente dispostos a recomendar bons recursos para empresas com fins lucrativos também.

No decorrer dos anos, meus clientes do ramo filantrópico foram especialmente leais. Eles me indicam para outras entidades sem fins lucrativos e dão as referências mais favoráveis.

Creio que exista um sentimento comum entre essas organizações de que os relacionamentos que elas constroem com seus fornecedores são especiais. Não é a maneira habitual de fazer negócios do ambiente corporativo. Seus fornecedores os ajudam a salvar vidas, construir lares, ampliar o acesso à educação e assim por diante. Organizações sem fins lucrativos frequentemente sentem uma afinidade especial por fornecedores que os ajudam a mudar o mundo, e tendem a dar bastante apoio a esses fornecedores. Eu testemunhei pessoalmente os benefícios de toda essa enorme boa vontade, o que ajudou minha empresa a prosperar.

Se acha que trabalhar com o setor filantrópico é uma perda de tempo, pergunte ao Facebook. A gigante das mídias sociais lucrou muito com o aplicativo Causas, que é bastante popular. O Causas ajuda centenas de milhares de organizações sem fins lucrativos todos os dias, rendendo ao Facebook milhões de dólares em tarifas de processamento e pela customização de campanhas para angariar doações. Não somente o Facebook, mas muitas outras empresas consideram que o setor das entidades sem fins lucrativos é um segmento importante dos negócios. Portanto, desde o início, considere como seu produto ou serviço pode servir às organizações filantrópicas. Provavelmente vai perceber que sem fins lucrativos, na realidade, significa com fins lucrativos — pelo menos para você.

25. EXPLORE NOVAS AVENTURAS PARA CONSEGUIR INSPIRAÇÃO

A exploração, na realidade, é a essência do espírito humano.
— Frank Borman, astronauta aposentado da NASA

Outro dia, enquanto verificava os novos livros na Barnes and Noble, eu me deparei com a história de como o jovem Howard Schultz, o atual CEO da Starbucks, se inspirou em uma viagem que fez à Itália. Essa viagem mudaria sua vida completamente e transformaria o ramo dos restaurantes.

Em 1981, Schultz tinha vinte e oito anos e era diretor de marketing da Starbucks; estava em Milão, Itália, em uma viagem de compras. Ele percebeu não somente que as cafeterias espalhadas por toda parte naquela cidade faziam um café expresso excelente, mas que também serviam como locais para encontros e reuniões. As cafeterias eram os núcleos da comunidade. A excursão italiana de Schultz e as ricas experiências que ele teve naquelas pequenas cafeterias serviriam como modelo para sua estratégia agressiva de renovação e crescimento. E todos nós sabemos o final incrível dessa história. A Starbucks agora é a maior empresa de cafeterias do mundo, com mais de 19.500 lojas em mais de cinquenta países.

Essa história é somente uma que comprova os benefícios de sair da sua zona de conforto, mas para muitas pessoas isso é mais fácil de falar do que fazer.

Com muita frequência, os empreendedores operam unicamente dentro dos limites da indústria em que estão inseridos. Eles se socializam com o mesmo tipo de gente, vão aos mesmos lugares, comem as mesmas comidas, visitam os mesmos sites, leem os mesmos livros e falam o mesmo jargão. Ou, então, estão tão focados em suas empresas que não reservam tempo para fazer algo que seja totalmente descolado daquilo que geralmente fazem. Mergulhe na sua área de atuação e concentre-se nela, mas afaste-se às vezes. Se não fizer isso, você pode deixar passar um momento monumental de inspiração que pode levar sua empresa a patamares globais.

Sempre que tiver a oportunidade de viajar, viaje. Viagens internacionais são excelentes, mas a inspiração também pode vir de uma viagem em seu próprio estado ou país. Ver como as pessoas fazem as coisas em um ambiente diferente coloca a criatividade para funcionar. Por exemplo, quando visitei Peachtree City no estado da Geórgia, achei incrível o fato de o lugar ter sido projetado para que os residentes se locomovam de um lado para outro usando carrinhos elétricos de golfe. Não há muita necessidade de usar carros normais. Pequenas pontes que passam por cima das principais ruas e trilhas customizadas foram construídas para os carrinhos de golfe. Vi até mesmo uma mãe com o seu bebê preso ao banco traseiro de um desses carrinhos elétricos. Não sei que tipo de empresa poderia nascer a partir de uma ideia como essa, mas pelo menos fiquei inspirado a me mudar para lá. Achei que era um lugar muito legal.

Sair da caixa que o cerca, seja seu escritório ou sua casa, também ajuda a trazer inspiração. Se eu estiver me sentindo travado ou com alguma espécie de bloqueio mental, saio do meu escritório para fazer uma caminhada ou uma atividade que ative outra parte do meu cérebro ou do corpo. Um professor da época da faculdade sugeriu essa técnica há vários anos, quando eu ainda estudava ciência da computação. Eu não acreditava que funcionaria até experimentar. Sempre que sentia um bloqueio mental enquanto programava, eu fazia uma pausa e mudava de ambiente. Quase magicamente, uma solução para o problema em questão surgia na minha cabeça. Como resultado, agora uso essa técnica básica com frequência para superar qualquer tipo de problema ou obstáculo criativo que eu esteja enfrentando no momento.

Embora o foco fosse mudar o cenário para buscar inspiração, explorar novas atividades é tão importante e eficaz quanto. Expandi minhas atividades de lazer para abranger coisas que eu normalmente não faria, tais como aprender a falar chinês, ler literatura inglesa clássica e escutar tipos diferentes de música, como *country* e hindi. Ideias para meus negócios atualmente vêm das experiências mais estranhas que vivo. Sem precisar fazer um esforço consciente para buscar coisas novas como essas, duvido que tais inspirações teriam surgido.

É difícil acreditar que uma viagem casual à Itália nos trouxe a Starbucks como conhecemos hoje. Não existe uma grande cidade no planeta Terra que não tenha Starbucks.

Se Schultz não tivesse feito aquela famosa viagem, quem sabe onde milhões de pessoas comprariam seus cafés pela manhã e se encontrariam para formar uma start-up? As evidências estão no café, por assim dizer.

Colocar-se em novos ambientes e explorar coisas novas vai capacitá-lo a aplicar essas experiências a outras facetas da vida. Você se transforma em um sintetizador, uma habilidade que, adequadamente aprimorada, pode ser a chave para sua próxima grande oportunidade nos negócios.

26. O FRACASSO NÃO VAI MATÁ-LO; VAI FORTALECÊ-LO

> O fracasso é simplesmente a oportunidade de começar de novo, mas desta vez com mais inteligência.
> — Henry Ford, fundador da Ford Motor Company

Recentemente, tive o privilégio de participar em uma competição nacional de propostas de negócios. Entrei sem maiores ambições, pensando que seria divertido e desafiador me colocar em uma situação de vendas de alta pressão e ver se eu conseguiria conquistar o primeiro lugar. O prêmio de 10 mil dólares também não seria ruim. Para minha surpresa, eu fui escolhido entre mais de cem empresários inscritos por todo o país para competir com outros nove semifinalistas em Chicago.

Enquanto quase todos os finalistas fizeram suas apresentações de sessenta segundos sem tropeços, um dos selecionados desmoronou completamente sob a pressão. Foi um desastre completo. Toda vez que tentava reiniciar sua apresentação conforme os segundos passavam no enorme relógio que havia por ali, ele desabava de novo. Com cada tentativa sucessiva, sua capacidade de se recuperar ficava cada vez mais comprometida. Apesar de uma plateia encorajadora e dos aplausos, ele acabou desistindo. O empresário baixou a cabeça e saiu do palco para remoer seu desempenho constrangedor. Saiu quando ainda restavam quinze segundos no relógio, e o apresentador gentilmente o acompanhou de volta ao palco, colocando-o novamente em um lugar de honra. O jovem ainda recebeu conselhos positivos dos três juízes depois que seu tempo se esgotou, e foi capaz de sair do palco ainda com uma dose de respeito próprio, mas era possível ver que ele estava em estado de choque.

Enquanto estávamos nos bastidores após a catástrofe, os outros finalistas e as pessoas que estavam por perto não se aproximaram para oferecer apoio. Em vez disso, eles o observaram passar andando com a cabeça baixa. Estava à beira de um colapso emocional quando se refugiou em uma área privativa nos bastidores para pensar no que havia acabado de acontecer. Algumas pessoas tentaram animá-lo, mas suas tentativas não pareceram ser sinceras, na melhor das hipóteses. Ironicamente, os finalistas estavam transbordando com a autoconfiança empreendedora, mas não tinham a autoconfiança para demonstrar a verdadeira empatia a um camarada caído em um momento crucial.

Considerando que o finalista acabrunhado foi deixado sozinho para lamber as feridas, eu me aproximei para um bate-papo que era bastante necessário naquele momento. Ele tinha oito anos a menos do que eu, e pressenti também que ele não tivesse muita experiência nesse tipo de eventos. Eu disse a ele: "Você vai arrebentar da próxima vez. É difícil de engolir, mas, acredite, você vai se recuperar". Eu também disse a ele que, de todas as ideias que ouvi no concurso, a dele era bastante promissora. E continuei, dizendo, "prefiro fazer uma apresentação terrível da qual eu possa me recuperar do que ter uma ideia terrível que não tem futuro".

Ele pareceu concordar com o que eu disse, mas percebi que o rapaz ainda estava deprimido por arruinar o que considerava ser uma grande oportunidade. A única coisa que eu podia esperar era ter causado um certo impacto no rapaz para que ele conseguisse se levantar, sacudir a poeira e não desistir. Afinal de contas, o empreendedorismo é isso.

O fracasso é inevitável no empreendedorismo, mas a maneira de lidar com ele é o que determina se, no fim da história, você sairá vencedor. Ao assistir ao fracasso retumbante do nosso colega naquele campeonato de propostas, todos nós fomos lembrados dessa realidade — uma lição maior do que qualquer conselho que os três juízes lhe deram, uma lição mais importante do que a proposta perfeita do finalista vencedor. Finalmente, foi uma lição mais valiosa do que conquistar o prêmio de 10 mil dólares.

27. BUSQUE PARCERIAS PELAS RAZÕES CERTAS

Para empreendedores que estão buscando construir um novo negócio ou expandir um já existente, um parceiro forte pode ser primordial.
— Barry Horwitz, presidente de Horwitz & Co.

Nós conseguimos um sucesso tremendo com uma parceria em particular. Mal conseguíamos conter a empolgação. Depois de seis meses determinando tudo o que seria entregue por cada empresa e fazendo com que os respectivos departamentos jurídicos assinassem o acordo, nossa parceria com uma empresa global com bilhões de dólares em ativos estava prestes a se tornar realidade. Agora podíamos acelerar nosso crescimento, usando os vários canais globais da nossa parceira. Sentimos como se houvéssemos ganhado na loteria e estávamos apenas esperando para receber nossos sacos de dinheiro. Foi então que as coisas subitamente ficaram complicadas.

Depois que o diretor de vendas da empresa assinou o contrato e recomendou que postássemos um comunicado à imprensa em nosso site com uma citação que ele mesmo nos forneceu, eu recebi a seguinte mensagem em um e-mail: "Este e-mail está sendo enviado para confirmar que não existe nenhum acordo de parceria em nível nacional com a nossa empresa, e... o comunicado à imprensa que está postado no seu site nacional é errôneo e enganoso. Por favor, removam-no do seu site ainda hoje". Também recebi uma ligação ameaçadora da vice-presidente sênior da empresa, pedindo que eu lhe telefonasse imediatamente. Quando liguei, ela exigiu que removêssemos o comunicado à imprensa e desconsiderássemos quaisquer acordos feitos por seus colegas; caso contrário, teríamos que enfrentar seu departamento jurídico.

Eu sabia que tínhamos um grande problema nas mãos, mas, qualquer que fosse o problema, não era com a minha empresa. Nós nos certificamos de conseguir permissão por escrito para tudo que queríamos fazer. Minha melhor estimativa era que alguma coisa havia acontecido internamente na outra empresa para fazer com que essa parceria desmoronasse. Apesar do fracasso do acordo, uma parte de mim chegou até a ficar feliz que tudo tenha ocorrido antes de estarmos envolvidos demais. Portanto, o resultado foi que não conseguimos levar a cabo os planos de dominação mundial ou idas ao banco para buscar nossos sacos de dinheiro — pelo menos, não com esse parceiro imprestável.

Posteriormente, descobri que o parceiro pernicioso não era realmente capaz de abrir as portas que achávamos que poderia. A empresa tinha várias afiliadas que exerciam um poder tremendo sobre a sede. Em outras palavras, como proprietários individuais tinham a palavra final sobre trabalhar com minha companhia, não havia valor em estabelecer uma parceria com a empresa-mãe.

Mesmo com o endosso da sede do parceiro em potencial, ainda teríamos que convencer os proprietários das afiliadas do valor que havia em fechar contrato conosco. Além disso, a aprovação do parceiro iria azedar o relacionamento com os proprietários que não concordassem com essa parceria. Não havíamos previsto esse cenário, especialmente porque a verdadeira relação entre o escritório central e as afiliadas não estava clara. Mesmo assim, nossas intenções e procedimentos foram transparentes. Se a empresa parceira tivesse operado da mesma maneira, tudo teria acontecido de maneira bem mais tranquila.

Se forem construídas adequadamente, parcerias podem melhorar significativamente seus negócios. A chave para estabelecer uma parceria efetiva foi descrita de maneira exemplar pelo guru das start-ups Guy Kawasaki: "O objetivo de uma boa parceria é acelerar o fluxo de caixa, aumentar a receita e reduzir custos. Parcerias construídas sobre princípios empresariais sólidos como esses têm probabilidade muito maior de ter sucesso".

Por outro lado, uma parceria construída de maneira inadequada desperdiça o seu tempo e age contra a sua empresa. Como Kawasaki sugere, algumas razões para não formar uma parceria incluem disfarçar suas fraquezas e gerar material para a imprensa. Essas são duas maneiras certeiras de começar do jeito errado, mas vários empreendedores acreditam que sejam razões perfeitamente lógicas para buscar uma parceria. Parcerias devem ser construídas sobre pontos fortes, não sobre fraquezas. O objetivo de cada uma das empresas envolvidas deve ser melhorar alguma coisa que a outra empresa faz bem. Além disso, parcerias estabelecidas para impressionar ou aplacar a imprensa inevitavelmente saem pela culatra. Cedo ou tarde, as verdadeiras intenções da parceria se tornam aparentes, especialmente se o acordo não rendeu resultados tangíveis.

Em resumo, parcerias não devem ser feitas de maneira leviana ou apressada e devem ser buscadas pelas razões certas. Se você seguir as diretrizes sugeridas, terá uma probabilidade menor de entrar em uma parceria que cause mais mal do que bem. E sobre a parceria malfadada que mencionei anteriormente, nós encontramos outra empresa parceira com presença global. Essa relação teve um resultado excelente, e a receita aumentou em mais de setecentos por cento.

28. SEJA MESTRE EM APROVEITAR RECURSOS

Pessoas em posições vantajosas exercem dominância sobre pessoas em posições menos vantajosas.
— Robert T. Kiyosaki, autor de *Pai rico, pai pobre*

Quando abri minha empresa de mídia, pouquíssimos clientes em potencial queriam comprar anúncios publicitários. Eles percebiam que havia um valor incrível em meus canais de mídia, mas sempre tentavam fazer alguma espécie de permuta com o que tinham em vez de pagar em dinheiro. Por exemplo, eu negociei com um restaurante chinês perto do *campus* da minha faculdade que me ofereceu comida de graça por um semestre inteiro em troca de publicidade. Algumas quadras mais adiante havia uma loja de sapatos. O proprietário prometeu me dar seis pares de sapatos novos para cada anúncio que eu publicasse para ele. Eu poderia passar um longo tempo listando as coisas que me ofereceram em vez de dinheiro de verdade. As contrapartidas eram excelentes — eu nunca iria passar fome ou andar descalço —, mas não me ajudavam a bancar os custos de operação. Seria difícil pagar pela impressão, pelo armazenamento de dados e distribuição com um combo agridoce e um par de tênis da Fila.

Frustrado e perplexo, perguntei ao meu mentor o que deveria fazer para conseguir dinheiro em troca dos meus produtos e serviços. Francamente, eu nunca havia considerado a possibilidade de ter um problema como esse. Presumia que todo mundo me pagaria em dinheiro. Toda essa ideia de escambo era nova para mim. Não parecia ser muito profissional; na verdade, parecia ser meio suspeita. Uma parte de mim achava que as pessoas estavam querendo se aproveitar de mim, esperando que eu aceitasse qualquer coisa que elas oferecessem. Meu mentor tinha uma perspectiva diferente.

Quando pedi conselhos para meu mentor, o último pedido que eu havia recebido para receber produtos em troca de trabalho foi feito por um grande estúdio de cinema. A empresa queria veicular um anúncio para um filme que estrearia dali a pouco tempo em troca de vários ingressos grátis para a estreia.

A mim, parecia um negócio terrível. Reclamei para o meu mentor, dizendo que tinha espaços limitados para publicidade e que queria reservar as inserções somente para clientes pagantes. Meu mentor sorriu e disse: "Kevin, veicule um anúncio pequeno para eles e aceite os ingressos". Ele explicou as várias maneiras como eu poderia usar os ingressos, e eu achei que uma delas era especialmente inteligente. Ele sugeriu que eu desse alguns dos ingressos para uma grande emissora de rádio na cidade. Em troca, a estação sortearia os ingressos para os ouvintes em meu nome. Eu também deveria pedir à emissora que estimulasse os ouvintes a considerar a ideia de anunciar com a minha empresa. Assim poderia aumentar a presença da minha marca na mídia, estabelecer relações fortes com a rádio e alcançar milhares de anunciantes em potencial. Quando ele me explicou tudo isso, fiquei muito empolgado. Aceitei seu conselho e tudo funcionou exatamente como ele previu.

Depois de receber e aceitar esse conselho, minha perspectiva mudou completamente. Subitamente, vender ficou mais divertido porque eu não me enxergava mais como um vendedor no sentido tradicional, mas como uma pessoa que aproveitava de forma criativa os recursos para conseguir mais do que eu queria.

Aprendi que muitas das empresas menores ou locais não queriam gastar dinheiro vivo, especialmente porque eu era um novo parceiro. Isso os ajudava a minimizar os riscos. Empresas maiores não se importavam em abrir a carteira. Depois que percebi isso, comecei a aproveitar minhas vantagens locais para incitar as empresas grandes a anunciar mais. Por exemplo, em vez de ficar com os seis pares de sapatos do meu anunciante calçadista, eu ficava somente com dois. Os outros quatro pares eu usava para conseguir contratos de publicidade de longo prazo com empresas listadas na *Fortune* 100. Em outras palavras, as pessoas responsáveis pela assinatura dos contratos recebiam belos pares de tênis para seus filhos como forma de agradecimento.

Estruturei muitos detalhes nos quais usei estrategicamente produtos e serviços que empresas me ofereceram em vez de dinheiro. Usei ingressos para eventos esportivos profissionais, reservas para campos de golfe, viagens de luxo, ingressos para shows e outras coisas para encontrar a rota que me levaria a um pagamento maior que justificasse essa abordagem. Provavelmente é a parte mais divertida e criativa do que faço. A partir dessa prática, desenvolvi um amor por criar acordos e contratos, desde um escambo básico até uma aquisição no valor de milhões de dólares.

Essa estratégia também funciona no sentido inverso. Se você quer conservar seu dinheiro, encontre maneiras de aproveitar o que tem para conseguir o que quer.

Por exemplo, eu consegui fazer um contrato com um multimilionário com a simples promessa de fazer uma doação substancial para a entidade sem fins lucrativos que ele administra. Esse cheque, embora significativo, tinha uma cifra muito menor do que o cheque que eu teria que assinar para garantir o envolvimento dele no acordo se agisse da maneira tradicional. Esse tipo de criatividade é gratificante em ambas as formas.

Quando você começar a implementar essa estratégia, tome bastante cuidado para não exagerar a dose. Escolha somente algumas empresas com as quais pretende utilizar esse tipo de acordo. Você deve pensar estrategicamente sobre cada acordo e compreender os motivos e desejos de todas as partes envolvidas.

Um problema comum é que, quando um parceiro sabe que você está disposto a fazer permutas ou acordos não tradicionais, ele pode se recusar a negociar em outros termos. Assim, você corre o risco de não conseguir mudar as expectativas sobre os tipos de pagamento e termos do acordo. Além disso, influenciadores nos mesmos círculos podem compartilhar os detalhes dos seus acordos com outros parceiros que, em circunstâncias normais, pagariam por seus serviços e produtos em dinheiro.

Finalmente, empreendedores têm um grande talento em reaproveitar recursos para conseguir o que querem. Quando um concorrente desdenha da ideia de uma permuta ou de um acordo não tradicional, outro concorrente o aceita e o usa como uma posição vantajosa. Essa estratégia funcionou às mil maravilhas para mim no decorrer dos anos. Inclusive, eu ainda tenho pares de sapatos e tênis novos em folha no meu armário que recebi como parte de um acordo há quase sete anos. Provavelmente, não vou precisar comprar pares novos nos próximos sete anos.

29. É A EXECUÇÃO DE UMA IDEIA, E NÃO O SEU INEDITISMO, QUE GERA O SUCESSO

Ter ideias é fácil. É a execução das ideias que realmente separa os lobos dos carneiros.
— Sue Grafton, escritora

Detesto acabar com sua graça, mas sua ideia não é especial. Provavelmente existem outros empreendedores ou empresas com a "sua" ideia, igualmente inspirados a dominar o mundo dos negócios e faturar milhões.

E quando sua ideia se transforma em um empreendimento sólido que gera grandes volumes de receita, você pode ter certeza de que alguém estará esperando para capitalizá-la também. No Vale do Silício, empresas que copiam ideias de outras são chamadas de "eu-também". Você as conhece. Por exemplo, quando o Groupon ficou popular, todos os tipos de empresas "eu-também" começaram a pipocar. De acordo com uma reportagem recente à MSNBC.com, mais de seiscentas empresas têm o mesmo modelo de negócios do Groupon ou alguma variação dele.

Apesar do fato de sua ideia não ser única, e portanto poder ser assimilada por outras empresas, você ainda pode aumentar sua probabilidade de sucesso sobre seus competidores. Como? Concentre-se na execução da sua ideia e faça com que ela funcione melhor do que qualquer outra pessoa ou empresa no planeta.

Quando eu estava na faculdade, todo mundo tinha a minha ideia: criar uma comunidade na web para o consórcio de faculdades e universidades em Atlanta. Mesmo depois que meu site ficou imensamente popular, alguns alunos minimizavam minhas realizações quando conversávamos. Diziam coisas como "eu tive essa ideia". Ou, então, comentariam de um modo bem casual, "eu queria fazer isso". Não deixei que aquelas esnobadas me afetassem, porque eu sabia que as implicações dos comentários eram verdadeiras: minha ideia

ESTRATÉGIA

não era especial. Na verdade, considerei aqueles comentários como elogios sinceros, porque eu sabia que realmente tive a determinação de transformar a ideia em realidade. E eles não tiveram.

Um penhasco do tamanho do Grand Canyon separa ideia e execução. A maioria das pessoas, quando percebem o gigantesco abismo diante de si e consideram o esforço necessário para cruzá-lo, não faz o menor movimento para chegar do outro lado. Ficam paralisadas por uma miríade de razões. Pode ser devido à enormidade da tarefa, à falta de habilidades necessárias para chegar do outro lado ou ao medo do desconhecido. Qualquer que seja a razão, aqueles que executam a ideia e chegam ao outro lado do cânion serão os vencedores.

Para conseguir ir da ideia à execução e assim garantir uma posição vantajosa sobre a concorrência, preste bastante atenção em três coisas que foram, em grande parte, responsáveis pelo meu sucesso inicial: velocidade, equipe e frugalidade.

Em primeiro lugar, *a velocidade da sua organização, especialmente em nosso mundo acelerado, movido a tecnologia em que todo mundo quer tudo agora, é o aspecto mais importante.* Você precisa se concentrar em encurtar o tempo até chegar ao mercado. Ao fazer isso, você é o primeiro a marcar presença no mercado e pode vender aos clientes antes dos outros. Mas há um equilíbrio delicado, entretanto, entre velocidade e qualidade. Seu objetivo deve ser liberar imediatamente um produto ou serviço funcional e com um certo nível de qualidade que os clientes valorizem. O fundador do LinkedIn, Reid Hoffman, disse: "Se você não ficar constrangido pela primeira versão do seu produto, então o lançou tarde demais". Sábias palavras. Na faculdade, minha equipe e eu nunca estávamos satisfeitos com o *software* que produzimos, mas entendíamos a necessidade de fazer com que o consumidor começasse a usá-lo rapidamente. Teríamos bastante tempo posteriormente para aprimorá-lo e aperfeiçoá-lo.

Em segundo lugar, *sua equipe deve ser uma máquina eficiente que se esforce mais do que qualquer outra equipe.* Esse conselho é banal, mas é preciso enfatizá-lo sempre. A dinâmica da equipe pode significar a diferença entre o sucesso e o fracasso. Recrute somente os melhores e mais dedicados talentos que estejam convencidos do valor da sua ideia. Da mesma forma, evite delegações debilitantes sobre a distribuição de valores e capital e a direção da empresa. Em seu livro, *The Founder's Dilemma*, o professor de Harvard Noam Wasserman explora problemas comuns pelos quais os fundadores passam quando estão abrindo suas empresas. Wasserman utiliza pesquisas acadêmicas sobre a dinâmica de equipes e divisão de lucros e capital entre membros de uma mesma equipe. Conforme sua extensa pesquisa comprovou, se você não colocar a equipe para trabalhar do jeito certo, sua probabilidade de sucesso cai dramaticamente.

Terceiro, *uma start-up frugal é uma start-up sábia*. Despesas frequentemente impedem a capacidade de uma empresa de executar uma ideia. A empresa que consegue conservar e usar da melhor forma seus recursos dá a si mesma uma vantagem considerável. Como jovens empreendedores, minha equipe e eu decidimos fazer uma abordagem de barateamento de custos para tudo que fazíamos. Por exemplo, usávamos tecnologias gratuitas e de código aberto para desenvolver nossos produtos. Da mesma forma, alavancamos nossos contatos no *campus* para imprimir milhares de cartazes anunciando nosso site. As despesas em que incorremos para transformar nossa ideia em realidade eram o mais próximo de zero que uma empresa poderia chegar. Mesmo quando o dinheiro estava chegando, nós continuamos a operar com uma mentalidade frugal. Como resultado, quando absolutamente precisávamos gastar dinheiro para gerar crescimento, nós tínhamos o capital e podíamos agir rapidamente.

Uma percepção comum de um empreendedor é a do idealista que gera ideias e persegue seus sonhos. Essa imagem unilateral ignora a parte igualmente importante do empreendedor que é a de um executor implacável. Mark Zuckerberg, o cofundador do Facebook, tinha uma visão grandiosa de "dominar" a comunicação na internet, e foi capaz de comunicar sua perspectiva melhor do que qualquer pessoa. Ele também sabia como fazer aquela visão acontecer — e a fez acontecer. Se você estiver contando com o mérito da sua ideia e não com a eficiência da sua execução, sua rota vai levá-lo a um percurso cheio de problemas. Você provavelmente vai acabar como as pessoas que menosprezaram o meu sucesso na faculdade, dizendo "eu tive essa ideia".

30. ENCONTRE UM INIMIGO

> Um homem nunca deve ser cauteloso demais
> quando escolhe seus inimigos.
> — Oscar Wilde, escritor e poeta irlandês

Uma das maiores rivalidades na história dos negócios é aquela que existe entre a Apple e a Microsoft, duas gigantes que dominaram o setor de tecnologia por décadas. Aonde quer que você vá por todo o planeta, seja nos Estados Unidos ou na China, vai encontrar o mesmo cenário: os usuários da Apple odeiam os usuários da Microsoft e vice-versa.

Mesmo os fundadores dessas duas empresas tiveram uma rivalidade pessoal equivalente a uma guerra entre *rappers* da costa leste e da costa oeste. Por um lado, Steve Jobs, cofundador da Apple, disse o seguinte sobre Bill Gates, cofundador da Microsoft: "Bill é basicamente um cara que não tem imaginação e nunca inventou nada, e é por isso que acho que ele se sente mais confortável trabalhando com filantropia, agora, do que com tecnologia". Por outro lado, Gates disse isto sobre Jobs: "[Steve Jobs] nunca soube muita coisa sobre tecnologia, mas ele tinha um instinto incrível sobre o que funcionava". Gates também chamou Jobs de "fundamentalmente esquisito" e "estranhamente imperfeito". As evidências do desdém mútuo desses dois fundadores são bem óbvias. (E se você estava se perguntando a respeito, creio que Jobs seria Tupac Shakur, e Gates seria The Notorious B.I.G.)

Assim como a Apple e a Microsoft, há inúmeras outras rivalidades no mundo dos negócios. Apenas para citar algumas: Coca-Cola e Pepsi-Cola, McDonald's e Burger King, Ford e General Motors, Verizon e AT&T, o Boston Red Sox e os New York Yankees, e a lista continua. Todas essas companhias lutam uma contra a outra por um maior *market share* e pela dominação mundial. As lutas podem ficar bem sujas, também, com as firmas espionando e processando umas às outras judicialmente. Apesar dos aspectos negativos, essas rivalidades ferozes têm um benefício que raramente é mencionado: estimulam um ambiente competitivo que motiva cada empresa a ter resultados cada vez melhores. Empreendedores devem estar cientes desse fenômeno e usá-lo em proveito próprio.

Como editor responsável de uma revista em Atlanta, fiz questão de encontrar e identificar um inimigo rapidamente e a estratégia funcionou bem. Embora tivéssemos muitos inimigos, escolhemos uma publicação que odiávamos com todas as forças. Nosso objetivo era tirá-la do mercado. Embora não tenhamos conseguido tirá-la do mercado, conseguimos deixar a paisagem competitiva mais intensa. Procuramos nos certificar de que tudo que produzíamos era exponencialmente melhor em qualidade do que o trabalho dos nossos inimigos. Na verdade, o sucesso da minha revista acabou obrigando nosso principal competidor a aumentar seus custos, pois ele passou a publicar sua revista em cores. Nós sabíamos que estávamos vencendo naquele momento. Como resultado dessa mudança perceptível, minha equipe ficou ainda mais empolgada e motivada para detonar a concorrência.

Quando abrir uma empresa, escolha imediatamente um inimigo que você e sua equipe desejam destruir. Identificar um arquirrival ajuda a solidificar sua equipe ao redor de um objetivo comum e serve como fator motivador natural. Ninguém quer perder em uma disputa individual. Uma coisa é empolgar uma equipe para superar objetivos indigestos, como aumentar as vendas em trinta e cinco por cento naquele semestre; outra coisa é motivar uma equipe para superar um inimigo tangível que odeia a sua equipe tanto quanto vocês o odeiam. Implementar essa estratégia básica de gamificação melhora seu espírito competitivo e, no mínimo, faz com que os negócios fiquem bem mais empolgantes para todo mundo.

31. NÃO SUBESTIME SEUS CONCORRENTES

Eu odeio concorrência.
— Marat Safin, campeão de tênis e político russo

Quando empreendedores vêm conversar comigo para que eu invista em suas empresas, naturalmente quero saber quem são seus concorrentes. É uma pergunta básica que qualquer investidor faria. Alguns empreendedores respondem a pergunta de maneira extensa e com confiança. Não têm medo de reconhecer verdadeiramente a paisagem competitiva. Outros se equivocam, porque não querem reconhecer o fato de que concorrentes existem para diminuir a atratividade da sua ideia ou simplesmente não fizeram sua lição de casa.

Das duas respostas, eu me preocupo mais e fico mais hesitante em relação a empreendedores que dão a impressão de serem delirantes ou despreparados. Eles frequentemente respondem à minha questão dizendo orgulhosamente: "Não temos nenhum concorrente".

Sinto vontade de responder: "Ah, claro que não".

A resposta que eles dão para tentar tornar seu projeto mais atraente, na realidade, o torna menos atraente. Em vez de dizer a eles o que eu realmente gostaria de dizer, prefiro ficar quieto e me concentrar em empresas que são mais adequadas ao investimento.

Teoricamente, toda empresa em um mercado livre tem concorrência, mesmo se estiver entrando como pioneira em uma categoria completamente nova de mercado. O dinheiro de um consumidor pode ser gasto de milhões de maneiras diferentes, e com milhões de empresas. Seu trabalho como empreendedor é encontrar e avaliar a concorrência mais ameaçadora. Um passo mais aprofundado inclui identificar e analisar empresas que poderiam alavancar seus recursos com mais facilidade — como canais de distribuição, capital de investimento ou capital intelectual — para entrar no seu mercado e concorrer com você.

Um erro comum que a maioria das start-ups comete quando pesquisa sua concorrência é menosprezar os substitutos. O que são substitutos? De acordo com N. Gregory Mankiw, um economista da universidade de Harvard, "substitutos, frequentemente, são pares de produtos que são usados no lugar do outro, tais como cachorros-quentes e hambúrgueres, blusões e moletons, e ingressos de cinema e locações de filmes". Substitutos também podem ser definidos como "dois bens, nos quais o aumento do preço de um leva a um aumento na demanda pelo outro". Substitutos podem prejudicar uma empresa, especialmente durante uma guerra de preços.

É comum os empreendedores se concentrarem apenas em outras empresas que têm modelos de negócio muito similares. Para expandir os exemplos dados na definição, uma empresa de cachorros-quentes pode pesquisar somente outras empresas de cachorros-quentes, uma empresa de blusões pode pesquisar somente outras empresas de blusões, e assim por diante. Essa perspectiva míope ignora a ameaça competitiva de substitutos dissimilares e pode causar a derrocada de uma boa empresa.

Por exemplo, podemos argumentar que a morte da Blockbuster ocorreu porque ela não conseguiu avaliar adequadamente a ameaça de uma substituta, a Netflix, que foi a primeira empresa a oferecer um serviço de aluguel de DVDs por correio. Conforme o preço dos serviços de aluguel de vídeo da Blockbuster aumentou, o mesmo aconteceu com a demanda pelos serviços da Netflix, que eram muito mais convenientes do que ir até uma loja física. Se a Blockbuster tivesse avaliado corretamente a ameaça no início, talvez tivesse uma chance melhor de sobreviver com a implementação do seu próprio serviço de aluguel de DVDs pelo correio. Em vez disso, ela aumentou seus preços de aluguéis de filmes e não criou um serviço de aluguel de DVDs por correio até 2004, quando a Netflix já havia abocanhado uma enorme porção do mercado.

Nunca diga a um investidor potencial que você não tem absolutamente nenhum concorrente. Qualquer investidor tarimbado interpreta essa afirmação como: "Esses caras são cheios de si e ingênuos o bastante para pensar que não têm concorrência. Isso é perda de tempo". Em vez disso, apresente sua concorrência, mas descreva a severidade da ameaça competitiva. Além disso, não importa se você está nos estágios iniciais do desenvolvimento da sua start-up ou se você já tem uma empresa desenvolvida; não subestime a ameaça competitiva dos substitutos. Cometer qualquer um desses erros provavelmente vai fazer com que você tenha um fim como o da Blockbuster.

32. PEÇA AQUILO QUE QUER

Peça e lhe será dado.
— Mateus 7:7

Enquanto dirigia pela principal via expressa que corta o coração da cidade de Atlanta, vi um enorme banner na lateral de um prédio. O banner anunciava a grande inauguração de um novo prédio residencial em Midtown, uma área bastante conhecida e valorizada da cidade. Considerando que o prédio tinha vagas, imaginei que o proprietário seria um excelente anunciante a prospectar para um dos meus veículos de mídia focado em jovens adultos. Anotei o número do telefone e o site indicados no banner e entrei em contato alguns dias depois. Em pouco tempo, consegui agendar uma reunião com a construtora e o agente de vendas.

Depois de uma breve reunião, fechei a venda sem muita demora. Minha intuição se mostrou acertada. Na época, foi uma das maiores vendas que eu já havia feito. Fiquei bastante animado com o contrato, mas sonhava que podia ter mais. Eu pensei: *Não seria legal ter um escritório aqui, bem no centro da cidade, com uma vista espetacular de Atlanta?* Por um segundo, ponderei se devia perguntar à construtora se poderia ficar com um dos enormes apartamentos e usá-lo como escritório. Eu achava que a ideia seria ridícula, mas então me lembrei de algumas das histórias que meu mentor me contou sobre como conseguiu fechar algumas negociações fora da realidade. E mudei de ideia. Como eu já havia concluído a negociação, imaginei que não faria mal perguntar. Assim, perguntei ao proprietário do prédio: "Posso usar uma das unidades como escritório?". E o empreiteiro respondeu: "Claro, não há problema nenhum nisso". Além de pagar bem pelos serviços da minha empresa, ele me deu uma das melhores unidades do prédio.

Em algumas semanas, eu estava me mudando para o meu novíssimo escritório com 120 metros quadrados e totalmente mobiliado para minha empresa. Era um belo lugar, com uma localização perfeita e uma bela vista da cidade. Inclusive, o imóvel ficava localizado diante da PricewaterhouseCoopers e o novo escritório do Google; bastava atravessar a rua. Esse novo espaço seria a base da minha empresa por alguns anos. Minha equipe de dez pessoas e eu amamos aquele lugar. Se eu tivesse ficado quieto e deixado minhas dúvidas dominarem minha intuição, iria perder essa grande oportunidade.

Quando abri minha empresa, não fazia ideia das possibilidades que apareceriam para mim. Nunca imaginei que receberia um belo escritório em uma região urbana valorizada simplesmente perguntando. E nunca imaginei que poderia simplesmente pedir um carro de luxo a um cliente e recebê-lo. Depois de fechar alguns negócios incríveis apenas pedindo o que queria, minhas expectativas sobre o que era possível mudaram completamente. Aprendi que, quando a perspectiva da sua realidade é limitada pela sua experiência, é difícil imaginar qualquer coisa além disso. Quando ampliei a perspectiva da minha realidade, consegui negociar acordos inacreditáveis.

Como já aludi anteriormente, meu mentor me ensinou a pedir o que eu quero nos negócios. Ele acreditava que nada era impossível. Sem sua orientação, eu teria perdido diversas oportunidades simplesmente porque tinha medo de pedir. Por alguma razão, talvez por causa da minha pouca idade, eu não achava que as merecesse. Por sorte, meu mentor foi capaz de abrir minha mente a ideias maiores e me mostrar, por meio das suas próprias experiências, o que era possível. Finalmente, aprendi que há uma enorme diferença entre pensar e saber o que é possível *versus* ter coragem de pedir. Se quiser alguma coisa, recomendo que peça. Você vai ficar surpreso com o que isso lhe dá de vez em quando.

33. AUSÊNCIA DE CONCORRÊNCIA SIGNIFICA QUE SUA IDEIA PROVAVELMENTE TEM POUCO MÉRITO

> A concorrência é algo muito bom... é o que faz alguém se esforçar para ser melhor.
> — Christine Lahti, atriz e diretora de cinema

Noventa e cinco por cento das vezes, a arrogância leva empreendedores a acreditar que não têm concorrentes no mercado. Entretanto, em raras ocasiões, a arrogância não é a verdadeira causa dessa crença. Em vez disso, a arrogância é efeito de uma causa mais básica, e os veteranos dos negócios sabem disso. Qual é a causa? Na realidade, é uma avaliação completa e precisa do ambiente competitivo atual que não mostra concorrentes. A diferença, entretanto, é que empreendedores arrogantes acham que a inexistência de concorrência significa que o sucesso é garantido, enquanto os veteranos sabem que isso provavelmente significa que a ideia não é viável por várias razões.

Considerando isso, empreendedores precisam aprender a interpretar os resultados da sua pesquisa sobre a concorrência quando não detectam ameaças. Presumindo que nenhuma ameaça seja identificada e que a sua metodologia de pesquisa foi sólida, você deve levar sua pesquisa de mercado a um nível acima, que inclui descobrir as razões específicas pelas quais uma ideia não tem concorrentes. As razões mais comuns e importantes para que uma ideia seja inviável, e portanto não tenha concorrentes no mercado, são as seguintes:

1. *Não existe demanda pelo produto.* Por exemplo, devido à baixa demanda, o DeLorean, um carro esportivo futurista que chegou ao mercado em 1981, foi um fracasso. Inclusive, poucas pessoas hoje em dia sabem que o DeLorean era um carro de verdade e não somente um carro voador fictício na popular trilogia *De volta para o futuro*, que estreou quatro anos mais tarde. Aparentemente, quando o DeLorean chegou ao mercado, havia pouca demanda para um carro esportivo de alto custo que ia de 0 a 100 Km/h em lentos 10,5 segundos. A revista *Road and track* fez uma avaliação ruim do carro, dizendo que "não é do tipo que incendeia corações". Talvez *De volta para o futuro* tivesse razão em uma coisa: seria interessante se pelo menos os criadores do DeLorean pudessem voltar no tempo e avisar a si mesmos de que sua invenção seria um fracasso de vendas devido à falta de demanda.

2. *O mercado é pequeno demais.* Talvez o exemplo surpreendente mais recente de um mercado pequeno demais seja a história do Segway, o veículo elétrico de duas rodas que era motivo de empolgação geral antes do seu lançamento em 2001. O que, na época, era a invenção mais antecipada a chegar no mercado, hoje é um completo

fracasso. A empresa que produz o veículo esperava que as vendas alcançassem cerca de cem mil unidades nos primeiros treze meses, mas a realidade nem se aproximou disso. Em um contraste marcante com as expectativas da empresa, somente cerca de trinta mil Segways foram vendidos entre 2001 e 2007. A Segway superestimou enormemente o tamanho do mercado para sua nova categoria de veículo, e o produto que leva seu nome se tornou uma curiosidade, não o meio de transporte revolucionário que foi proclamado.

3. *O negócio não é lucrativo.* Quanto tempo é muito tempo para esperar por lucros? Dois anos? Cinco? Dez? Bem, para a locadora *hipster* de automóveis Zipcar, a espera por lucros vai ter que demorar mais de doze anos. A empresa ainda não gerou nenhum lucro desde sua fundação em 2000, e não parece que os lucros vão começar a chegar tão cedo. De acordo com o *New York Times*, a Zipcar acumulou perdas de 65,4 milhões de dólares, incluindo uma perda total de 14,7 milhões em 2010. O tempo que uma empresa deve esperar para começar a colher os lucros é discutível, mas o que não é discutível é o fato de que lucros são uma medida importante de sucesso — afinal, a empresa existe para gerar lucro. Em algum ponto você vai esgotar os possíveis ajustes que podem ser feitos ou perder a esperança de que o mercado irá se desenvolver. Uma empresa que não é lucrativa, especialmente uma que não é lucrativa há doze anos, é um sinal de alerta.

4. *As barreiras à entrada são grandes demais.* A indústria farmacêutica nos Estados Unidos tem uma boa quantidade de restrições que dificultam a entrada de novas empresas no enorme mercado de medicamentos. Talvez um dos maiores e mais imprevisíveis obstáculos seja a Food and Drug Administration, uma agência governamental que aprova e regulamenta novos remédios. Em 2011, o Contrave, um medicamento para perda de peso desenvolvido pela Orexigen Therapeutics, teve sua aprovação negada pela FDA, o que foi um golpe gigantesco para a empresa. De acordo com o *New York Times*,

a FDA disse ao laboratório que, para conseguir a aprovação, ela deve primeiramente fazer um estudo de longo prazo para demonstrar que o remédio não aumenta o risco de ataques cardíacos. Centenas de milhões de dólares estão em risco conforme a empresa se reorganiza. Investidores esperam fazer com que o medicamento seja aprovado assim que possível para recuperar seus investimentos. E a FDA responde: "Sem chance!".

Em resumo, a inexistência de concorrência provavelmente significa que você tem uma ideia ruim de negócio nas mãos. Há diversas razões para haver ideias ruins de negócios, mas essas quatro são bem comuns e úteis para se ter em mente, principalmente quando se está analisando um mercado vazio. Portanto, cada uma delas pede sua atenção especial. Com frequência, aquilo que parece um caminho inofensivo para o sucesso, na realidade, é um caminho perigoso que vai levá-lo para além da borda de um penhasco.

34. APAGUE OS INCÊNDIOS RAPIDAMENTE

> O homem que não tem problemas está fora do jogo.
> — Elbert Hubbard, escritor e filósofo

Ao verificar meu e-mail certa manhã, percebi que havia uma mensagem com um assunto urgente: "Site fora do ar. Ligue imediatamente". Não era um bom sinal. Eu sabia que aquele seria um longo dia — e realmente foi.

Até aquele momento, eu nunca havia sido contatado por um cliente sobre um problema grave com um produto que minha empresa criou. Eu não sabia o que fazer. Ninguém tinha me ensinado sobre como lidar com um cliente irado. Eu estava aprendendo diretamente enquanto trabalhava.

O cliente irritado era uma importante empresa de mídia. Somente um ano depois que eu abrira a empresa, esse cliente assumiu um risco e comprou a primeira versão do nosso sistema de gerenciamento de conteúdo, o Omni Publishers. A empresa usou o *software* para produzir a versão *on-line* do seu jornal. O Omni Publishers incluía também a hospedagem do site por meio de um parceiro terceirizado, e aí estava o problema.

Poucos meses depois que a empresa de mídia comprou nosso *software* baseado na web, eu recebi o e-mail fatídico que me notificava que o site administrativo da empresa estava fora do ar. Aparentemente, nosso parceiro responsável pela hospedagem estava tendo um problema com seus servidores, impedindo que nossos clientes enviassem atualizações para seus sites. Mas a situação era pior: os leitores dos nossos clientes não conseguiam acessar as páginas em questão. Todos os visitantes viam a temida e constrangedora página com o Erro 404.

Imediatamente entrei em contato com o diretor de tecnologia do nosso cliente e lhe disse que estávamos cuidando da situação. Eu não queria ter que fazer aquilo, porque esperava receber uma saraivada de broncas e reprimendas. Mas não foi tão ruim assim. Ele agradeceu por eu ter respondido rapidamente ao seu e-mail, mas estava ansioso para que o problema fosse resolvido. Passei o dia inteiro fazendo pressão na empresa de hospedagem de sites para que consertasse seus servidores. Não havia muito mais que eu pudesse fazer, exceto esperar o parceiro trabalhar e mitigar a situação com o cliente oferecendo concessões. Foi um dia estressante como eu jamais tive. A empresa de hospedagem de sites acabou consertando os servidores naquela noite. Como resultado, minha empresa fez mudanças em seu plano de hospedagem de sites e aprendeu uma lição valiosa sobre como responder a queixas dos clientes.

Mais importante, formalizamos a maneira de lidar com queixas urgentes dos clientes. Usamos um processo simples de cinco passos:

1. Responder rápida e calmamente.
2. Escutar com atenção depois de fazer um pedido de desculpas.
3. Dizer ao cliente como você planeja resolver o problema detalhadamente, com uma previsão específica de quando ele estará resolvido.
4. Fazer atualizações frequentes sobre o progresso da resolução.
5. Quando o problema estiver resolvido, certificar-se de que o consumidor ficou satisfeito.

Esse processo não vai somente ajudar você a lidar com problemas similares de maneira profissional, mas também vai dar diretrizes pelas quais você vai conseguir avaliar a efetividade da sua resposta.

Ser ótimo nos negócios significa ser ótimo em apagar incêndios rapidamente. Eles são inevitáveis, e um dos maiores incêndios que você vai ter que apagar é uma reclamação urgente de algum cliente. Certificar-se de que você consegue resolver as queixas dos clientes da melhor maneira possível, de modo a garantir que os clientes continuem com a sua empresa, não deve ser algo a ser aprendido depois que você já estiver trabalhando, se for possível. Prepare-se para o incêndio e suas chances de evitar uma conflagração com o cliente serão bem maiores.

35. TENHA UMA ESTRATÉGIA DE SAÍDA

Comece com o fim em mente.
— Stephen Covey, autor *best-seller* de
Os sete hábitos das pessoas altamente eficazes

Quando encerrei minha revista universitária (minha terceira empresa), ela havia durado seis bons anos. Durante sua existência, a revista foi declarada uma das melhores revistas universitárias independentes do país. A última edição foi publicada em 2008, apenas alguns meses antes do início da Grande Recessão, que também derrubou várias outras publicações, grandes e pequenas. Àquela altura, as vendas de anúncios publicitários na indústria editorial tinham zerado por completo, um prenúncio do que estava por vir. Se eu soubesse o que sei agora, teria vendido minha revista em 2007, depois do ano em que sua receita bateu o recorde, em 2006. Como dizem por aí, olhar para o passado é algo que jamais vai padecer de miopia.

Não vendi a revista porque cometi o erro de acreditar que sempre teria interesse em manter esse negócio. Também presumi que iria querer continuar no ramo editorial para sempre. Mas estava errado. Mais ou menos na mesma época em que o mercado desmoronou, eu estava pronto para me livrar daquela empreitada e não gostava mais de publicar em mídia impressa tanto quanto gostava quando comecei. Como resultado da confluência da recessão e a minha vontade em encerrar o negócio, minha revista simplesmente morreu. Não fiz nenhuma tentativa real de vendê-la, ou mesmo de entregá-la gratuitamente. Mesmo se eu tivesse feito um esforço legítimo para vendê-la, as condições do mercado fariam com que fosse quase impossível levar a venda a cabo. Infelizmente, tudo se perdeu.

Depois de aprender da maneira mais difícil, agora começo um negócio com uma saída em mente. Infelizmente, poucos empreendedores agem da mesma forma. Inclusive, uma pesquisa recente conduzida pela PricewaterhouseCoopers descobriu que somente cinquenta e quatro por cento dos empresários com até cinco anos de sua aposentadoria tinham uma estratégia de saída. Para empresas com receita abaixo de 10 milhões, somente trinta por cento tinham uma estratégia de saída.

Considerando essas estatísticas alarmantes, você provavelmente não pensou em uma estratégia de saída para sua empresa. Em outras palavras, você pode acabar como eu, tendo que observar seu projeto morrer em algum momento sem conseguir extrair o valor que já teve. Ou pode vender sua empresa por menos do que seu verdadeiro valor. As duas situações podem ser evitadas se você planejar.

O maior benefício de planejar sua saída desde o início é que isso o ajuda a tomar boas decisões para sua empresa. Por exemplo, se eu houvesse planejado uma saída, estaria de olho em momentos oportunos para vender minha revista. Eu teria percebido, depois de alcançar lucros recordes em 2006 e após o tremendo aumento da popularidade de aparelhos digitais e publicidade digital, que aquele era o momento perfeito para liquidar a empresa. Claro, não há garantia de que eu conseguiria evitar a Grande Recessão, mas pelo menos eu teria dado a mim mesmo uma chance de buscar grandes oportunidades.

Como disse Earvin "Magic" Johnson, um dos meus empreendedores favoritos, "se você fracassar em planejar sua estratégia de saída, na prática você pode planejar o fracasso". Johnson sabe do que está falando, já que vendeu muitas empresas e continua a construir o seu império empresarial. Em 2010, Johnson vendeu os 4,5% de ações que controlava no Los Angeles Lakers, angariando um lucro fenomenal. Ele sabia que era hora de partir para coisas maiores, como comprar os Los Angeles Dodgers recentemente por 2 bilhões de dólares.

Magic Johnson é um exemplo entre vários empreendedores de elite que parecem ter uma noção de *timing* impecável e boa sorte, mas, analisando mais de perto, é possível perceber o segredo do seu sucesso: uma estratégia de saída planejada desde o primeiro dia. Embora possa ser algo muito desajeitado ou desconfortável, planeje uma estratégia de saída logo que criar sua empresa. Empreendedores inteligentes não se concentram somente em criar suas empresas, mas também planejam como sair delas da melhor maneira possível.

CAPÍTULO 2

EDUCAÇÃO

A educação formal vai lhe dar o seu sustento;
a autoeducação vai lhe dar a sua fortuna.
— Jim Rohn, empreendedor, escritor e palestrante motivacional

Quando você se torna empreendedor, sua educação está apenas começando. Inclusive, para conseguir atuar da melhor maneira possível, você deve buscar e devorar continuamente informações que vão melhorar a sua empresa. Um empreendedor que para de aprender também para de receber.

Infelizmente, a maioria de escolas técnicas e faculdades não ensina como conquistar o sucesso empresarial. Por essa razão, alguns dos empreendedores de maior sucesso saíram da escola ainda cedo, ansiosos para conquistar experiência no mundo real.

Empreendedores educam a si mesmo de modo mais importante por meio da leitura de livros, estudando pessoas de sucesso, folheando revistas focadas na sua área de atuação, frequentando congressos e conferências e diversas outras maneiras.

Neste breve capítulo, você vai aprender que uma dose excessiva de educação formal pode ser um obstáculo e como a sua capacidade de educar a si mesmo afeta os seus resultados.

36. ESCOLA NÃO É NECESSARIAMENTE EDUCAÇÃO

Desenvolva a paixão por aprender. Se fizer isso,
você nunca vai parar de crescer.
— Anthony J. D'Angelo, empreendedor e pioneiro da educação

Quando cheguei ao Morehouse College, estava concentrado em ir bem nas aulas para conseguir um emprego de programador de computadores com alto salário. Depois de ser infectado pelo vírus do empreendedorismo durante o segundo ano, eu estava simplesmente tentando me formar com um GPA decente. Àquela altura, a escola era uma barreira, uma prisão que me impedia de fazer o que eu queria em tempo integral. Eu me lembro de maneira bem vívida de estar sentado em uma das aulas obrigatórias do meu curso — religião, para ser exato — e me sentir aprisionado. Naquele dia, eu me desliguei do que o professor dizia, peguei uma folha de papel e comecei a trabalhar em algoritmos de computador. Sentia que estava aprendendo muito mais com minhas próprias experiências empresariais. Eu já estava farto da escola. Quando me formei, estava pronto para sair correndo do *campus*.

Descobri que minha experiência é comum entre empreendedores. Em seu livro, A mente milionária sem segredos, o Dr. Thomas J. Stanley dedica quarenta e cinco páginas para descrever os dias que os milionários da América passaram na escola. A maioria deles é de empresários que cresceram por seus próprios meios. Ele escreve: "Milionários também dizem que não eram alunos nota 10 na faculdade. Na verdade, somente cerca de três em cada dez disseram receber uma porcentagem maior de 10 do que conceitos como 8, 6, 4 ou 0. Cerca de noventa por cento se formaram na faculdade. De maneira geral, seu índice GPA médio era de 2,9 — bom, mas não excelente". Da mesma forma, o Dr. Stanley descobriu que a maioria dos milionários teve resultados bons, mas não excelentes, no teste conhecido como SAT. Sua pesquisa confirmou que outras características que não o desempenho escolar excelente foram fatores mais significativos no sucesso da maioria dos milionários. Algumas dessas características incluem ser honestos, disciplinados, amistosos e diligentes, e ter excelentes habilidades de liderança.

Ao perceber que existe, na verdade, uma correlação negativa entre o montante de escolarização e sucesso empresarial, alguns indivíduos ricos desencorajam os alunos de se dedicarem à escolarização se tiverem talentos empresariais e grandes ideias desde o início. Em tempos mais recentes, Peter Thiel, o bilionário cofundador do PayPal e investidor-anjo, começou um programa inovador e chocante que paga alunos para que larguem a faculdade. Seu programa escolheu quatro alunos universitários brilhantes que demonstraram um potencial incrível para o empreendedorismo e investiu 100 mil dólares em cada uma de suas empresas. Thiel disse em uma entrevista para a ABC News: "Aprender é bom. Conseguir credenciais e dívidas são ruins. A faculdade dá o aprendizado às pessoas e também rouba oportunidades futuras porque sobrecarrega a próxima geração com dívidas". Sei exatamente do que Thiel está falando. Muitos dos meus amigos adorariam abrir uma empresa, mas têm um problema enorme na forma dos pagamentos que precisam fazer de seus empréstimos estudantis que poderiam ser usados como capital inicial para suas start-ups. Eu tive a sorte de conseguir uma bolsa integral da NASA para frequentar a faculdade. Sem essa dádiva, eu provavelmente não teria escolhido o caminho do empreendedorismo.

Considerando a experiência frustrante dos meus dias de faculdade, os dados relevantes de *A mente milionária sem segredos* e a popularidade do programa que estimula bons alunos a deixar a faculdade de Peter Thiel, talvez você esteja pensando que eu apoio a ideia de que jovens empreendedores devam trancar suas matrículas ou esquecer completamente a ideia de frequentar o Ensino Superior. Mas não apoio. A faculdade é uma experiência importante para empreendedores. As pessoas frequentemente lembram que Mark Zuckerberg e outros empreendedores de sucesso largaram a faculdade, mas seus exemplos, em *algum* momento, frequentaram a faculdade. Como no caso de Zuckerberg, frequentar a faculdade lhes trouxe benefícios imensos. Todos nós podemos concordar que o Facebook não seria o que é sem a experiência de Zuckerberg em Harvard. David Kirkpatrick, autor de *O efeito Facebook*, diz: "O Facebook, na realidade, deve muito ao fato de ter começado na faculdade. É ali que as redes sociais das pessoas são mais densas". É algo com o qual concordo totalmente, dado que dei início ao meu primeiro negócio lucrativo para estudantes universitários quando ainda estava na faculdade.

O debate acalorado persiste sobre se diplomas universitários e pós-graduações valem a pena para empreendedores. Entretanto, todos podem concordar que, embora você talvez não esteja na escola, sua educação nunca deve parar. Empreendedores que se diferenciam dos outros educam a si mesmos constantemente com novas tecnologias, estratégias de negócios e assim por diante, e você não precisa necessariamente estar na escola para fazer tudo isso.

37. NÃO HÁ PRESSA PARA VOCÊ CONSEGUIR SEU MBA

Você gastou 150 mil dólares em uma educação que poderia ter conseguido por um dólar e cinquenta em taxas por devolução atrasada de livros na biblioteca pública.
— Matt Damon em *Gênio Indomável*

Quando fui apresentado à plateia pela minha anfitriã estudantil, eu me levantei e falei brevemente com a sala cheia de alunos de todo o mundo que cursavam o segundo ano da Harvard Business School. Surpreendentemente, eu fui o único aluno prospectivo em meio a outros a me levantar durante a apresentação antes do início da

EDUCAÇÃO

aula, de acordo com o que eu pensava ser um protocolo adequado e respeitoso. Os outros visitantes eram tímidos e talvez estivessem se sentindo um pouco intimidados pelo grupo de alunos de elite da Ivy League. Por causa da minha demonstração de autoconfiança e cordialidade, recebi as boas-vindas mais entusiasmadas dos alunos. Inclusive, quando meu anfitrião mencionou que eu estudava no Morehouse College, alguns alunos gritaram com empolgação. Além dessa recepção calorosa e a conversa com os alunos entre as aulas, minha visita ao *campus* da Harvard Business School em abril de 2007 foi muito diferente do que eu havia imaginado.

Naquela manhã, 12 de abril, cheguei à Harvard Business School com alguns minutos de atraso. Havia me esquecido de que a escola de negócios fica separada do *campus* principal de Harvard; ela se localiza na margem oposta do rio Charles, o que talvez não seja uma indicação muito sutil do seu *status* elevado. Depois de ligar para a secretaria e receber instruções de um funcionário bem desagradável de como chegar até lá, encontrei o meu local de reunião: a Casa Dillon. Dali, uma anfitriã estudantil me acompanhou até a sala de aula. No caminho, ela respondeu às minhas perguntas e me apresentou a alguns de seus amigos. Depois de participar da aula, encontrei alguns velhos amigos da faculdade que agora eram alunos da HBS, e eles me levaram para almoçar. Debatemos e discutimos apaixonadamente sobre o sentido da vida e o clássico livro *As 48 leis do poder*. Em seguida, comecei a caminhar por ali, apreciando as imagens e os aromas; visitei a Cooperativa, a livraria da HBS, e comprei uma camiseta da HBS; consegui me perder nos túneis subterrâneos para tentar escapar da neve; e acabei chegando à biblioteca, onde li minha revista *FORTUNE Small Business* enquanto esperava minha carona. Essa foi minha visita.

Naquela época, frequentar a escola de negócios para conseguir o meu MBA não estava entre minhas prioridades mais urgentes. Depois da minha formatura, eu não estava tão ansioso para voltar à escola. Em vez disso, queria continuar a ser um jovem e destemido empreendedor, expandindo meus negócios e buscando oportunidades que demandassem toda minha energia e recursos. Entretanto, acabei cedendo à pressão dos meus colegas, que achavam que essa era a coisa lógica a fazer. Além disso, meus pais me estimularam a buscar uma pós-graduação porque "quanto mais tempo eu esperasse, mais difícil seria voltar". E eu tinha uma autoimagem bastante inflada. Será que havia uma maneira melhor de massagear o próprio ego do que conseguir um MBA da Harvard Business School? Foi assim que viajei até Boston, a cidade onde cresci, esperando que uma visita ao *campus* pudesse aumentar minha empolgação pela HBS em particular, e pela pós-graduação de maneira geral.

Foi impressionante perceber que a visita ao *campus* trouxe mais malefícios do que benefícios. O *campus* cheio de trepadeiras, conhecido por seus encantos e majestade, causou um efeito sombrio em mim. A impressão que eu tive foi que aquele lugar era desestimulante e pouco inspirador. Além disso, as aulas que frequentei foram superficiais e entediantes. Tenho um certo receio em admitir isso, mas quase dormi durante uma aula chamada "Ética e responsabilidades da liderança". Nessa aula, parecia que nenhuma conversa substancial acontecia, como se o professor e os alunos estivessem falando somente para escutar a própria voz. Tenho certeza de que havia características capazes de redimir a escola, mas certamente não consegui percebê-las. Talvez a instituição estivesse além das minhas capacidades. Independentemente de tudo isso, terminei a visita ao *campus* bastante decepcionado e ansioso para voltar para casa, de volta à vida animada de CEO de uma start-up. Ao final daquele dia, eu me dei conta de que minha presença era um sinal de que eu estaria desistindo, ou, na melhor das hipóteses, postergando meus sonhos como empreendedor.

Frequentar a Harvard Business School naquela época, se eu fosse aceito, seria um erro. Eu me sentiria totalmente desestimulado e frustrado. Da mesma maneira que a faculdade quase sufocou minha ambição ardente de buscar o empreendedorismo, a pós-graduação iria me estrangular. Eu acabaria sucumbindo à atração de um emprego com alto salário na área de consultoria ou decidido trabalhar com cálculos e projeções para algum fundo de investimentos em Nova York. Nem mesmo o prestígio e os inúmeros benefícios de receber um MBA de Harvard iriam me afastar dos meus negócios e de fazer o que eu gostava.

Desde então, continuo a considerar a possibilidade de voltar à escola, mas não somente para conseguir um diploma. Agora que estou um pouco mais sábio, tenho um interesse genuíno no conhecimento que está sendo ensinado; aspiro a aprender o máximo que posso sobre o mundo dos negócios, e o ambiente acadêmico é um lugar excelente para fazer isso de maneira focada. Recentemente, li o livro de Philip Delves Broughton, *Ahead of the Curve*, um registro da sua experiência como aluno da HBS, algo que mudou sua vida. Também conversei com amigos que conseguiram seus diplomas em Harvard e em outras ótimas escolas de administração. Muitos ainda estão lutando para conseguir empregos gratificantes. Inclusive, vários deles recomendam que eu não siga o mesmo caminho. E concordo com eles. Depois de ponderar todos os custos, ainda não estou convencido do valor que receberia de volta. A única condição na qual eu consideraria a questão seriamente seria se recebesse uma bolsa integral e se pudesse continuar a tocar minhas empresas.

Nesse meio-tempo, faço o que todos os empreendedores de sucesso fazem: aprendem o máximo possível sobre os negócios constantemente. Isso inclui assinar revistas específicas das áreas em que atuo, ler artigos e análises, participar de congressos e conferências, entrevistar especialistas, examinar estudos de caso e assim por diante. Empreendedores buscam fervorosamente o conhecimento para conquistar e manter uma vantagem competitiva para suas empresas.

Um dos meus mentores soube que eu estava considerando frequentar a Harvard Business School e me deu uma bronca. Ele disse: "O que esse diploma iria lhe trazer de bom? Você iria simplesmente voltar para tocar suas empresas. Iria perder tempo e dinheiro. Você não precisa de Harvard; Harvard é que precisa de você!". Ignorando essas palavras capazes de inflar um ego, o argumento do meu mentor fazia sentido por um viés mais pragmático. Considerando minha situação singular, o custo em oportunidades de frequentar a escola seria alto demais. Na verdade, frequentar a escola poderia acabar completamente com minhas empresas. Àquela altura, percebi que conseguir um MBA provavelmente não faria parte dos meus planos para um futuro próximo. Pensando nisso, decidi recorrer a algo quase tão bom quanto: contratar pessoas com pós-graduação em administração para me ajudar a administrar meus negócios. Até agora, funcionou muito bem.

CAPÍTULO 3

PESSOAS

Eu amo a humanidade. O que não consigo suportar são as pessoas.
— Linus Van Pelt, em *Peanuts*

Em seu clássico livro *Como fazer amigos e influenciar pessoas*, Dale Carnegie menciona Charles Schwab, um dos primeiros profissionais no ramo da administração a ganhar um salário de mais de um milhão de dólares. Schwab atribuía o alto salário à sua capacidade de lidar com pessoas. Como primeiro presidente da recém-formada United States Steel Company em 1921, ele tinha um carisma e um entusiasmo incríveis que inspiravam seus funcionários ao sucesso.

A história da ascensão de Charles Schwab na área de negócios enfatiza a importância de lidar com pessoas em qualquer setor. Como empreendedor, sua capacidade de repelir pessoas ruins e atrair pessoas boas, seja no escritório ou no quarto, faz toda a diferença no seu nível de sucesso.

Neste capítulo, você vai aprender o que mais importa ao lidar com pessoas, de modo que possa se cercar do tipo de pessoas que vai levar a sua empresa para a frente.

38. PASSE A MAIOR PARTE DO TEMPO COM PESSOAS QUE SÃO MAIS INTELIGENTES DO QUE VOCÊ

Assim como o ferro afia o ferro, o homem afia o seu próximo.
— Provérbios 27:17

Uma pessoa comum sente-se intimidada por pessoas inteligentes. Sei disso por experiência própria: quando as pessoas descobrem qual é a minha pontuação em um exame SAT, elas ficam chocadas. (Tenho parentes muito orgulhosos.)

Alguns decidem tentar me testar no momento, com alguma charada complexa ou problema matemático. Outros simplesmente me olham sem acreditar ou tomados por uma inveja de torcer as tripas. Consigo sentir o medo que essas pessoas têm de serem julgadas. Elas cuidam da própria gramática e redobram os cuidados com seus cálculos; alguns destacam algo importante que conquistaram ou tentam falar de maneira que soe tão culta quanto possível. É uma situação desajeitada, mas sei que é somente a natureza humana agindo. Todos nós gostaríamos de achar que somos a pessoa mais inteligente na sala, mesmo que não seja verdade.

Se tiver que escolher entre passar uma semana enclausurado com pessoas muito inteligentes ou pessoas de inteligência mediana, uma pessoa comum escolheria pessoas de inteligência mediana. E quem pode culpá-la? Mas seria uma tragédia! É como se o medo, o ego ou a ânsia que essa pessoa tem em fazer parte de um grupo a impedisse de crescer e aprender. Superar esse sentimento de insegurança é o primeiro passo para ascender ao sucesso.

Quando estava no Ensino Médio, aprendi o valor que existe em ficar perto de pessoas brilhantes. De algum modo, acabei fazendo amizade com alguns alunos realmente inteligentes.

Sei que estou dando a impressão de que foi uma coincidência, mas os relacionamentos que construí provavelmente eram fortes porque eu também era um excluído social, assim como eles. Isso sempre acontece com os *geeks*, não é? Ainda assim, o resultado geral foi o mesmo: consegui aprender muito com eles e, desta forma, aumentar minhas capacidades. Por exemplo, em 1996, estávamos construindo sites dinâmicos para fazer apresentações interativas nas aulas. Além disso, estávamos usando programas para trocar dados por meio das interfaces infravermelhas em nossas calculadoras científicas Hewlett-Packard. (Não, não estávamos usando o programa para colar nas provas!) Estávamos à frente da nossa época em vários aspectos. Muitos dos meus amigos foram dali para Harvard, para o MIT e outras grandes escolas.

Hoje em dia, continuo a cultivar um círculo cada vez maior de pessoas inteligentes. Meu círculo inclui CEOs veteranos, especialistas em tecnologia, investidores e outros, muitos deles vêm das principais universidades e empresas do mundo. Eles fazem com que eu me sinta inferior e às vezes bastante estúpido, mas isso não é um problema para mim, porque sei que aprendo muito com eles.

Não é fácil descobrir e desenvolver relações sólidas com pessoas inteligentes, principalmente conforme você vai envelhecendo, mas o esforço vale a pena.

Várias citações transmitem de maneira bem eloquente o que eu quero dizer aqui. Por exemplo, o filósofo empresarial e escritor E. James Rohn diz: "Você é a média das cinco pessoas com as quais passa mais tempo junto". Eu gosto bastante dessa citação porque ela incorpora matemática e força você a pensar em quem são essas cinco pessoas. Da mesma forma, há uma citação bastante popular em países de língua espanhola e portuguesa: "Diga-me com quem andas e te direi quem és". Conforme essas citações deixam implícito, não podemos evitar o ato de assimilar os hábitos e pensamentos das pessoas que estão à nossa volta. Assim, faz bem a todo empreendedor — e qualquer outra pessoa que busca o sucesso — cercar-se com as melhores e mais brilhantes mentes.

39. ESPAÇO FÍSICO NÃO É UMA PRIORIDADE, MAS UMA BOA EQUIPE É

Eu penso: o time vem em primeiro lugar. Isso permite que eu tenha sucesso e permite que meu time tenha sucesso.
— LeBron James, campeão da NBA

Um dos erros mais custosos que cometi como empreendedor foi alugar salas comerciais de alto padrão, pensando que isso promoveria o crescimento por meio de aumento da produtividade e projetaria uma imagem mais profissional. Mas não ocorreu nada disso. Na verdade, tudo que essa medida causou foi o aumento de despesas operacionais e a precipitação de uma queda nos lucros.

A cultura da minha empresa começou de um jeito bem diferente do que a de uma corporação tradicional, mas mesmo assim senti a necessidade de emular uma cultura mais corporativa. Cara, eu estava muito enganado! Como qualquer empreendedor veterano vai lhe dizer, a cultura com a qual você começar provavelmente será aquela com a qual vai terminar. Tentar fazer com que os funcionários e a equipe adotem uma cultura mais rígida depois de passar anos trabalhando com uma cultura mais relaxada é bem difícil. Aprendi isso da pior maneira. Ignorei o fato de que minha equipe gostava da sua flexibilidade e da identidade de start-up. Eles ficaram ressentidos com a ideia de ter que ir ao escritório em horários fixos e obrigatórios para fazer seu trabalho. A maioria deles trabalhava para mim porque eram parceiros excelentes e não precisavam de supervisão constante ou de alguém que ficasse administrando todos os pequenos detalhes das suas atividades. Seus desempenhos e resultados eram motivados em grande parte por causa da flexibilidade que nossa empresa lhes proporcionava. E eles acreditavam no que estávamos fazendo.

Depois da mudança para o escritório novo e chique e da mudança de cultura, muitos funcionários ficaram menos produtivos. Por exemplo, trabalhadores que geralmente tinham um desempenho excelente durante a manhã, agora precisavam enfrentar o trajeto de casa para o trabalho nesse período. Alguns desses trajetos levavam uma hora para vir e outra para voltar. Consequentemente, os relatórios e documentos importantes passaram a chegar mais tarde diariamente. Além disso, os horários das nossas reuniões mudaram, já que agora tínhamos que ajustá-los para acomodar a questão do trânsito. Baseado no que estávamos acostumados, essas mudanças de horário ficaram um pouco ridículas. Essas são somente algumas das mudanças que fizeram a produtividade cair e a ansiedade aumentar.

Eu também imaginava que ter um belo escritório iria projetar uma imagem mais profissional e atrair clientes de maior prestígio. Enquanto os clientes elogiavam nossas belas instalações e as vistas espetaculares do distrito de Buckhead, o que ainda importava mais para eles era a qualidade dos nossos produtos e serviços. E, de certa forma, isso era mais importante.

Hoje em dia, ter um escritório parece ser algo fora de moda. Não somente isso não é legal, mas não é uma medida inteligente em uma economia vagarosa se você não precisa desse tipo de espaço. Por causa dessa tendência, hoje, existem muitas opções de escritórios virtuais. A Regus, uma das maiores empresas do ramo de escritórios virtuais, lhe dá várias opções, que vão desde um escritório corporativo tradicional até uma simples caixa postal com um endereço físico. Você também pode dispor de alguém para atender suas ligações ou as ligações da sua equipe e redirecioná-las para onde quiser. Em outras palavras, você pode dar a impressão de ter uma grande empresa multinacional quando, na realidade, só tem uma fachada muito bem construída.

Adquirir espaço físico para sua empresa sempre deveria ser justificado por como isso irá melhorar seus negócios e aumentar seus lucros. Instalações físicas são um luxo, não uma necessidade. Sugiro que pese adequadamente os prós e os contras. A maioria dos empreendedores, especialmente os novos, encontra mais contras do que prós. Economize o dinheiro que você investiria em um escritório físico para financiar as coisas que vão lhe dar um retorno sólido. E, certamente, não faça o que fiz, arriscando-se a perder uma grande equipe apenas por ter um escritório melhor.

40. O QUE VOCÊ VESTE NÃO REFLETE O QUANTO VOCÊ VALE

O hábito não faz o monge.
— Desconhecido

Aparentemente, os investidores de Wall Street preferem que as grandes revoluções sejam aplicadas aos negócios, e não na moda.

Quando Mark Zuckerberg, cofundador do Facebook, começou uma turnê antes de fazer a oferta pública inicial de ações para convencer os investidores de Wall Street a comprar ações da sua empresa, ele apareceu com seu icônico moletom com capuz. Fazendo isso, ele deu continuidade a uma tradição de CEOs da área da tecnologia que dispensam a formalidade, especialmente em relação ao vestuário. É isso mesmo: nada de ternos milionários da R. Jewels Diamond para Zuckerberg, cujos trajes supercasuais frequentemente escandalizam os profissionais de negócios mais sisudos.

Foi interessante perceber que a falta de sensibilidade para a moda de Zuckerberg foi percebida como um insulto não tão sutil para o mundo financeiro de Nova York, no qual um terno Brooks Brothers e um Rolex são o uniforme aceitável e o "sucessório". Os analistas ficaram boquiabertos. Inclusive, o diretor administrativo da Wedbush, Michael Pachter, um analista, comentou: "Não sei ao certo se [Zuckerberg] é o cara certo para administrar uma corporação". Ele também disse: "Mark e seu eterno moletom com capuz: na realidade, ele está mostrando aos investidores que não se importa com detalhes;

vai ser ele mesmo. Acho que isso é uma marca de imaturidade. Acho que ele tem que perceber que está atraindo investidores em uma nova forma de organização societária agora, e creio que deva lhes prestar o respeito que eles merecem, porque está pedindo o dinheiro dessas pessoas".

Esses comentários insensatos, além de causarem um turbilhão de reações adversas da facção do Vale do Silício e seus seguidores que se vestem casualmente, afirmam uma questão básica na qual sempre acreditei: o seu valor deve ser uma função da sua capacidade, não das suas roupas.

Pessoas como Pachter acreditam que as roupas é que fazem o homem, e Zuckerberg, cuja empresa na época valia quase 100 bilhões de dólares, é a antítese viva desse dogma corporativo. Talvez Pachter devesse tentar usar um moletom com capuz para poder relaxar e se concentrar no que realmente importa — respeitar o dinheiro e o homem que o gerou.

Quando o assunto é o que é aceitável vestir ao fazer negócios, a sabedoria habitual exige que você se vista para impressionar e projete a imagem mais profissional. Entretanto, na minha experiência, os "engravatados", como são afetuosamente conhecidos no Vale do Silício, não são mais substanciais que a turma que prefere usar moletom com capuz.

Na verdade, o grupo do moletom com capuz geralmente está menos preocupado com as normas sociais e mais preocupado em desenvolver o melhor produto possível ou então monetizar suas invenções.

Não me entenda mal. Não estou lhe recomendando que se vista a ponto de ser ofensivo.

Por exemplo, quando sua empresa era jovem, Steve Jobs, o cofundador da Apple, era notório por seu estilo contracultural de se vestir, seus cabelos longos e mau cheiro corporal (que só foi substituído por blusões com gola rolê, jeans folgados e tênis quando ele já era um homem maduro). Seus colegas de trabalho reclamavam constantemente que ele cheirava mal devido à sua dieta vegana e que ele começava a coçar os pés durante reuniões importantes. Isso é totalmente bizarro, não importa o quanto o cara seja genial.

Sem ultrapassar os limites do ridículo, vista o que for confortável para que você consiga ter seu melhor desempenho. Respeitável e confortável não são termos mutualmente excludentes. Se uma pessoa não conseguir enxergar além da irrelevância das suas roupas para avaliar a relevância da sua ideia, talvez você deva procurar outro interlocutor. Normas culturais estão mudando para melhor, como a noção de que ideias são mais importantes do que se você está usando roupas da Izod.

Ironicamente, a decisão audaciosa de Zuckerberg de trajar um moletom com capuz durante sua excursão para divulgar a oferta de ações diz muito mais sobre sua autoconfiança do que se ele houvesse decidido vestir o traje de grife mais caro do mundo. Além disso, ele é o dono da maior fatia de ações da sua empresa, então aquilo que achamos sobre o que ele usa não tem a menor importância — e isso respalda o que sempre acreditei.

Além da página de pretensão que é a moda, existe algo muito mais importante: o valor das suas ideias. A realidade é que, com ou sem o seu moletom com capuz, Mark Zuckerberg ainda tem um patrimônio de bilhões de dólares. Esse fato por si só deveria ser o fim da discussão.

Durante a oferta inicial de ações históricas do Facebook, meu desejo se realizou: Zuckerberg estava vestido com um moletom com capuz e sandálias quando tocou o sino no primeiro dia em que as ações da sua empresa foram negociadas. Não fiquei surpreso. (Não nos esqueçamos de que o cartão de visita dele diz: "Sou o CEO, *bitch*".) Aquele dia monumental, no qual ele se vestiu da maneira mais casual possível, foi a prova cabal de que o que você veste não representa o quanto você vale.

41. VOCÊ NÃO PRECISA SER SEMPRE A PESSOA MAIS INTELIGENTE DA SALA

Você nunca aprende muito quando ouve aquilo que você mesmo diz.
— George Clooney, ator e diretor

Já ouviu o CEO de uma grande empresa falar e ficou se perguntando como diabos aquela pessoa conseguiu se tornar CEO? Talvez esse "impostor" não seja uma pessoa muito eloquente, ou não tenha a menor ideia sobre a própria empresa e parece ser mais uma fachada do que um CEO merecedor do título. Acho que todos nós vivenciamos esse cenário uma vez ou outra.

Quando analisamos CEOs, frequentemente cometemos o erro de tentar encaixá-los em uma espécie de padrão. Há muitos estereótipos sobre como deve ser o CEO de certa empresa. Por exemplo, o CEO de uma start-up moderna e focada em tecnologia deve ser um jovem com cara de bebê que veste moletom com capuz e anda de chinelos. Ele fala de maneira apaixonada e tem muito conhecimento, mas sua cadência é robótica. Por outro lado, uma empresa de serviços financeiros deve ter um CEO que seja atlético e elegante, vestido com terno caro e sapatos que chegam a brilhar de tão bem engraxados. E ele é autoconfiante e encantador. Eu poderia dar mais exemplos, mas acho que você já captou a ideia. Sempre que um CEO não se encaixa muito bem em nosso estereótipo, automaticamente nós questionamos a empresa.

A realidade é que CEOs existem de várias formas e tamanhos diferentes, e com bastante frequência nós não conseguimos testemunhar completamente todos os talentos de um CEO, especialmente se ele estiver somente falando em uma apresentação. Nem todo CEO é como Steve Jobs, que parecia ter tudo — desde uma inteligência penetrante até uma intuição incrível. (Vamos ignorar as blusas de gola rolê e os ataques de mau humor, por enquanto.) Alguns CEOs são especialistas em tecnologia. Outros são excelentes administradores e sabem como fazer aflorar o melhor das suas equipes, e alguns CEOs são simplesmente grandes visionários.

Conforme fui amadurecendo como empreendedor, aprendi a respeitar igualmente todos os tipos, mas houve uma experiência que tive quando era jovem que me fez começar a realmente perceber a variedade e o seu valor.

Pouco tempo depois que decidi me tornar empreendedor e abri minha primeira empresa, fui a uma palestra com um CEO altamente respeitado e venerado aqui em Atlanta. O CEO em questão era uma lenda. Devido à sua reputação grandiosa e ao seu tremendo sucesso, eu esperava que ele fosse o típico CEO. Você sabe: encantador, alto e transbordando autoconfiança. E ele era exatamente o oposto. Inclusive, não consegui evitar de sentir pena do homem em alguns momentos da entrevista, porque ele mal era capaz de formar uma sentença básica com sujeito e verbo. Era extremamente difícil acompanhar seu raciocínio. Mas a maior surpresa ainda estava por vir. Apesar da minha decepção inicial e dificuldade de compreendê-lo, aprendi uma das maiores lições entre todas aquelas que aprendi durante meus vários anos como empreendedor. Perto do fim da palestra, ele olhou para a enorme plateia e disse, enquanto gaguejava: "Talvez eu não seja o melhor orador ou o mais eloquente, mas sei como reunir as pessoas certas. E não preciso ser a pessoa mais inteligente na sala o tempo todo".

Seu comentário final foi tão poderoso que é capaz de resumir tudo que eu quero dizer. Naquela noite, aprendi que os CEOs de maior sucesso são também os mais humildes. Eles sabem que não têm todas as respostas; sabem que precisam de ajuda. Se você é um daqueles empreendedores cheios de marra que sabe de tudo e não está disposto a ouvir e contratar outros, principalmente aqueles que são mais inteligentes do que você, não vai conseguir ir muito longe. Os melhores empreendedores não precisam ser sempre a pessoa mais inteligente da sala. E eles sabem disso.

42. O TALENTO VALE MAIS DO QUE A EXPERIÊNCIA

> Eu prefiro ter muito talento e pouca experiência do que muita experiência e pouco talento.
> — John Wooden, técnico de basquete americano

A tensão no escritório estava grande. Um desenvolvedor sênior corpulento encarou a minha gerente e gritou:

— Nunca mais peça a um estagiário para desenvolver um aplicativo sem a minha aprovação! Eu não quero saber o quanto ele é bom!

Eu era o estagiário em questão.

Minha gerente, que era bem audaciosa, retrucou:

— Kevin disse que era capaz de fazê-lo, e já faz meses que eu vinha pedindo isso a você. Achei que iria ajudar.

Sentado atrás da sua escrivaninha e com o rosto vermelho pela irritação, o desenvolvedor sênior pediu que eu saísse do seu escritório no último andar da empresa enquanto ele continuava a bater boca com a minha gerente. Quando a porta se fechou atrás de mim e eu desci novamente rumo ao meu cubículo, uma discussão aos gritos começou a acontecer. Imaginei se acabaria sendo demitido, mas decidi naquele exato momento que não daria àquele valentão o prazer de me despedir. Alguns dias depois, saí da empresa de mídia nos meus próprios termos, enojado com a experiência pela qual havia passado.

Cerca de uma semana antes dessa reunião reveladora, minha gerente havia me pedido para criar um aplicativo que pudesse registrar as chegadas e saídas dos funcionários. Ela disse que realmente precisava desse aplicativo e seu chefe estava demorando demais para produzi-lo. Naturalmente, senti que tinha a obrigação de atender ao pedido da minha gerente. Eu disse a ela que poderia fazer o programa e precisaria de algumas semanas para completá-lo. Ela ficou animada por eu ter o conhecimento técnico necessário. Terminei de projetar e programar o aplicativo naquele fim de semana e apresentei o trabalho na semana seguinte. Encantada, minha gerente decidiu mostrar o meu programa ao desenvolvedor sênior, a quem havia originalmente pedido para criar o aplicativo. Foi uma má ideia para ela e um momento de despertar para mim.

Acordei com a compreensão de que não faz sentido para uma empresa sufocar o crescimento dos seus jovens e extraordinários talentos, favorecendo seus membros mais velhos ou um protocolo contraproducente. Isso acontece com frequência em ambientes corporativos. Esse tipo de cultura, no fim das contas, leva uma empresa à própria morte ou à mediocridade. Por outro lado, empresas comandadas por jovens adultos tipicamente rejeitam a ideia de que deva haver um tratamento especial baseado no tempo de casa de um funcionário. Em vez disso, elas se concentram no mérito e na capacidade de conseguir resultados. Por essa razão, uma maioria de empresas pioneiras com ideias inovadoras não tem muitos funcionários acima dos trinta anos e implementa um organograma horizontalizado.

Não é mais um segredo, e sim uma expectativa: start-ups de tecnologia preferem contratar pessoas com menos de trinta anos para evitar ter que lidar com normas antiquadas e ineficientes que dão preferência a pessoas mais velhas. Por exemplo, quando o Facebook começou a funcionar, a empresa intencionalmente evitou contratar pessoas no fim da casa dos vinte anos e início dos trinta. Foi somente quando a empresa começou a amadurecer e precisou trazer executivos experientes que essa norma foi afrouxada. De acordo com um livro recente publicado sobre o Facebook, a média de idade dos mais de mil e quatrocentos funcionários da empresa era trinta e um anos em 2010. Da mesma forma, o PayPal, durante seus primeiros dias, tinha um plantel jovem de funcionários. Peter Thiel, o CEO do PayPal, tinha trinta e cinco anos quando a empresa foi vendida para o eBay. Era um membro idoso da empresa.

Empreendedores acreditam que o talento vale mais do que a experiência. Claro, não apoio a discriminação baseada na idade. Por outro lado, defendo a construção de uma organização que promova grandes resultados, e não pessoas por motivos arbitrários. Se você quiser vencer o jogo, não coloque seus melhores jogadores no banco de reservas.

43. VOCÊ É ESTRANHO, E NÃO HÁ PROBLEMA NISSO

Algum dia chegará a vez dos *geeks* e dos nerds.
— Judd Apatow, produtor cinematográfico e roteirista de comédias

Provavelmente, ao pensar sobre os empreendedores mais ricos e de maior sucesso, você não pensa em um grupo de pessoas esquisitas. Em vez disso, provavelmente pensa em pessoas respeitadas e brilhantes que exibem todas as qualidades de líderes socialmente ajustados e lapidados. Ironicamente, as pesquisas mostram o contrário: empreendedores, especialmente no ramo da tecnologia, são bem esquisitos. Inclusive, os dados mostram que ser esquisito é a norma.

Uma pesquisa recente sobre empreendedores, feita por Julie Login da Cass Business School, descobriu que trinta e cinco por cento dos entrevistados sofriam de dislexia, comparados a dez por cento da população em geral. Uma razão para essa tendência postula que pessoas com dislexia, um distúrbio de aprendizagem que afeta a capacidade de leitura e compreensão da pessoa, tendem a delegar tarefas para compensar sua deficiência. Alguns dos disléxicos mais notáveis da nossa era são os fundadores Steve Jobs da Apple, John Chambers da Cisco e Richard Branson do Virgin Group.

Em outro estudo, o transtorno do déficit de atenção e hiperatividade (TDAH) é comum entre empreendedores. Um artigo recente do *The Economist* mencionou que "pessoas com TDAH têm uma propensão seis vezes maior do que a média de acabar gerenciando seus próprios negócios". É comum que pessoas com TDAH sejam procrastinadoras desorganizadas e incapazes de manter seu foco de atenção, o que normalmente são características ruins. Mas alguns empreendedores que apresentam o transtorno, como Paul Orfalea, fundador da Kinko's, interpretam essas características como uma vantagem, porque pessoas com TDAH podem ser criativas de maneiras que são impossíveis para as pessoas "normais".

Além disso, muitos empreendedores exibem sintomas da síndrome de Asperger, que, de acordo com a Mayo Clinic, é "um distúrbio do desenvolvimento que afeta a capacidade de uma pessoa em se socializar e se comunicar efetivamente com outras". Algumas pessoas se referem a esse problema como uma forma suave de autismo. A doença de Asperger provavelmente é mais prevalente entre desenvolvedores de *software* como eu que preferem mandar um e-mail ou uma mensagem instantânea para alguém que está sentado ao seu lado no escritório do que conversar com essa pessoa frente a frente. Nós frequentemente parecemos meio robóticos e distantes. Mark Zuckerberg, o cofundador do Facebook, é um bom exemplo de empreendedor que exibe tais traços. No Vale do Silício, diversos empreendedores exibem sintomas da síndrome de Asperger. Inclusive, agir dessa maneira é bem popular. A maioria das pessoas diria que isso simplesmente é ser *geek*. No Vale, as borboletas sociais são consideradas não convencionais.

Além dessas deficiências, distúrbios e síndromes, empreendedores têm hábitos que são simplesmente bizarros. Steve Jobs talvez tivesse os mais estranhos, incluindo o uso de ácido e LSD. Inclusive, ele atribuía sua criatividade ao fato de usar LSD. Outros CEOs têm a fama de cantar no karaokê vestidos com roupas do gênero oposto, são obcecados por tentar adivinhar medidas, ter ideias debaixo da água e vestir as mesmas roupas todos os dias.

Em uma reviravolta, essas características estranhas que são comuns entre empreendedores proeminentes estão atraindo investidores. Para usar um termo da ciência da computação, a correspondência de padrões de dados se tornou bastante popular. Por exemplo, se você estiver procurando o próximo Facebook e tiver que escolher entre os dois CEOs que fundaram empresas de tecnologia igualmente poderosas, provavelmente vai acabar ficando com o introvertido. Isso pode parecer meio ridículo, mas acontece com uma frequência cada vez maior.

Assim, quando o assunto é ser um empreendedor de sucesso, ser esquisito traz bons resultados. Além disso, quando você for rico e bem-sucedido, as pessoas tendem a esquecer o quanto você é estranho. Independente disso, todo mundo vai querer ser seu amigo.

44. AS PESSOAS NÃO TRABALHAM SOMENTE POR DINHEIRO

> Não contrate um homem que faça seu trabalho por dinheiro, mas, sim, aquele que o faz por amor ao trabalho.
> — Henry David Thoreau, escritor e filósofo

Eu havia feito uma bela burrada. Cometi um erro de principiante, mas felizmente fui capaz de corrigi-lo rapidamente.

Quando comecei meu terceiro negócio, uma revista voltada para o público universitário, eu não tinha nenhum conhecimento sobre a área editorial. Sabia somente que várias grandes empresas estavam dispostas a me pagar cerca de 6 mil dólares por um anúncio de página inteira. Só me custaria 2,6 mil para produzir a revista. Planejei reservar dezesseis páginas na primeira edição para os anúncios. Fiz os cálculos e determinei que, com as margens de lucro sendo potencialmente tão altas, eu iria aprender sobre o mercado enquanto trabalhava.

Mas eu não conhecia a quantidade gigantesca de trabalho que era necessária para produzir uma revista de alta qualidade. Pensando que a revista podia ser publicada rapidamente, programei a data de lançamento para um mês depois de decidir entrar na área editorial e anunciei isso para o público. O mês que precedeu o lançamento oficial foi uma das épocas mais estressantes da minha vida, pelo que me lembro. Minha equipe e eu trabalhamos duro.

Resumindo, a revista foi lançada dentro do prazo programado e fez bastante sucesso com os leitores. Era uma sensação incrível caminhar pelo *campus* e ver os alunos lendo minha revista aos milhares. Entretanto, os lucros gigantescos que estimei antes do lançamento não se materializaram imediatamente. Levou alguns anos até que isso acontecesse. Os lucros foram baixos porque minha folha de pagamentos era alta demais.

Quando comecei a trabalhar com minha revista, eu achava que pagar minha equipe era a coisa honrada e lógica a fazer, como se eu fosse uma empresa já completamente desenvolvida. Não esperava que os alunos trabalhassem de graça. Por que eles fariam isso? Presumi que eles viriam trabalhar comigo porque gostariam de ganhar um dinheiro extra. E estava errado.

Conforme a revista foi ganhando popularidade, começamos a perceber que mais redatores pediam oportunidades. Eu havia alcançado o limite orçamentário, mas decidi deixar que alguns escritores trabalhassem gratuitamente. Ironicamente, os escritores que trabalhavam gratuitamente eram melhores do que aqueles que eram pagos. Não demorei muito para fazer um ajuste. Com o tempo, aprendi que escritores que ainda eram estudantes não se importavam com dinheiro. Eles recebiam o suficiente dos pais. Em vez disso, queriam a experiência, os créditos de atividade discente e, o mais importante, renome na faculdade. Na função de articulistas da revista mais desejada do *campus*, eles se transformavam instantaneamente em influenciadores. E essa influência era bastante atraente para os calouros.

Não demorou muito até que eu deixasse de negociar ou até de mencionar a questão de pagamentos para os escritores. Em vez disso, eu estava negociando permutas, como ingressos para shows com acesso aos bastidores, créditos em aulas, a oportunidade de entrevistar Janet Jackson, uma viagem para participar do Spring Break da MTV ou uma recomendação elogiosa para que a pessoa conseguisse um emprego. Consegui usar a revista e as várias vantagens que surgiram com ela para recrutar pessoas incrivelmente talentosas.

Com essa experiência, aprendi que as pessoas estão dispostas a trabalhar em troca de coisas que não sejam necessariamente dinheiro. Inclusive, algumas pessoas realmente trabalham com muito mais afinco quando não são pagas. Se você conseguir descobrir o que seduz essas pessoas ou alinhar seus objetivos com as paixões delas, vai estar em uma posição perfeita para atraí-las e mantê-las em sua equipe. Eu acreditava erroneamente que, por ser jovem e inexperiente, não havia nada de valor que pudesse oferecer a eles além de dinheiro. Eu estava totalmente errado e literalmente paguei o preço pelo meu erro.

Antes de determinar o quanto você vai pagar às pessoas por seus serviços, pare e pense no que pode oferecer a elas em vez de compensações monetárias. Há uma possibilidade de que você talvez tenha o que elas querem, e pode usar isso como moeda de troca.

45. TENHA UM PARCEIRO

> Duas cabeças funcionam melhor do que uma.
> — John Heywood, teatrólogo inglês

Uma das minhas competições favoritas nos Jogos Olímpicos é a corrida de 4 × 100 metros. Nesse evento, uma equipe corre um total de 400 metros, dando uma volta completa ao redor da pista de atletismo, na qual cada um dos membros da equipe corre 100 metros. Atualmente, a Jamaica é a detentora do recorde mundial de 36,84 segundos, alcançados nas Olimpíadas de 2012 em Londres. Aquela equipe jamaicana incluía Usain Bolt, o homem mais rápido e provavelmente o artista mais pomposo do mundo. Com uma presunção enorme e uma extravagância que chegava quase a ser tola, ele estraçalhou o recorde mundial dos 100 metros rasos com uma marca inacreditável de 9,58 segundos em 2009. Os três outros corredores na equipe vencedora de revezamento também são atletas de ponta. A equipe jamaicana é sempre favorita para quebrar recordes do revezamento nos jogos olímpicos.

Os 400 metros rasos são outro evento de que gosto bastante. Entretanto, somente um atleta corre os 400 metros, a mesma distância do revezamento 4 x 100. O recorde mundial dos 400 metros foi estabelecido pelo grande Michael Johnson dos Estados Unidos. Johnson percorreu a distância em 43,18 segundos em 1999. Seu recorde continuou firme e forte por dezessete anos. Apesar dessa conquista incrível, seu tempo tem uma diferença enorme de 6,34 segundos em relação ao recorde do revezamento 4 x 100. Em esportes de atletismo, essa diferença é uma eternidade.

O que o atletismo tem a ver com o empreendedorismo? A comparação dos tempos dessas duas corridas, na qual uma é disputada por uma única pessoa e a outra por quatro companheiros no mesmo time, explica perfeitamente por que algumas empresas alcançam o sucesso e outras se arrastam bem atrás. A metáfora pode ser estendida até para comparar regimes de treinamento, opções durante períodos em que o atleta fica lesionado e estratégias para o dia da corrida. Se você é um empreendedor que faz tudo por conta própria, está competindo contra uma equipe que conta com os melhores corredores do mundo. É bem provável que você será deixado para trás, comendo a poeira dos seus concorrentes.

Jovens empreendedores frequentemente subestimam a produtividade e a eficiência de uma equipe. Hipnotizados pela possibilidade de ganhar muito dinheiro, eles acreditam que ter membros na equipe ou cofundadores acabaria por diluir seu faturamento. Isso pode ser verdade, mas a ideia infeliz que geralmente acompanha essa linha de raciocínio é a de que os resultados seriam os mesmos — que uma pessoa trabalhando sozinha é capaz de produzir tanto quanto uma equipe. Isso é improvável com os parceiros certos, e todos nós sabemos que é melhor ter cinquenta por cento das ações de uma empresa grande do que ter cem por cento das ações de uma empresa pequena. Além disso, muitos jovens empreendedores preferem evitar a dinâmica e as complicações que surgem com a presença de outros membros na equipe ou cofundadores. O valor de acrescentar outra pessoa à sua equipe, entretanto, ultrapassa esses obstáculos percebidos.

Durante esses últimos doze anos como empreendedor, vi atitudes egoístas e autoderrotistas como essas debilitarem muitos fundadores. Muitas empresas com grandes ideias estão andando a passos lentos ou se extinguindo devido à falta de disposição dos seus fundadores em colaborar. Esses líderes absortos em si mesmos sentem-se confortáveis em chegar em último lugar, com uma diferença incrível de "6,34 segundos" atrás da equipe vencedora.

Observando as maiores start-ups da história, sempre existe um companheiro de equipe ou cofundador desde o começo. Considere o Google (Sergey Brin e Larry Page), a Microsoft (Bill Gates e Paul Allen), a Apple (Steve Jobs e Steve Wozniak) e o Facebook (Mark Zuckerberg e Eduardo Saverin). Esses pioneiros acertaram a mão. Perceberam que suas chances de conquistar seus objetivos foram bastante aumentadas pelas contribuições do parceiro na equipe.

Meus projetos de maior sucesso sempre foram aqueles nos quais eu podia contar com ótimos parceiros na equipe. Enquanto criava um dos primeiros sistemas de gerenciamento de conteúdo on-line, o Omni Publishers, meu parceiro e eu trabalhávamos juntos como as partes de uma nova turbina a jato. Quando ele se juntou ao projeto, a produtividade foi multiplicada por quatro. Além disso, ele trouxe também uma perspectiva diferente e brilhante para a mesa sobre decisões empresariais e produção de *software*. Seu envolvimento também deixou a experiência muito mais divertida.

A ideia de uma pessoa disputando uma corrida contra quatro outras parece um pouco ridícula, mas uma quantidade muito grande de empreendedores faz exatamente isso. Por alguma razão qualquer — orgulho, medo ou ganância —, eles acham que são capazes de vencer sozinhos. Evite essa armadilha. Se você não tem um parceiro de equipe ou um cofundador, procure um. Pode ser necessário algum tempo e esforço para encontrar as pessoas certas, mas, quando você encontrar, suas chances de sucesso aumentarão enormemente.

46. NÃO DEIXE AS PESSOAS ABUSAREM DA SUA FLEXIBILIDADE

Trabalhar é duro. Distrações existem aos montes. E o tempo é curto.
— Adam Hochschild, escritor e jornalista

Ser empreendedor é ótimo, mas tem suas desvantagens. Uma das realidades infelizes com as quais muitos empreendedores lidam é a tendência das pessoas em abusar da flexibilidade deles. Isso é especialmente verdadeiro para empreendedores com relacionamentos fortes, que vão desde amizades até casamentos.

O que eu quero dizer com "abusar da flexibilidade"? Vou dar um exemplo recente. O carro da minha esposa precisou de alguns reparos recentemente, então, ela me pediu que a ajudasse a conseguir um conserto rápido. Algo me disse que isso iria se transformar em uma longa e penosa jornada, porque não conseguimos reproduzir o problema do carro na concessionária quando chegamos lá. Tivemos que ir e voltar várias vezes pelo caminho da nossa casa até a concessionária, sem resultados. Finalmente, decidimos consertar o que nós e nosso mecânico achávamos que iria resolver o problema. Para encurtar a história, demorou quatro dias até que o carro estivesse consertado. Nesse meio-tempo, eu levei minha esposa aonde ela precisava ir para fins de trabalho e lazer. Devo admitir que, depois do segundo dia, fiquei um pouco frustrado porque tinha um trabalho importante a fazer e, se eu tivesse um emprego regular em horário comercial, minha disponibilidade seria muito limitada. Nesse caso, ela acabaria sendo forçada a respeitar meus horários. Entretanto, considerando que eu não estava trabalhando com horários fixos para ninguém, o *meu* tempo era flexível.

Não me entenda mal. Adoro poder ajudar a minha esposa, e faria mais cem viagens até a concessionária se precisasse, mas às vezes me sinto como se fosse um refém. Em outras palavras, sinto que as pessoas abusam da minha flexibilidade, como se eu tivesse que pagar o imposto sobre a flexibilidade do empreendedor. Além de tudo, há também a questão da culpa. Eu seria um marido muito cruel se dissesse à minha esposa: "Sabe, querida, realmente lamento, mas só estarei disponível depois das cinco da tarde de hoje, o que significa que não vamos poder levar seu carro para consertar até o fim de semana". Isso nunca aconteceria, especialmente se eu decidir trabalhar em casa em qualquer momento da semana. O olho conjugal viria me avaliar de tempos em tempos, analisando a importância de tudo o que eu estava fazendo. Não me atreveria a ser pego no Facebook ou no Twitter durante uma breve pausa em que não estivesse ocupado com um trabalho "importante".

Embora essa situação seja amplificada nos casamentos, ela também aparece em amizades e em outros relacionamentos. Mas, independentemente de quem é a pessoa que está pedindo as coisas, deve-se estabelecer e respeitar limites, mesmo que signifique magoar alguém.

Como é possível estabelecer limites? Bem, eu adoraria saber a resposta. Suponho que isso difere de acordo com a força e a relevância do relacionamento. Idiossincrasias individuais certamente também são um fator importante. Sugiro ser franco com as pessoas que estão se aproveitando da sua flexibilidade e dizer a elas que você tem trabalho para fazer. Talvez vocês possam chegar a um acordo. Por exemplo, se o seu amigo deixar que você termine seu trabalho, então você o leva para jantar e assistir a um filme. O acordo correto vai deixar todo mundo feliz.

Sei que é mais fácil falar do que fazer, mas forçar as pessoas a respeitar seu tempo e flexibilidade é uma atitude justa. Caso contrário, as pessoas vão continuar achando que você está sempre disponível. Pessoas que não são empreendedoras precisam aprender que os empreendedores são flexíveis porque trabalham duro para ter esse privilégio. Quando esse privilégio é abusado ou, no mínimo, quando não é respeitado, a frustração e a angústia acabam surgindo.

47. NÃO GERENCIE PESSOAS; GERENCIE EXPECTATIVAS

Grandes expectativas são a chave para tudo.
— Sam Walton, fundador do Walmart

Eu provavelmente sou um dos piores administradores que existem. Talvez possa culpar uma personalidade introvertida que prefere lidar com computadores em vez de pessoas. (Computadores não precisam de motivação e não culpam seus filhos por prazos estourados.) Percebi que tinha deficiências administrativas depois que abri a empresa, mas essa noção não surgiu imediatamente.

Durante os primeiros três anos de operação da minha empresa, eu não tive problemas para gerenciar pessoas. Na verdade, creio que não gerenciei ninguém além de mim mesmo durante aquele período.

Todas as pessoas que fizeram parte da minha empresa nos primeiros anos não recebiam dinheiro algum. Elas simplesmente compartilhavam da visão de construir o melhor *software* possível de publicação on-line e trabalhavam com bastante esforço para tornar isso realidade. Esses indivíduos, que em sua maioria eram técnicos como eu, não precisavam de muito gerenciamento. Havia uma dedicação e um comprometimento implícitos com uma ética inabalável de trabalho e com as grandes expectativas das quais compartilhávamos. Não havia necessidade de instalar o mais recente e melhor *software* para começar a gerenciar ninguém no sentido tradicional da palavra. Na realidade, nós nem teríamos tempo para fazer isso, mesmo se quiséssemos.

Entretanto, tive problemas quando comecei a contratar pessoas que não estavam interessadas na ideia e na equipe tanto quanto estavam ansiosas por receber um salário. Agregar pessoas que não compartilhavam das mesmas motivações criou uma nova dor de cabeça que eu não estava preparado para enfrentar. Por exemplo, contratei um designer gráfico que tinha o hábito de demorar além do prazo para entregar os trabalhos e sempre tinha uma desculpa pronta para dar. Ele era bem mais velho do que eu e sempre tinha uma variedade enorme de desculpas, e eu não sabia muito bem como lidar com elas. Ele culpava a esposa, os filhos, o carro velho que tinha... tudo. Até conseguir encontrar a coragem para dizer a ele que essas coisas não me importavam, eu não o cobrava pelos prazos perdidos ou pela diminuição da produtividade da equipe. Era uma época especialmente frustrante, mas não demorou muito até eu ter uma epifania.

Percebi que não se pode gerenciar pessoas, somente expectativas. Os conflitos frequentemente surgem devido a expectativas frustradas. Minha relação com o designer gráfico foi um exemplo perfeito desse princípio. Em vez de mostrar claramente ao designer minhas expectativas sobre o trabalho e comunicar as consequências caso elas não fossem atendidas, eu o tratei como meus colegas que não precisavam do que eu chamava de "supervisão ferrenha". Isso tinha que mudar.

Consequentemente, redigi um documento nos mínimos detalhes descrevendo o que a empresa e a equipe exigiam dele. Ele assinou o documento. Daquele momento em diante, se entregasse suas artes depois do prazo combinado, eu recorria ao documento de expectativas que ele havia assinado. Não havia desculpa que pudesse suplantar as expectativas com as quais ele mesmo concordou. Era uma ferramenta de gerenciamento muito poderosa.

Após algum tempo, tive que dispensar o designer gráfico. Embora seu trabalho fosse excelente, ele raramente cumpria os prazos e a sua personalidade e ética profissionais não se encaixavam nas do restante da equipe. Especialmente, ele tinha um efeito negativo sobre a moral do nosso time.

Aprendi uma lição valiosa quando precisei lidar com essa pessoa e com outros funcionários rebeldes: certifique-se de não tentar gerenciar pessoas, porque isso é impossível. Se tentar fazer isso, você vai ficar maluco. Em vez disso, defina e gerencie expectativas em relação aos indivíduos que trabalham para você. Estabelecer claramente as expectativas no início da relação e cobrar as pessoas para que sejam fiéis a elas evita confusões e mal-entendidos posteriormente. Se fizer isso, você vai ser um gerente muito melhor do que eu era quando abri minha empresa.

48. ENCONTRE O MENTOR CERTO

De todas as pessoas que podem lhe dizer como fazer as coisas, nenhuma delas as fez.
— Jay-Z, cantor, compositor e empreendedor

Desde que entrei no mundo dos negócios, tive a felicidade de contar com mentores excelentes que me ajudaram a crescer como empreendedor. Além disso, eles não são somente grandes conselheiros, mas também me trouxeram clientes valiosos. Sem seus conselhos e indicações, eu certamente teria cometido mais erros e atendido menos clientes.

Os benefícios e a necessidade por mentores são bem compreendidos. Não vou me estender sobre esse assunto. Entretanto, o que não é tão óbvio é o tipo de mentores que você deve ter e a frequência com que deve recorrer a eles.

Quando escolher um mentor, certifique-se de que ele conquistou o nível de sucesso que você deseja alcançar. Alinhe-se com mentores que não somente compreendam aonde você quer chegar, mas que já tenham chegado lá. Se não tiver ao menos um mentor que se encaixe nesse pré-requisito, você corre o risco de receber conselhos que podem frear seu crescimento ou inibir sua visão. Frequentemente, o conselho de um mentor é limitado pelas experiências daquela pessoa. Por exemplo, se você precisar buscar dinheiro com um investidor-anjo ou um investidor de risco, ter um mentor que já passou por essa experiência aumenta suas chances de sucesso em uma campanha para levantar capital. Da mesma forma, se a sua companhia tem o potencial para abrir o capital, você deve ter um conselheiro que compreenda o que é necessário para fazer a oferta pública inicial de ações. Um mentor sem experiência nessas áreas, mesmo que tenha a melhor das intenções, pode aconselhá-lo a usar somente recursos próprios para fazer sua empresa crescer e evitar os sonhos de se lançar no mercado de ações.

Além disso, muitos empreendedores não usam seus mentores suficientemente. Seja pelo medo de parecerem inconvenientes ou não compreenderem o valor de uma opinião adicional, empreendedores só usam seus mentores de vez em quando. Mas, se estiver se esforçando bastante para trabalhar em seu negócio, você deve estar em contato constante com o seu mentor. Consulte-o pelo menos uma vez por mês. Com frequência, mando um e-mail ao meu mentor sobre alguma questão ou pergunto a ele se posso lhe telefonar e pedir sua opinião sobre alguma coisa. Prometo a ele que a conversa não vai levar mais do que cinco ou dez minutos, e me esforço para não estourar esse limite de tempo. Se percebo que a conversa vai se alongar, peço permissão para continuar. Quero respeitar o tempo dele e sua disposição em me ajudar.

Muitos empreendedores fazem reuniões trimestrais com o seu quadro de diretores. Isso é bom, mas essas reuniões não devem substituir uma relação mais pessoal e casual. Diretorias são importantes, mas recomendo que você tenha pelo menos um mentor para quem possa ligar e que possa responder às suas perguntas no dia em que você as formular.

Nenhum empreendedor conseguiu ter sucesso sem algum tipo de mentor. Mentores são muito valiosos. Certifique-se de que aquele que você escolher alcançou o que você quer, e que você pode consultar esse mentor com frequência. Se o seu mentor não tem muitas conquistas ou se ele for inacessível, encontre outra pessoa que possa realmente ajudá-lo a se aproximar da conquista dos seus objetivos.

49. ESCOLHA SEU CÔNJUGE COM SABEDORIA

*A escolha de carreira mais importante que você vai fazer
é a pessoa com quem vai se casar.*
— Sheryl Sandberg, COO do Facebook

Conforme via minha vida se desfraldar na tela do cinema no filme *A rede social*, eu sorria, lembrando-me da época na faculdade quando também me tornei um superastro instantâneo do *campus* como Mark Zuckerberg, cofundador do Facebook. Foi um momento de definção na minha vida.

Assim como Zuckerberg no filme, eu era um aluno *geek* do curso de ciência da computação com um punhado de amigos inteligentes;

em seguida, subitamente eu me tornara "o cara", com mais amigos do que jamais imaginei ter. Eu tinha criado uma comunidade on-line completa bastante popular para estudantes universitários, com trocas dinâmicas de livros, um sistema para reunir casais, salas de bate-papo, galerias de fotos e outras funções interessantes. Naturalmente, com minha fama recém-descoberta, chegaram as *groupies*, mulheres que não estavam necessariamente interessadas em mim, mas, sim, na minha capacidade de estar nos mesmos círculos que magnatas como P. Diddy e Kanye West.

Não demorou muito tempo até eu encontrar minha primeira namorada, uma garota muito exigente que não aceitava "não" como resposta. (Pense na namorada maluca de Eduardo no filme.) Ela não entendia que eu era um *geek* e não havia nada que me satisfizesse mais do que programar uma função nova e brilhante para o meu site. Em outras palavras, ela não conseguia aceitar que, na melhor das hipóteses, ocupava o terceiro lugar na minha lista de prioridades, abaixo de PHP e MySQL (linguagens de programação de computadores).

Houve uma noite em que percebi que as coisas estavam desandando, e rápido. Eu estava no meu quarto, trabalhando no computador, e minha namorada entrou. Ela se deitou de maneira bem sedutora na beirada da cama, nua, com exceção dos sapatos de salto e as meias-calças. Nem percebi. Ela explodiu em fúria, gritando:

— Eu não preciso disso! Podia ligar para outro da minha agenda!

Eu não respondi. Estava ocupado demais fazendo amor com o meu PC. Tive uma epifania naquela noite climática: percebi quanto terreno havia perdido na estruturação da minha empresa.

Vamos avançar um pouco no tempo. Ela terminou o namoro. De maneira simples, ela queria sexo e eu queria sucesso. Claro, esses dois desejos não são mutuamente excludentes, mas o primeiro certamente pode ser uma distração — e, no meu caso, era exatamente assim. O fato de que a minha *crush* da faculdade me largou por ser extremamente focado foi a melhor coisa que me aconteceu naquele momento.

Depois da separação, eu me dediquei cem por cento a expandir minha empresa de tecnologia e mídia. E o resultado compensou. Algumas semanas depois de implementar meu plano de monetização, recebi o primeiro cheque de uma empresa que comprou um banner de propaganda por 1.800 dólares. Logo depois, fiz uma parceria com um colega de classe que era um gênio dos computadores. Juntos, nós criamos o Omni Publishers, uma das primeiras aplicações de gerenciamento de conteúdo on-line. Alguns anos depois, eu o vendi para uma empresa do ramo editorial.

Talvez essa história seja uma maneira inflada e tortuosa de comprovar uma situação básica, mas certamente é uma lição que todos os jovens empreendedores devem aprender: escolha um companheiro ou companheira que compreenda que seu desejo pelo sucesso, às vezes, vai ter mais importância do que satisfazer o desejo sexual do parceiro. Distrações na forma de relacionamentos ruins ou abusivos destruíram muitas empresas. Inclusive, muitos investidores de risco diminuem o valor de uma empresa de acordo com o risco maior que os cofundadores casados representam. Quando for escolher um companheiro, certifique-se de que essa pessoa é alguém que pode contribuir, não prejudicar.

50. DEMITA PESSOAS IMPRODUTIVAS

Contrate devagar, demita rapidamente.
— Desconhecido

Recentemente, recebi um pedido de ajuda na forma de uma ligação desesperada de um dos meus mentorados que está trabalhando duro para expandir sua nova empresa do ramo de vestuário. Ele queria conselhos sobre como lidar com um sócio preguiçoso que está impedindo a empresa de avançar. "Venho trabalhando no desenvolvimento da minha empresa nesses últimos meses e as coisas estão indo bem. Tenho um amigo que conheço desde 1996. Ele também está trabalhando em nossa linha de roupas. Diz que está interessado em combinar nossas ideias e em trabalharmos juntos... e isso já faz quase um ano. No início, ele estava bastante motivado e ajudava bastante. Agora, nem tanto. Não houve muita comunicação sobre o que ele quer fazer. Eu o questionei no mês passado para ver quais eram suas ideias. Basicamente, ele disse simplesmente que ainda está pensando em ideias, mas está sem dinheiro. Eu também não tenho muito dinheiro, mas tenho camisas estampadas e elas estão prontas para serem vendidas. A esta altura, me sinto perdido. É como se ele dissesse uma coisa e fizesse outra. O que você acha que devo fazer? Será que devo tentar levar as coisas adiante por conta própria ou o melhor seria cortar laços e encontrar um sócio que não seja um amigo, mas que tenha seriedade em relação às coisas?"

Assim que terminei de ler o e-mail, respondi: "Parece que você já tomou uma decisão, e uma decisão correta. Você não tem tempo para esperar. Encontre alguém que esteja firmemente comprometido". Espero que ele aceite o meu conselho.

Meu mentorado estava encarando um desafio comum para os empreendedores: encontrar e manter os melhores talentos para alcançar seus objetivos no mundo dos negócios. Além dos problemas financeiros, esse desafio provavelmente é a parte mais aflitiva quando é preciso expandir a empresa, especialmente se você tem poucos recursos para atrair e compensar funcionários. Independentemente da situação, grandes empreendedores encontram as pessoas certas para fazer com que seus sonhos aconteçam.

Existem dois tipos de empreendedores quando o assunto é encontrar talentos.

Um tipo de empreendedor é fraco e indeciso nas decisões sobre a contratação de pessoal. Tal pessoa está desesperada para encontrar um sócio para os negócios, um agente terceirizado ou um funcionário e aceita praticamente qualquer um que se apresente, sem o escrutínio apropriado. Como não tem a paciência ou o conhecimento necessários para fazer a triagem das pessoas, esse tipo de empreendedor é rápido para pedir a ajuda de um amigo ou conhecido e lento para avaliar totalmente o valor de um parceiro em potencial. Uma pessoa cujo desempenho seja ruim ou que prejudique a empresa recebe várias segundas chances. Finalmente, o empreendedor tem muito medo de puxar o gatilho e talvez demitir a pessoa menos produtiva da equipe. A demissão acaba se concretizando após algum tempo, depois que tempo e recursos valiosos foram desperdiçados.

O outro tipo de empreendedor é forte e resoluto, implacável na busca de pessoas boas e comprometido em encontrar bons membros para a equipe. Não há pressa para julgar os possíveis candidatos; aqueles que venham a se juntar ao grupo são as melhores pessoas para fazer o trabalho. Decisões ocorrem sem emoção e o nepotismo jamais é uma opção a considerar. Profissionais com mau desempenho raramente recebem segundas chances. Esse tipo de empreendedor alcança seus objetivos mais rapidamente devido a decisões factuais, racionais e justas sobre a contratação de pessoas. Todo empreendedor deveria seguir esse modelo.

Um dos maiores erros envolvidos na formação de uma equipe ou na contratação de funcionários é que, uma vez que você encontrou pessoas excelentes, seus problemas em relação ao pessoal da empresa estão resolvidos e todos vão constituir uma unidade coesa e eficaz que vai durar por anos a fio. O mundo dos negócios raramente funciona dessa maneira, principalmente no caso de empresas jovens. Por motivos que vão desde o mau desempenho até o recrutamento por meio de outras empresas, você pode ter certeza de que vai perder pessoas. Como o atrito é inevitável, empreendedores e líderes de pequenas empresas devem estar comprometidos em procurar pessoas talentosas *sempre.*

Aceite somente as melhores pessoas na sua empresa. Se você for muito eficiente na busca por talentos, mesmo os candidatos que você considerar que não são tão bons estarão acima da média. Como resultado, sua empresa vai crescer mais rápido e existir por mais tempo.

CAPÍTULO 4

FINANÇAS

O dinheiro não é a coisa mais importante da vida, mas está bem próximo do oxigênio na escala "eu preciso ter isso".
— Zig Ziglar, escritor e palestrante motivacional

Embora pareça óbvia, essa ideia básica tem que ser enfatizada de tempos em tempos: a sua empresa existe para ganhar dinheiro. Absortos nos afazeres diários da empresa que vão desde vender até a administração das operações, os empreendedores frequentemente deixam as questões financeiras de lado. Quando percebem a importância de monitorar de perto suas finanças, já é tarde demais; o estrago está feito.

Este capítulo apresenta maneiras diferentes para controlar suas finanças pessoais e também as da sua empresa, de modo a evitar problemas. Além disso, você vai encontrar conselhos sobre como conseguir fundos para investir na sua empresa. Não é preciso se tornar um guru das análises de fluxo de caixa e dos balancetes, mas é importante entender alguns conceitos básicos.

51. VOCÊ NÃO PRECISA DE DINHEIRO PARA GANHAR DINHEIRO

O dinheiro não cria o sucesso; a liberdade para ganhar dinheiro
é que faz isso.
— Nelson Mandela, ex-presidente da África do Sul

Nada é mais irritante do que ouvir uma das muitas generalizações que permeiam o mundo dos negócios e corrompem a mente dos novos empreendedores. Você já as ouviu. E pode até mesmo ser adepto desses falsos aforismos. "Siga a sua paixão." "Sonhar grande dá o mesmo trabalho que sonhar pequeno." "Só é impossível porque ninguém fez ainda, mas você pode ser o primeiro." Entretanto, talvez o mais danoso aos novos empreendedores seja o seguinte: "É preciso de dinheiro para ganhar dinheiro." Nenhuma frase é mais errada ou enganosa do que essa.

Eu me lembro vividamente de quando, onde e de quem ouvi essa frase pela primeira vez. Havia passado recentemente dos vinte anos de idade e estava na região central de Atlanta, em uma reunião com uma empreendedora de sucesso que tinha seu próprio estúdio de design gráfico. Não me lembro exatamente do contexto da conversa, mas quando ela disse essa frase, eu fiquei perplexo. Fiquei mais impressionado com a estrutura da frase do que com sua validade. Àquela altura, eu havia aberto minhas primeiras três empresas praticamente sem ter dinheiro. O que ela disse simplesmente não fazia sentido, e certamente não se aplicava a mim.

Minha primeira empresa, um site para estudantes universitários, não precisou de muito dinheiro para ganhar vida. Na prática, precisou somente do meu tempo e das minhas habilidades de programação de computadores. Durante os primeiros anos da empresa, eu só gastei dinheiro com a hospedagem do site e com o registro do domínio, embora certamente isso não fosse necessário. Esses custos eram de cerca de 30 dólares por mês. Minha segunda empresa, que produziu um sistema de gerenciamento de conteúdo baseado na web, tinha custos nominais similares. Finalmente, minha terceira empresa, uma revista, não demandou dinheiro algum. Eu simplesmente tive a ideia e saí para vendê-la antes mesmo que a revista existisse. Para cada empresa, eu presumia que levantar capital não chegava nem mesmo a ser uma das opções, e estou feliz por ter agido assim. Se tivesse ouvido aquela frase horrível, talvez eu tivesse atrasado ou até destruído meus projetos, pensando que teria que conseguir dinheiro. Em vez disso, descobri como as coisas funcionavam e, acima de tudo, ataquei minha meta com os recursos que tinha.

Ter acesso a capital inicial para uma start-up quando você não precisa disso pode até mesmo prejudicar o seu crescimento. Aquilo que está destinado a ajudar pode acabar se mostrando bastante prejudicial. Por exemplo, você pode torrar o dinheiro desnecessariamente, comprando produtos e serviços que, da mesma forma, poderia criar por conta própria ou conseguir sem custos. Esse dinheiro poderia ser usado para adquirir coisas mais importantes. Eu estremeço quando vejo que os custos iniciais de um jovem empreendedor incluem coisas como material de escritório e computadores, quando esses itens são absolutamente desnecessários. Esses indivíduos não têm a noção de procurar economizar dinheiro sempre que possível. Talvez eles tenham ouvido e se deixaram influenciar pela própria frase que estou tentando refutar aqui.

Agora que já faz mais de dez anos que entrei no mundo dos negócios, eu acho que a frase — com uma leve alteração — pode ser aplicada a situações específicas. Eu a reescreveria desta maneira: "Frequentemente, é preciso dinheiro para ganhar uma quantidade enorme de dinheiro". Quando levanto dinheiro para minha próxima start-up, a realidade dessa interpretação é bem palpável. Quando você almeja executar uma grande ideia com rapidez, uma injeção de dinheiro é necessária em muitos casos. Para ilustrar, a maioria das pessoas concordaria que a ideia de construir uma usina nuclear sem dinheiro é ridícula. Nesse caso, antes de começar a lucrar verdadeiramente, você teria que gastar uma quantidade significativa de dinheiro. Independentemente disso, a maioria dos empreendedores não levanta capital para dar início às suas empresas.

Não acredite no que se diz sobre precisar de dinheiro para começar um negócio. Isso é uma afirmação enganosa e, se você acreditar nela, pode arruinar ou atrasar o sucesso do seu projeto. As pessoas que repetem generalizações como essas às vezes estão simplesmente tentando dar a impressão de que são sábias e experientes, ou que estão tentando justificar por que não têm nenhum dinheiro. Não ter dinheiro não significa não ter recursos. Você sempre tem algo. Então dê início à sua nova empresa — e sem gastar dinheiro algum, se puder.

52. CUIDADO COM OS IMPOSTOS

Você não paga impostos. O governo pega os seus impostos.
— Chris Rock, comediante e ator

Minha cabeça estava quase explodindo de ansiedade enquanto eu esperava, sentado na minha cadeira, que os cálculos terminassem de ser tabulados. Eu vinha temendo esse dia desde o mês de janeiro, quando sabia que me restariam somente três meses até o fim do prazo. Naquele dia do início de março, meu contador apertou a tecla "Enter" do seu teclado com um movimento exagerado e disse, de forma bastante casual, sem nem mesmo olhar para mim: "Você deve...". Escutei o número astronômico que ele proferiu em seguida, mas aquilo não pareceu real. Por dentro, estava em pânico, tentando não gritar um palavrão e atrair atenções indesejadas. O que eu mais temia estava acontecendo. Eu devia ao governo mais dinheiro, na forma de impostos, do que poderia pagar.

Quando abri a empresa, a única coisa que eu sabia sobre impostos para empresas era que eu tinha um EIN (sigla em inglês para Número de Identificação do Funcionário) necessário para abrir uma conta bancária e que, posteriormente, teria que pagar impostos corporativos. Não fazia ideia de como iria me planejar para os impostos que precisaria pagar anualmente e, francamente, essa era a última coisa que me passava pela cabeça. Eu estava mais preocupado em aperfeiçoar meu produto e tentar vendê-lo. Da mesma forma, quando comecei a ganhar uma quantia significativa de dinheiro, o planejamento tributário não era prioridade. Por causa da minha negligência, acabei gastando quase todo o dinheiro que minha companhia ganhava para ampliar os negócios e pagar salários. Foi um erro de principiante pelo qual literalmente iria pagar mais tarde.

Se pudesse voltar no tempo e dar conselhos a mim mesmo, iria sugerir uma busca on-line (lembra-se do Altavista e do Webcrawler?) por informações básicas sobre contabilidade e planejamento tributário corporativo. Também teria me aconselhado a encontrar um contador especializado em ajudar novas empresas a se preparar para as obrigações tributárias que teriam que enfrentar. Seguir esses conselhos básicos teria me poupado do estresse paralisante de descobrir que eu estava afogado em dívidas tributárias no dia de pagá-las. Como ainda era adolescente quando abri a empresa, ficava aterrorizado com o que o IRS, o departamento da receita federal dos Estados Unidos, faria comigo se eu fosse um delinquente. Achava que os agentes do IRS iriam me prender, confiscar minhas posses e me multar em pelo menos 100 dólares para cada dia que eu me atrasasse para pagar os impostos.

Agora que estou mais experiente e tenho um contador que faz mais do que simplesmente calcular valores para mim antes do prazo final para o pagamento de impostos corporativos, tenho um plano para pagar impostos estimados para a minha corporação do tipo S. Impostos estimados são baseados na receita bruta esperada, deduções, créditos e demais valores ajustados, e assim por diante. De acordo com o site do IRS, "Se estiver declarando como único proprietário, sócio, acionista de uma corporação do tipo S e/ou profissional autônomo, você geralmente tem de fazer pagamentos estimados de impostos se espera pagar impostos em valor igual ou superior a 1.000 dólares quando fizer a declaração". O IRS requer que pessoas que optem por fazer o pagamento de impostos estimados o façam a cada três meses. Seguir esse método ajuda os contribuintes a evitar o choque que eu senti na primeira vez em que devia ao governo uma quantidade enorme de dinheiro em impostos.[1]

Depois de receber as más notícias do meu contador, anos atrás, reuni toda minha criatividade empreendedora para descobrir como poderia ganhar dinheiro rapidamente para pagar a conta com o governo. Desenvolvi um plano e consegui pagar o que devia a tempo. Aprendi bem a lição, e aparentemente não fui o único. No decorrer dos anos, soube de histórias similares de outros empreendedores iniciantes. Se estiver abrindo uma empresa, não faça como nós.

53. UM CHEQUE NA MÃO NÃO VALE NADA

> A honestidade, de maneira geral, é menos lucrativa
> do que a desonestidade.
> — Platão, filósofo grego

Se eu tivesse dado ouvidos à minha intuição, poderia ter me poupado de alguns problemas. Teria percebido os inúmeros indícios que o casal de proprietários sórdidos daquele pequeno estabelecimento me deu. Teria saído correndo daquele restaurante de reputação duvidosa o mais rápido que conseguia e nunca mais voltaria lá.

---

1. Lei tributária dos EUA.

Em vez disso, ignorei minha intuição e aceitei o pedido do restaurante para publicar um anúncio na minha revista. Eu disse aos proprietários, uma equipe formada por marido e mulher, que a nossa revista iria para a gráfica dentro de pouco tempo e eles veriam um retorno rápido do investimento em publicidade. Preparei o pedido, peguei o cheque e publiquei o anúncio de página inteira colorida.

A aventura e a lição desagradáveis começaram alguns dias depois, quando verifiquei a conta bancária, que mostrava 321 dólares a menos do que deveria, a quantia exata que cobrei do restaurante pelo anúncio. Depois de dar uma olhada mais atenta nas transações recentes da minha conta bancária, percebi que o cheque do meu cliente havia sido recusado. Alguns dias depois, com certeza, recebi o cheque borrachudo do restaurante pelo correio com aquele maldito carimbo "fundos insuficientes", e o meu banco me cobrou taxas pesadas por conta disso. Foi o primeiro cheque sem fundo que eu havia recebido na vida, e não fiquei nada feliz com isso.

Como era um empreendedor jovem e completamente inocente, eu imaginava que qualquer pessoa que emitisse um cheque teria dinheiro em conta para saldar a dívida. Aparentemente, eu vinha de uma cidade chamada Santa Inocência, o lugar imaginário onde tudo é perfeito e a palavra de qualquer pessoa, ou os cheques, nesse caso, era uma questão de honra. O mundo dos negócios fica bem longe da utópica Santa Inocência. Não, sempre haverá pessoas no mundo dos negócios que vão tentar se aproveitar de você, e foi exatamente isso que esses proprietários malandros do restaurante fizeram.

Compartilhei minha experiência e frustração com meu mentor. Disse a ele que não estava tão irritado com o fato do cheque ter sido devolvido, e sim porque os donos do restaurante provavelmente sabiam que haviam assinado um cheque sem fundo. Com a voz tranquila, ele me repreendeu, dizendo:

— Há uma solução simples. Se desconfia que alguém lhe passou um cheque sem fundo, leve esse cheque ao banco onde o cliente tem conta e pergunte se há fundos suficientes na conta. O caixa do banco vai lhe dar essa informação. Se houver, você pode descontar o cheque no mesmo momento.

Fiquei surpreso quando soube daquilo. Aquela solução eliminaria totalmente o risco associado a depositar um cheque questionável ao meu banco, que me cobraria taxas se o cheque fosse realmente ruim. Daquele ponto em diante, passei a fazer exatamente isso para os clientes suspeitos, e isso me poupou passar por problemas similares. Também aprendi que é contra a lei passar cheques sem fundo nos Estados Unidos.

Não me lembro se cheguei a receber os 321 dólares pendentes. Acho que recebi, depois de ir repetidamente até o banco do cliente até que os fundos estivessem disponíveis. Mesmo assim, aprendi uma lição valiosa que estrutura a política da minha empresa até os dias atuais: um cheque na mão não significa nada. Em outras palavras, não conte com seu dinheiro até que ele esteja no banco — e, mesmo assim, só depois que ele estiver lá há algum tempo.

Quando receber uma nova ordem de compra, um cheque, um aceite verbal ou um acordo por escrito de um cliente que quer comprar seu produto ou serviço, não fique tão animado. Espere para celebrar quando você tiver a grana viva nas mãos ou quando receber a confirmação do banco de que os valores foram transferidos para sua conta.

54. EVITE FLUXO DE CAIXA NEGATIVO

Para ter sucesso, você deve aprender a administrar o fluxo de caixa.
— Robert T. Kiyosaki, autor de *Pai rico, pai pobre*

Eu não fazia ideia, quando entrei no ramo de mídia, de que, como disse meu mentor, "esse era o ramo mais fácil de entrar, mas o mais difícil de permanecer". Depois de alguns meses do início do meu projeto, aprendi da maneira mais penosa exatamente o que ele estava querendo dizer.

Meu desafio era o fluxo de caixa. Uma quantidade enorme de start-ups tem dificuldades para compreender e administrar o fluxo de caixa, que é simplesmente uma medida da saúde financeira da empresa. O fluxo de caixa é a diferença dos recebimentos em dinheiro menos os pagamentos em dinheiro durante um determinado período de tempo. A má administração do fluxo de caixa é uma das principais razões pelas quais start-ups fecham as portas em seu primeiro ano, mesmo que sejam lucrativas. Como isso acontece? Primeiramente, vamos dar uma olhada em um exemplo focado em despesas pessoais.

Muitas pessoas gerenciam o fluxo de caixa todos os meses conforme se esforçam para pagar contas e esperam ter dinheiro restante para economizar, comprar um novo carro ou sair para uma bela viagem de férias. Se você tem um emprego, talvez conheça a sensação de ter muitas contas com data marcada para vencer e pedir um adiantamento ao seu empregador para que possa pagar essas contas. Nesse instante, quando tem contas que estão para vencer hoje e seu dia de pagamento é daqui a duas semanas, você tem uma posição negativa no fluxo de caixa. A situação oposta, quando você tem mais dinheiro disponível do que contas para vencer no mesmo dia, é uma posição positiva do fluxo de caixa.

As empresas também lutam para conseguir administrar o fluxo de caixa. Durante o primeiro ano em que estava editando minha revista, uma quantidade suficiente de anúncios era vendida para cobrir os custos. Estimulamos e incentivamos pagamentos antecipados para os anúncios de modo que pudéssemos usar o dinheiro para bancar a impressão, a distribuição e outros custos, mas nem todos os anunciantes conseguiam pagar no ato. Demos crédito a alguns dos clientes, concedendo-lhes trinta dias para nos pagar todo o montante devido. Quando chegava a hora de pagar nossos custos operacionais, mal tínhamos o dinheiro para cobrir essas despesas. Os clientes a quem dávamos crédito normalmente pagavam em noventa dias em vez de trinta. Éramos lucrativos no papel, mas nunca conseguimos passar adiante do dinheiro que saía pela porta para sustentar as operações. Após algum tempo, consegui equilibrar essa diferença, mas fazer isso foi difícil — especialmente porque tinha menos crédito do que precisava para saldar minhas despesas operacionais quando recebíamos os pagamentos pendentes. Embora tenhamos superado esse problema, às vezes, eu sentia que o fim estava próximo — como nas ocasiões em que tinha que imprimir uma nova edição, mas ainda não havia recebido dinheiro dos clientes que anunciaram nas edições anteriores. Não era uma sensação agradável, de jeito nenhum.

Um fluxo de caixa negativo não é algo ruim, por si só. Na verdade, é necessário para muitas empresas em inúmeras indústrias, particularmente se a empresa está na fase inicial. Entretanto, manter uma posição negativa de fluxo de caixa por muito tempo é prejudicial para qualquer empresa. Seu objetivo como líder é descobrir quais são as normas para sua área de atuação e o que é considerado saudável. Um profissional especializado em finanças também vai poder ajudá-lo a compreender suas opções de modo que você possa evitar esse percalço financeiro.

Sua companhia pode ser lucrativa, mas mesmo assim pode haver o risco de fechar as portas, deixando-o com uma montanha de dívidas e uma sensação de desalento. Isso acontece todos os dias com empresas promissoras, mas mal administradas. Para sua empresa, certifique-se de não elaborar somente relatórios mensais de receitas, mas também relatórios mensais de fluxo de caixa. Como resultado, você vai entender melhor como evitar uma posição negativa de fluxo de caixa devastadora, seja por meio da diminuição de despesas, pelo encurtamento do seu ciclo de vendas ou pelo recebimento de uma injeção de capital. Assim, você vai poder evitar um despertar difícil e uma boa dose de frustração inicial.

55. PEGUE DINHEIRO EMPRESTADO COM UM BANCO ANTES DE PRECISAR

Um banco é um lugar que vai lhe emprestar dinheiro se você puder provar que não precisa dele.
— Bob Hope, comediante e ator

Quando o banco Lehman Brothers declarou falência no outono de 2008, marcando o início da Grande Recessão, eu tive uma premonição clara de que as coisas iriam começar a ficar ruins bem rápido.

O anúncio do colapso apareceu para mim em uma época ruim. Durante o mesmo período em que aquele banco de investimentos quebrou e foi assunto dos noticiários em nível nacional, minha esposa e eu nos casamos. Para nos lembrarmos daquela alegre cerimônia de união, guardamos o jornal daquele belo dia de outono. A manchete do *Atlanta Journal-Constitution* dizia: "Estados Unidos colocam a mão na massa para salvar banco". O artigo declarava o seguinte: "Os Estados Unidos e as outras potências industriais do globo se comprometiam a executar 'ações decisivas e usar todas as ferramentas disponíveis' para impedir uma catástrofe econômica mundial". Era outro prenúncio da calamidade econômica de proporções que não eram vistas desde a Grande Depressão. Eu disse à minha esposa: "Se a economia ruir, pelo menos ainda temos um ao outro, querida!".

Da mesma forma, o *timing* não poderia ser pior para meus negócios. Quase imediatamente, o ambiente de negócios se deteriorou. As empresas começaram a entrar em modo de sobrevivência. Muitos dos meus melhores clientes ligaram para cancelar pedidos. Empresas com as quais eu tinha relações de longo prazo cortaram laços. Os novos clientes que prospectávamos não demonstravam nenhum interesse em comprar. Especialistas em finanças avisavam do encolhimento iminente do crédito. A posição do fluxo de caixa da minha empresa estava piorando a cada dia. Eu não suportava ficar parado e assistir à minha empresa morrer aos poucos. Estava desesperado para salvá-la, assim, decidi explorar todas as opções — incluindo a possibilidade de pedir empréstimo a um grande banco.

Sem esperar muito, entrei em contato com uma banqueira de confiança no Washington Mutual. Ela disse que eu não tinha boas opções. Considerando a recessão e minha situação ruim de caixa, nenhum dos produtos financeiros disponíveis poderia ajudar minha empresa. Disse também que poucas empresas estavam recebendo financiamentos naquele momento. Raramente, as linhas de crédito estavam sendo estendidas. Da mesma forma, praticamente não se fazia empréstimos com pagamento parcelado. O banco estava aberto, mas, na prática, estava fechado.

Sem opções razoáveis, eu me lembrei amargamente do que um banqueiro experiente me disse alguns anos antes: "Pegue dinheiro emprestado com um banco antes de precisar". Fez sentido na época em que ouvi essas palavras, mas nunca cheguei a seguir esse conselho. Eu havia demorado demais para agir e, naquele momento, estava esperando que um banco pudesse salvar minha empresa, quando, ironicamente, o banco precisava salvar a si mesmo. (O Washington Mutual foi comprado pelo Chase alguns meses depois.) Em vez de receber uma injeção de dinheiro de um banco para ajudar minha empresa a atravessar aquela tempestade econômica, minha equipe teria de sobreviver à moda antiga: botando o pé na rua e esforçando-se mais do que nunca. Eu aprendi a lição.

Bancos preferem emprestar para empresas que já têm dinheiro e mostram sinais de boa saúde financeira. Por quê? Essas empresas têm uma probabilidade maior de pagar os empréstimos tomados, assim, são consideradas de baixo risco. Por outro lado, empresas em dificuldades são um risco alto e não vão encontrar muitas opções de empréstimo em um grande banco. Elas terão de procurar outras alternativas de financiamento que, invariavelmente, trazem consigo taxas de juros mais altas. Parece contraproducente, mas os bancos e muitas outras instituições financeiras operam dessa maneira. Em outro exemplo de lógica reversa, poucas pessoas sabem que bancos consideram depósitos como riscos, não como ativos.

Quando sua empresa estiver passando por um período de forte crescimento e aumento de receitas, reforce sua estrutura de capitais. Por exemplo, peça linhas de crédito adicionais ou peça uma extensão das suas linhas atuais. Além disso, tente contratar um empréstimo para ser pago em parcelas se isso for adequado para promover um crescimento maior. E também busque dinheiro com investidores. Conforme a economia começa a mostrar pequenos sinais de recuperação, os bancos passam a promover novos produtos e começam a assumir riscos maiores. Aproveite essas oportunidades.

Empreendedores devem ter em mente que recessões e períodos de baixo crescimento econômico são inevitáveis. Se sua empresa existir há bastante tempo, você vai passar por uma época dessas. Preparar sua empresa para enfrentar essas tempestades faz parte do seu trabalho. Uma das melhores maneiras de fazer isso é garantir o bem-estar financeiro da sua empresa com a contratação e o recebimento de empréstimos quando você não precisa deles. Se esperar até o momento em que precisar, você pode acabar tendo o mesmo destino do Lehman Brothers.

56. PAGAMENTOS ANTECIPADOS SÃO A MELHOR COISA; ESQUEÇA OS TERMOS HABITUAIS DE PAGAMENTO

A falta de dinheiro é a raiz de todo o mal.
— George Bernard Shaw, teatrólogo irlandês
e cofundador da London School of Economics

Documentos jurídicos recentes revelam a frustração do cofundador do Facebook com um cliente que não o pagou por seus serviços de programação de computadores em 2004. Na época, Mark Zuckerberg ainda era estudante de ciência da computação em Harvard. Ele escreveu em janeiro de 2004: "Fui contratado para prestar serviços em troca de dinheiro e, embora eu pareça estar continuamente prestando serviços, parece que não estou recebendo o dinheiro de vocês". O cliente se chamava Paul Ceglia. Ceglia respondeu algum tempo depois, já em fevereiro: "Vou fazer o melhor que puder para tentar levantar o dinheiro necessário para pagar a quantia solicitada, embora, honestamente, não possa garantir que isso vá acontecer". Quando essa resposta foi enviada, Ceglia devia 10 mil dólares a Zuckerberg. Thefacebook foi fundado no mesmo mês em que esses últimos e-mails foram trocados. Em 2011, Ceglia processou Zuckerberg para conseguir 50 por cento das ações do Facebook, alegando que Zuckerberg havia roubado sua ideia. Ceglia acabou desistindo do processo.

Embora alguns dos relatos sobre esse caso frívolo se concentrem na frustração de Zuckerberg, imediatamente pensei em algo diferente: "Por que Zuckerberg estava trabalhando para um cliente que não o pagava? Não dizem por aí que esse cara é superinteligente?". Fiquei perplexo. Foi então que me lembrei de que ele quase vendeu uma empresa para a Microsoft quando estava no Ensino Médio por 1 milhão de dólares. Talvez ele achasse que o risco de não ser pago fosse baixo e, se o cliente não pagasse, Zuckerberg não perderia tanto dinheiro, tempo ou esforço. Tentei racionalizar a resposta que ele deu. E concluí, baseado na minha própria experiência, que, independentemente do que *ele* pensasse na época, nunca é uma boa ideia trabalhar com condições de pagamento questionáveis ou continuar a trabalhar com um cliente delinquente.

Novos empreendedores frequentemente fazem trabalhos para clientes que se aproveitam deles. Eu já estive nessa posição. Lembro-me vividamente de como lidei com meu primeiro cliente mal-intencionado. Enquanto Zuckerberg tinha vinte anos de idade durante sua disputa com Ceglia, eu tinha vinte e dois quando tive minha disputa com um cliente. Havia criado um *software* para um cliente que estava usando os programas, mas que não havia pagado por eles. Decidi processá-lo em um tribunal de pequenas causas. Toda a experiência foi um pouco assustadora. Mesmo assim, fui até o tribunal no centro de Atlanta, preenchi a papelada e paguei cerca de 75 dólares para dar entrada no processo. O cliente, que não era muito mais velho do que eu, acabou me pagando integralmente a quantia devida. Acompanhado pelo pai, ele trouxe o montante em dinheiro vivo e me pagou no corredor, logo antes do nosso caso ser chamado. Informamos ao atendente que havíamos resolvido a questão e o caso foi arquivado.

Desde essa experiência, aprendi e adotei diversas estratégias para garantir que os pagamentos sejam feitos rapidamente.

1. *Estabeleça rapidamente uma relação de confiança.* Durante o processo de venda ou de negociação de preços, esforce-se para estabelecer uma relação de confiança de modo que você possa pedir e receber um pagamento antecipado por serviços ou um produto. Dê referências antes que o cliente as peça. Além disso, certifique-se de que suas marcas e seu trabalho sejam apresentados da maneira mais profissional possível, de modo que o cliente se sinta confortável em pagar no ato da compra.

2. *Seja claro em relação ao seus termos de pagamento.* Certifique-se de que os termos estejam bem definidos para ambos os lados desde o começo — por escrito. Sempre apresente uma descrição clara e concisa dos termos de pagamento de modo que o cliente saiba exatamente o que esperar e o que você espera.

3. *Seja agressivo com seu cronograma.* Peça um pagamento antecipado primeiramente, depois considere períodos maiores de pagamento se necessário. Faça tudo que for preciso para ser pago na data certa. Não tenha medo de pedir o que quer. Vá buscar os cheques pessoalmente, se tiver que fazê-lo. Em um mundo perfeito, não existem coisas como pagamento após trinta dias. Eu prefiro o pagamento agora.

A natureza dos negócios diz que os compradores querem pagar o mais tarde possível, e os vendedores querem ser pagos o mais cedo possível. Seu objetivo como empreendedor é manter um bom fluxo de caixa, e a melhor maneira de fazer isso é receber seu dinheiro assim que for possível. Você deve ser confiante e direto sobre quando espera ser pago. Sim, pode ser penoso e desconfortável ocasionalmente, mas siga o meu exemplo e o de Zuckerberg: é muito melhor do que não ser pago ou ter que encarar um processo judicial.

57. CONTRATAR UM CONTABILISTA PROFISSIONAL É UM DINHEIRO BEM INVESTIDO

> Não preciso de guarda-costas, mas tenho uma necessidade bem específica dos serviços de dois contadores altamente treinados e licenciados.
> — Elvis Presley, cantor e ator

Antes que eu conhecesse verdadeiramente esses profissionais, visitar contadores era tão divertido quanto ir ao dentista. Na verdade, se me perguntasse se eu preferiria que um dentista tratasse das minhas cáries ou que um contador fizesse minha declaração de imposto de renda, provavelmente escolheria os procedimentos dentários. Meu raciocínio era o seguinte: embora o dentista fosse me causar mais dor física, pelo menos os serviços dele seriam mais baratos do que os do contador. Eu era jovem e ingênuo naqueles dias. Hoje em dia, quase que certamente iria preferir fazer uma visita para o meu contador.

Quando estão começando, a maioria dos empreendedores faz tudo o que pode para cortar despesas. Isso é compreensível porque os recursos são poucos. Eles acumulam as funções de CEO, diretor de marketing, diretor de vendas, entregador de correspondência, arquivista e contador. Nos primeiros estágios de formação de uma empresa, ninguém quer desperdiçar recursos; assim, quanto mais tarefas um empreendedor assume, mais dinheiro é economizado — pelo menos, é o que se pensa. Essa ideia errônea, entretanto, além de enlouquecê-lo a ponto de ter uma estafa, também vai lhe custar caro. Ao contrário do que sua intuição gostaria de fazê-lo acreditar, você não vai economizar dinheiro se cuidar da própria contabilidade. Ser seu próprio contador não vale a dor de cabeça que isso traz consigo.

Durante meu primeiro ano como empreendedor, decidi rapidamente que tentar descobrir por conta própria como ser contador não valia o meu tempo. Fui até o escritório mais próximo da H&R Block e pedi ajuda. Um senhor mais velho, que me fazia lembrar de Arnold Palmer, me ajudou a entrar nos trilhos. Seus serviços não eram baratos, mas fiquei feliz por poder contar com ele para cuidar da papelada e dos números e me poupar desse desgaste. Continuei sendo seu cliente mesmo depois que ele deixou a H&R Block para montar sua própria empresa na área rural da Geórgia. Mas parei de usar seus serviços depois do segundo ano, quando seu novo escritório estava localizado em um prédio já dilapidado, com painéis feios de madeira, divisórias plásticas entre escritórios sujos e uma troca de armas bastante questionável. Provavelmente é a minha imaginação, mas acho que havia até mesmo um urso empalhado no escritório. Eu tinha os meus limites, então procurei um novo profissional que mostrou ser mais barato e ter um conhecimento maior sobre o assunto.

Desde então, venho trabalhando com o mesmo contador há quase dez anos. Ele é ótimo. Faz o trabalho rapidamente, me lembra quando é preciso preencher formulários e fazer pagamentos, me dá ótimos conselhos, representa a minha empresa em meu nome e é muito acessível. E, ainda por cima, seu escritório é relativamente novo, sem animais mortos pendurados na parede. Ele me ajuda a economizar dezenas de milhares de dólares que eu iria desperdiçar devido à falta de conhecimento. Se eu pudesse converter tempo em dinheiro, esses valores seriam bem maiores.

Se ainda não se convenceu de que deve contratar um contador, considere estas três razões fundamentais:

1. *Contadores o ajudam a economizar dinheiro.* O dinheiro que gasto para que um contador cuide dos cálculos e procedimentos necessários à minha empresa é muito menor do que o dinheiro que ele me ajuda a economizar. Durante a época de pagamento de impostos, por exemplo, eu provavelmente deixaria passar algumas deduções importantes. O sistema tributário dos Estados Unidos é altamente complicado e, a menos que você seja um profissional, provavelmente vai entender alguma coisa do jeito errado ou ignorar por completo uma oportunidade de poupar uma quantia maior de dinheiro. Digamos que um contador recomende uma dedução que resulte em uma economia anual de 500 dólares. No decorrer dos dez anos seguintes, eu economizaria 5 mil dólares que, de outra maneira, teria entregado para o governo.

2. *Contadores o ajudam a poupar tempo.* Isso é algo sobre o qual nem é preciso falar muito. Como CEO da própria empresa, você tem coisas melhores a fazer do que conferir planilhas de despesas e formulários de arrecadação. Seu foco deve estar concentrado em fazer sua empresa crescer. Um contador vai livrá-lo desse fardo e reduzir o seu estresse.

3. *Contadores não são tão caros assim.* Continuando com o nosso cenário tributário hipotético, um contador pode cobrar de 400 a 800 dólares para fazer uma declaração básica anual de impostos para uma empresa. Se isso parece ser uma quantia enorme, não se preocupe. Garanto que você vai conseguir esse dinheiro de volta. Se for colocado à prova, qualquer bom contador vai conseguir passar.

Como empreendedor, você deve decidir quais são os serviços pelos quais vai pagar, e a contabilidade é um deles. Embora serviços contábeis possam parecer caros, especialmente se a sua empresa ainda está começando, garanto que você vai economizar dinheiro no fim das contas. Desde o início, encontrar um bom contador deve ser uma das suas principais prioridades. Não pense em fazer negócios sem um profissional desses.

58. ADMINISTRE BEM AS DÍVIDAS

> É melhor ir para a cama sem jantar do que acordar com dívidas.
> — Benjamin Franklin, empreendedor e um dos
> Pais Fundadores dos Estados Unidos.

Há alguns anos, pouco depois de concluir a faculdade, vi um anúncio em um jornal local de Atlanta que mostrava uma nova linha de crédito empresarial de um banco. Logo depois, achei que seria interessante adquirir esse produto. Fui até a agência do banco mais próxima, preenchi uma proposta de uma página e a devolvi à bancária, sem saber o que poderia esperar. Em questão de minutos, ela desligou o telefone e me informou o veredicto. A mulher olhou para mim com um enorme sorriso e disse: "Sua proposta foi aprovada e você tem um crédito de 18 mil dólares". Alguns minutos depois, saí do banco com uma linha de crédito empresarial de 18 mil dólares. Combinada com outra linha empresarial e cartões de crédito que recebi de outros bancos, eu tinha cerca de 45 mil dólares para financiar minha próxima grande ideia. Eu estava empolgado e horrorizado ao mesmo tempo.

Durante a infância e a adolescência, aprendi a importância de administrar bem as finanças pessoais. Meu pai, que sempre se gabou de ter um nível de crédito conhecido como "A1" instigou em mim e em meus irmãos a ideia de que uma vida financeira bem administrada é uma boa vida. Ele trabalhou no departamento de crediário de uma grande empresa de varejo durante décadas e, dessa forma, falar sobre dinheiro e crédito em nossa casa era normal. Suponho que ele estava determinado a ensinar seus filhos a evitar as situações financeiras ruins que ele testemunhava diariamente no seu ambiente de trabalho.

Mais especificamente, ele nos ensinou a pagar as contas na data certa — antes do período que antecede a cobrança judicial — e nunca contrair mais dívidas do que podemos pagar em um tempo razoável. Nunca imaginei que iria tomar empréstimos na casa das dezenas de milhares de dólares para realizar meus sonhos empresariais. Se tivesse perguntado ao meu pai, provavelmente, ele tentaria me convencer a não contrair uma dívida tão alta quando eu ainda era muito jovem. Mas isso não importaria; eu estava determinado e preparado para assumir o risco. Por sorte, minha ideia de negócios era altamente lucrativa e eu consegui saldar todas as dívidas que havia contraído.

Pesquisas indicam que a maioria dos empreendedores nunca irá receber dinheiro de um investidor de risco ou um investidor-anjo. Em vez disso, vão financiar suas empresas com o próprio dinheiro e via cartões de crédito. De acordo com um relatório da National Federation of Independent Business, em 2009, oitenta e três por cento das empresas com cinquenta funcionários ou menos usaram cartões de crédito. Essa estatística é importante, porque o modo pelo qual você administra as finanças pessoais determina quanto dinheiro você pode tomar emprestado para a sua empresa e com qual taxa de juros. No meu caso, recebi acesso a 45 mil dólares em grande parte porque meu pai me ajudou a construir um histórico de crédito sólido desde que eu era muito jovem. Quando solicitei linhas de crédito empresariais e cartões de crédito corporativos, recebi uma quantidade substancial de dinheiro com uma taxa de juros competitiva porque o meu crédito pessoal era bom.

A maneira pela qual uma pessoa administra suas dívidas pessoais é um bom indicador de como as dívidas empresariais serão administradas. Por essa razão, bancos e outras instituições de crédito verificam o seu crédito pessoal quando avaliam os riscos para a concessão de algum empréstimo empresarial. Da mesma forma, eu frequentemente analiso empreendedores observando suas finanças pessoais. Assim como os bancos, tenho uma propensão menor a investir em pessoas que não conseguem administrar bem as próprias finanças, independentemente do quanto a ideia seja boa ou do tamanho das margens de lucro.

Com o passar dos anos, aprendi que "dívida" não é uma palavra tão pejorativa. Você simplesmente precisa saber como usá-la. Não consegui mudar minha perspectiva até começar a conquistar a minha dívida. Atualmente, não tenho nenhum financiamento de carro, nenhum financiamento estudantil para pagar e nenhuma dívida no cartão de crédito em aberto. Com exceção da hipoteca da minha casa, estou livre de dívidas. Da mesma maneira, minha empresa tem uma razão saudável entre dívida e renda, e todas as nossas contas estão em situação regular.

Os melhores empreendedores administram bem as dívidas pessoais. Além disso, eles encontram os melhores mentores econômicos ou gurus financeiros para que os ajudem a se colocar em uma posição de máxima vantagem financeira. A subcapitalização continua a ser a principal razão pela qual tantas empresas naufragam. Considerando isso, é melhor garantir que você vai fazer tudo que puder para maximizar suas chances de ter sucesso. Sim, é importante ter uma boa ideia e, da mesma forma, uma empresa lucrativa, mas seguir o caminho financeiro correto para chegar lá também é uma medida crítica.

59. HÁ UMA DESVANTAGEM EM TER INVESTIDORES

Fundos trazidos por investidores-anjo (seja na forma de capital de risco privado) para a sua empresa ocasionalmente são uma má ideia.
— Ryan Mapes, gerente geral da Go BIG

No mundo do empreendedorismo, investidores são como deuses. Por que outro motivo o termo "investidor-anjo" existe? Essas figuras místicas e onipotentes têm um tremendo poder e influência, ajudando a determinar quais empresas acabarão por se juntar a elas na terra de leite e mel. Entretanto, ter investidores não é sempre uma experiência divina. Na verdade, ter investidores pode transformar sua vida em um inferno, especialmente se você assumir certas coisas temerárias em relação a eles e aos seus propósitos, como tantos empreendedores fazem.

Quando era um jovem empreendedor, cometi este pecado capital: presumi que precisava de investidores externos para fazer minha empresa crescer. Tudo que eu lia sobre empreendedorismo enfatizava a importância de se ter investidores — e em um estágio ainda inicial. De acordo com os livros que li, somente as empresas mais bem-sucedidas tinham investidores. Se a sua ideia não é financiada externamente, isso acontece porque ela não é legítima ou grande o suficiente, certo? Não me lembro de muitos livros que discutissem o conceito de *bootstrapping*, ou seja, iniciar um novo negócio sem recorrer a investidores, utilizando apenas recursos próprios. Se um livro chegasse a mencionar essa opção, trazia pouca ou nenhuma informação sobre quando ou como o *bootstrapping* deveria ser usado. Em contrapartida, a maioria dos livros se concentrava em métodos menos pragmáticos de encontrar capital que a maioria dos empreendedores jamais irá precisar.

Como resultado do que presumi, eu me propus a aprender tudo o que podia sobre capitalistas de risco e o Santo Graal, um IPO (a sigla em inglês para *initial public offering*, ou Oferta Pública Inicial de Ações). Comprei *High-Tech Start-Up*, um livro fenomenal escrito por John L. Nesheim sobre a criação de novas empresas de alta tecnologia de sucesso. O livro discute com bastante profundidade as idiossincrasias dos capitalistas de risco, investidores-anjo e outros tipos de investidores. Eu estava convencido de que a minha ideia era grande o suficiente para um IPO, assim, estudei o livro como se fosse a minha bíblia. Lembro-me vividamente de estudar as tabelas de capital próprio da Microsoft, Apple, DoubleClick, eBay, MP3.com, Oracle e outras empresas mencionadas no apêndice do livro. Posteriormente, descobri que a maioria das empresas nunca vai alcançar um IPO e que, de acordo com a Saratoga Venture Finance, a probabilidade de que uma empresa consiga abrir seu capital na bolsa de valores é de seis em um milhão.

Embora minhas empresas iniciais não fossem dignas de fazer um IPO — longe disso —, eu consegui, depois de algum tempo, criar ideias financiáveis que precisariam de capital externo para crescer e se expandir. Enquanto procurava e recebia investimentos para algumas dessas ideias, minhas concepções sobre ter investidores acabariam por me causar uma boa dose de frustração. Três concepções que tive sobre investidores externos são as seguintes:

1. *Encontrar investidores será fácil.* Tomado pela empolgação e convicção sobre a sua ideia, a maioria dos empreendedores presume que encontrar investidores será como um passeio no parque. Não é. Lembro-me da história incrível sobre a perseverança de Walt Disney quando procurava capital para construir seus estúdios. Não foi um passeio no parque "de diversões" para ele. Disney foi rejeitado por 302 bancos! A maioria de nós acabaria desistindo depois da rejeição do quinto banco. Além disso, encontrar investidores não é fácil porque demanda muita energia. Um bom amigo meu, que recentemente conseguiu levantar o capital para sua empresa de tecnologia, estava sempre na estrada, em reuniões com diferentes capitalistas de risco e grupos de investidores-anjo. Sua agenda de viagens era massacrante, sem mencionar a bateria constante de testes com cínicos brilhantes que queriam encontrar os buracos em seu modelo de negócios. É necessária a postura de um maratonista para encontrar capital para a sua empresa: quando sentir vontade de desistir, é nessa hora que você precisa cavar ainda mais fundo para continuar progredindo.

2. *Quando receber um "sim" de um investidor, todos os seus problemas financeiros vão desaparecer.* Não é verdade. De várias maneiras, seus problemas podem estar apenas começando. Raramente você ouve

falar sobre acordos de investimento que azedam após algum tempo, mas isso acontece com frequência. Depois de aparecer no programa de TV *Shark Tank*, a competidora Megan Cummins jamais chegou a receber o investimento que lhe foi prometido de 55 mil dólares por vinte por cento das ações em sua empresa de sabonetes. Quando telefonou para pegar o dinheiro, o investidor tentou renegociar o acordo, pedindo cinquenta por cento das ações em troca da mesma quantidade de dinheiro. Com as empresas de varejo pedindo produtos, Cummins ficou em uma situação ruim. Eu passei por uma situação similar, na qual um investidor concordou, por escrito, em financiar a minha empresa, mas voltou atrás no último minuto. Tive que ir aos tribunais para salvar o projeto. Além disso, em uma matéria recente de televisão da Bloomberg sobre a TechStars, uma incubadora de empresas, uma das empresas colocou seu capital de investimento em uma situação de alto risco. Um dos fundadores pegou o dinheiro para pagar dívidas financeiras pessoais. A questão foi resolvida posteriormente, mas isso pode ter sido uma das razões pelas quais a equipe se separou.

3. *As empresas imediatamente melhoram sua situação.* Novamente, isso nem sempre é verdade. Em muitos casos, mais dinheiro e recursos se traduzem em mais problemas. Se o plano e o modelo de negócios não forem sólidos, jogar mais dinheiro na empresa vai trazer resultados ruins. Para ilustrar, pode ser muito parecido com dar mais dinheiro a uma pessoa viciada em fazer compras. A situação ideal para ter investidores é quando sua empresa estiver passando por um crescimento forte e certificado, um desdobramento que supere os seus recursos atuais. Por exemplo, o Facebook quase dobrou a sua base de usuários em 2004, indo a quatrocentos mil. O resultado foi que a empresa precisava de servidores. Assim, Sean Parker negociou um acordo no qual a empresa de hospedagem web do Facebook, a Western Technology Investment (WTI) fez um empréstimo de 300 mil dólares à rede social. E alguns dos executivos da WTI investiram seus

próprios fundos no Facebook.

Compreender as desvantagens de ter investidores na sua empresa irá prepará-lo para essa experiência, caso decida trilhar essa rota. Uma injeção de capital por um investidor pode ser uma conquista gigantesca e realmente impelir sua empresa rumo à estratosfera do sucesso. Mas lembre-se de que ela também pode ser um inferno horrível.

60. CONCENTRE-SE EM CONSTRUIR RECEITA

> Minha receita foi de 4 milhões de dólares no primeiro ano em que a minha empresa estava no mercado, vindo de um único produto que custava 20 dólares.
> — Sara Blakely, bilionária e fundadora da Spanx

Participei de uma reunião de um grupo de investidores-anjo na qual um amigo fez uma apresentação. Sua empresa de tecnologia, financiada pelo grupo de investidores-anjo, apresentou um breve panorama sobre o progresso da companhia e respondeu a perguntas dos membros do grupo de anjos. Alguns anos antes dessa reunião de acompanhamento, a empresa em questão havia recebido um investimento de quase 10 milhões de dólares dos anjos para estimular um crescimento rápido. Por causa do seu modelo de negócios singular da tecnologia patenteada subjacente, a empresa era tremendamente promissora, ou pelo menos era isso que pensávamos até que uma pergunta direta resultou em uma revelação inquietante.

Durante os cinco minutos da apresentação, meu amigo falou primariamente sobre a quantidade impressionante de espaço em mídia conquistado ou a divulgação gratuita que a empresa havia recebido. Ela era citada na mídia nacional e internacional, indo desde jornais e revistas até a televisão. Inclusive, chegou a aparecer em uma matéria em um programa de fim de noite bastante popular que se encaixava perfeitamente no público-alvo que a empresa estava tentando alcançar.

Toda essa exposição que a empresa recebeu foi excelente, mas eu achei um pouco estranho que a apresentação ficasse tão concentrada na divulgação pela imprensa e nada mais. Fiquei bastante cético em relação ao progresso mensurável da empresa. Aparentemente, os anjos que estavam na sala compartilhavam da minha inquietação. Um dos anjos abordou a questão diretamente durante a parte de perguntas e respostas da apresentação:

— Quanto a empresa obteve em receita?

Um silêncio bastante incômodo se formou na sala.

Embora fosse um CEO bastante sóbrio e coerente em situações normais, meu amigo hesitou em responder à pergunta. Estava um pouco atordoado. A expressão vazia em seu rosto já indicava o que aconteceria a seguir. Depois de uma introdução ruim à sua resposta para mitigar as circunstâncias, ele disse timidamente:

— Cerca de 5 mil dólares por mês.

Depois daquela resposta, olhei ao redor da sala, observando a expressão dos anjos, que são todos indivíduos incrivelmente bem--sucedidos e investidores veteranos que já viram de tudo. Nenhum deles pareceu se impressionar conforme o meu amigo continuava a tagarelar, tentando atrair a atenção para longe dos números baixos. Assim como eu fiz, os anjos pressentiram que o CEO estava enfatizando a divulgação gratuita que a sua empresa recebeu para encobrir ou mitigar o fato de que as receitas obtidas eram aterrorizantes. Pensei comigo mesmo que seria apenas uma questão de tempo até que sua empresa fechasse as portas ou fosse comprada.

Nem mesmo os milhões de impressões recebidas por uma campanha maciça de divulgação podem esconder o fato de que você tem vendas baixas. Uma empresa sem vendas sai do mercado, ou então nem mesmo chega a entrar. Em geral, as empresas provam sua viabilidade por meio de vendas e indicam o seu nível de sucesso pelos lucros. Empresas de tecnologia frequentemente são uma exceção a essa regra no curto prazo, já que podem construir valor por meio de um aumento na sua base de usuários, por exemplo; mas mesmo essas empresas devem demonstrar que têm valor de verdade com a produção de receita.

    Barbara Corcoran, magnata do mercado imobiliário e investidora-anjo conhecida por seu papel no programa de televisão *Shark Tank*, disse: "Zero vendas é igual a zero em valor para um investidor". Em seu programa campeão de audiência, empreendedores frequentemente exibem a mesma expressão aturdida que o meu amigo exibiu quando os investidores perguntaram sobre sua receita. Ironicamente, os empreendedores que têm argumentos fortes declaram sua receita proativamente, enquanto aqueles que têm propostas fracas escondem timidamente sua receita. Frequentemente me pego conversando com a televisão quando assisto ao *Shark Tank*, dizendo: "Tudo isso é muito bom, mas qual é seu volume de vendas?". Os tubarões normalmente perguntam a mesma coisa, o que enfatiza o fato de que os empreendedores devem se concentrar em fortificar sua receita para aumentar as chances de receber um investimento. Raramente os investidores-anjo ou capitalistas de risco investem em empresas apenas por causa da atratividade de uma ideia.

    A frase atribuída ao campeão de boxe Joe Louis é bastante aplicável às empresas quando é preciso encarar a questão inevitável da receita: "Você pode fugir, mas não pode se esconder". A pergunta sobre a receita sempre encontra um empreendedor, como meu amigo aprendeu de maneira bem constrangedora. Ele estava fugindo e tentando se esconder, enfatizando o enorme reconhecimento que a sua empresa havia conquistado, para em seguida ser estripado pela pergunta humilhante sobre a receita. Investidores não caem nesse tipo de manobra. Eles sabem que divulgação e exposição pública nem sempre se traduzem em vendas. No fim das contas, os investidores-anjo sabiam exatamente qual era o ponto fraco da empresa. Quando tive a ideia de escrever este segmento, fiz uma rápida busca por informações sobre a empresa do meu amigo. A empresa de tecnologia havia acabado de fechar as portas e seu grupo de investidores-anjo decidiu cortar as perdas.

Empreendedores que ignoram a questão da receita apenas agridem a si mesmos, fechando os olhos para o óbvio. Os melhores empreendedores fazem a pergunta sobre receita todos os dias e se concentram em solidificar seu valor por meio de vendas. Todo o resto é menos importante.

61. O MAIOR INVESTIMENTO NA SUA EMPRESA É O SEU

Se eu não tiver nada para sacrificar, não tenho nada a ganhar.
— Catherine Ndereba, maratonista queniana

De vez em quando, participo de reuniões de grupos de investidores-anjo dos quais extraio muitos dos meus conselhos para jovens empreendedores. Fazer parte da comunidade de investimentos em tecnologia focada nos estágios iniciais me dá oportunidade exclusiva de avaliar, em primeira mão, a qualidade de várias start-ups.

Ao fazer isso, vejo muitos dos erros que as empresas cometem quando apresentam seus projetos e ideias para investidores-anjo. Frequentemente, críticas feitas a portas fechadas ou em conversas pessoais entre anjos são mais valiosas do que o *feedback* dado após a apresentação oficial ao grupo. Os erros dos empreendedores vão desde não se preparar exaustivamente até não responder uma pergunta feita por um anjo durante o temido período de perguntas e respostas. Em raras ocasiões eu me defronto com uma empresa que comete um erro em relação à sua estrutura de capital, o que dá aos anjos uma razão sólida para duvidar do comprometimento dos fundadores ou dos principais executivos na empresa.

Antes de falar com o grupo de anjos, a pessoa que faz a apresentação em nome da empresa que busca investimentos distribui o sumário executivo da companhia. Esse resumo de uma ou duas páginas oferece informações vitais em um formato bastante legível e tabular; informações como a descrição da empresa, problemas e soluções, modelo de receita, membros do conselho administrativo e investimentos que são procurados. O documento também inclui a estrutura de investimentos atual, que mostra quanto dinheiro os fundadores e outros investidores colocaram na empresa.

Em geral, não importa o quanto sua empresa seja promissora, os investidores querem saber o quanto você apostou no jogo. O montante de dinheiro que você colocou em uma empresa é um reflexo do seu próprio comprometimento e crença na empresa. Você investiria em uma empresa cujos fundadores colocaram pouco ou nenhum dinheiro nela durante seus estágios iniciais? Provavelmente não. Você pelo menos iria querer saber por que o investimento dos fundadores foi tão pequeno. Mesmo se houver um fundador técnico na equipe, que entrou com um esforço e suor equivalente a dezenas de milhares de dólares, sempre será um bom sinal se ele colocou dinheiro vivo no negócio.

Por exemplo, uma empresa que fez uma apresentação em uma reunião recente de anjos que participei tinha dois tipos de investidores: os fundadores investiram um total de 55 mil dólares, e tinham também uma verba de pesquisa no valor de 45 mil dólares. A empresa pedia um investimento que chegava aos seis dígitos. Outra empresa com uma estrutura de investimentos mais complexa tinha seis investidores diferentes, totalizando um valor que chegava a 300 mil dólares em capital de investimento. O fundador havia investido individualmente 200 mil dólares. Sua empresa estava pedindo um investimento de 500 mil dólares na escala e para alcançar a receita projetada de quase 8 milhões de dólares até 2015. Essas duas empresas são ótimos exemplos de companhias que colocam seu dinheiro onde seu negócio está.

Se estiver buscando capital de investimento com um anjo ou um parente, certifique-se de quantificar em termos explícitos o investimento que você já fez na empresa. Os investidores querem ver essa informação importante, que pode aumentar sua probabilidade de conseguir o financiamento desejado. Se estiver levantando dinheiro de maneira não convencional, você pode ter que quantificar sua participação de uma maneira não convencional. Por exemplo, registre o número de horas que trabalhou na empresa e precifique seu trabalho de acordo com as condições atuais de mercado, ou some todas as despesas que você teve que pagar para colocar a empresa no lugar onde ela está hoje. Faça tudo o que for necessário para validar a sua dedicação ao negócio. Uma empresa cujos fundadores são claramente documentados é uma empresa na qual vale mais a pena investir.

62. USE BANCOS DIFERENTES PARA MINIMIZAR RISCOS

Eu sempre tive medo de bancos.
— Andrew Jackson, sétimo presidente dos Estados Unidos

Uma das piores coisas que você pode fazer como empreendedor é abrir uma conta empresarial em um banco no qual você tem sua conta corrente pessoal. Da mesma forma, não é uma boa ideia pedir um cartão de crédito corporativo no mesmo banco em que você tem uma conta corrente pessoal. Se algum dia você tiver um problema financeiro com a sua conta empresarial ou cartão corporativo, sua conta pessoal será afetada negativamente e vice-versa.

Empreendedores frequentemente abrem algumas ou todas as suas contas bancárias no mesmo banco pelo que consideram ser boas razões, mas o fazem sem pensar ou conhecer as consequências. Por exemplo, a conveniência talvez seja a razão mais comum. Preferem ir ao mesmo banco, e não a vários bancos diferentes, para fazer múltiplas transações. Empreendedores estão focados em ser eficientes e poupar tempo, mas esse benefício é nominal. Além disso, muitos empreendedores sucumbem ao marketing inteligente e às ofertas especiais dos bancos que dão privilégios (como pontos em programas de recompensas ou isenção de taxas) a clientes que abrem contas múltiplas. Empreendedores são pessoas extremamente focadas em economizar dinheiro, mas esses pequenos benefícios não valem a pena.

Então qual é o problema? O problema é que nos Estados Unidos, bancos não tratam as contas múltiplas que têm, ligadas à mesma pessoa física, separadamente. Independentemente do que o titular da conta possa pensar ou da impressão que os bancos possam passar, todas as suas contas são ligadas pelo seu número do Seguro Social e pelo número identificador do registro de contribuinte. Infelizmente, uma concepção errônea e comum é que contas empresariais e contas pessoais, de algum modo, não estão conectadas e são tratadas como entidades separadas. Mas nem sempre é o caso. Embora isso possa ter sido verdade no passado, a economia refreada dos Estados Unidos fez com que os bancos mudassem seus métodos de cobrança de dívidas e restringissem seus termos. Alguns bancos são mais severos do que outros.

Um problema alarmante é o fato de que mais empresários começaram a passar pelo fenômeno conhecido como *desconsideração da pessoa jurídica*, termo utilizado no direito corporativo para descrever a situação. Isto é, os empresários que abriram uma empresa para evitar a responsabilização pessoal estão descobrindo que podem, de fato, ser responsabilizados por certas dívidas. Bancos e empresas operadoras de cartão de crédito estão ficando mais agressivos na cobrança de dívidas. Algumas empresas, inclusive, estão forçando os limites das suas permissões contratuais e passando por cima dos limites legais para intimidar os clientes. Ações coercitivas como essas deram origem a um dilúvio de reclamações e processos judiciais.

Além disso, para administrar melhor os riscos e evitar perdas, os bancos estão usando mais ativamente o *direito de compensação*. Ter várias contas em um banco faz com que seja muito mais fácil e rápido para um banco conseguir que uma dívida seja paga. Por exemplo, por meio do direito de compensação, um banco pode legalmente se apropriar de fundos depositados para cobrir um empréstimo cujos pagamentos estejam em atraso. Imagine que você deixou passar a data de pagamento de um empréstimo no valor de 750 dólares para a sua empresa e, inesperadamente, essa exata quantia é deduzida de outra conta bancária. Isso pode desencadear muitos problemas, incluindo taxas de uso de fundos além do limite contratado e uma enorme dor de cabeça. É algo que acontece com frequência. O que deixa o problema ainda mais complicado é que diversos estados e tipos de banco seguem leis diferentes sobre o direito de compensação.

Outra tendência desconcertante é que os donos de empresas estão começando a ver as dívidas do cartão de crédito corporativo aparecerem nos relatórios sobre o seu crédito pessoal. A operadora Discover, por exemplo, admitiu abertamente que informa dívidas empresariais para que sejam incluídas nos relatórios de crédito pessoal. Da mesma forma, a Capital One informa as dívidas empresariais dos seus clientes que têm cartões de crédito nos extratos pessoais. A maioria das empresas não faz isso, mas uma quantidade cada vez maior está considerando adotar essa política. Além disso, saiba que, se você tem um cartão de crédito pessoal e um cartão corporativo com a American Express, por exemplo, a operadora está monitorando a sua dívida total, e não cada uma das contas em separado.

Infelizmente, muitos empresários tiveram pedidos de crédito pessoal recusado porque não sabiam que as informações sobre seu crédito empresarial agora são repassadas para serviços de crédito pessoal. Em uma história de horror, a empresa de cartões de crédito corporativo de um empresário começou a repassar suas informações a serviços de crédito pessoal algumas semanas antes da data em que ele estava planejando fechar um negócio para a compra de sua nova casa. A empresa não comunicou essa nova política ao cliente. Como resultado, suas proporções entre dívida e renda pioraram e sua situação de crédito afundou. A hipoteca que ele procurava foi negada e acabou com os seus sonhos.

Em resumo, sempre abra sua conta corrente empresarial ou cartão de crédito corporativo com um banco que não seja afiliado ao banco no qual você faz operações financeiras importantes, principalmente de suas finanças pessoais. Ao fazer isso, você minimiza o risco de que o banco fará algo para colocar o seu bem-estar financeiro em risco. Além disso, leia os contratos de prestação de serviço de contas bancárias e empréstimos como se a sua própria vida dependesse disso, e faça perguntas sobre o que não compreender. Você deve ter uma estratégia quando abrir contas bancárias e quando solicitar cartões de crédito para sua empresa, porque elas têm um efeito muito importante no seu futuro financeiro. Se não der esse passo crucial, você se colocará a caminho do desastre.

63. CONHEÇA A REPUTAÇÃO DA SUA EMPRESA

Uma boa reputação vale mais do que dinheiro.
— Publilius Syrus, escritor romano de máximas

Nos Estados Unidos existe a pontuação PAYDEX, feita pela Dun & Bradstreet. De acordo com seu site, a Dun & Bradstreet, ou D&B, é a principal fonte de informações comerciais e perspectivas sobre empresas do mundo. Seu banco de dados comercial global contém mais de 200 milhões de registros empresariais, dando informações de qualidade aos seus clientes e também a capacidade de tomar decisões bem fundamentadas. Os clientes usam os recursos da D&B principalmente para mitigar riscos de crédito e fornecimento. A D&B fornece uma ampla gama de estatísticas sobre empresas como razão de liquidez, razão de gestão de ativos, razão de gestão de dívidas e muitas outras ferramentas de referência. A ferramenta mais popular é o *score* PAYDEX.

O *score* PAYDEX é o indicador numérico ponderado pelo dólar exclusivo da D&B sobre como uma firma pagou suas contas no decorrer do último ano, baseado em até cinquenta e cinco por cento das experiências comerciais informadas à D&B por vários revendedores. O *score* PAYDEX da D&B vai de 1 até 100, com *escores* mais altos indicando uma melhor performance de pagamentos. Um *score* de 75 equivale, a grosso modo, a uma pontuação no início da casa dos 700 no índice FICO.

CAPÍTULO 5

MARKETING & VENDAS

> Em uma segunda-feira qualquer, eu estou uma venda mais perto e a uma ideia de distância de ser um milionário.
> — Larry D. Turner, escritor e palestrante profissional

Sem dúvida, marketing e vendas são departamentos vitais que residem no coração de qualquer empresa. Inclusive, muitos investidores-anjo e capitalistas de risco concordam que nada é mais importante do que ser capaz de promover e vender o seu produto ou serviço. Afinal de contas, uma empresa sem vendas não chega nem mesmo a ser uma empresa.

Este capítulo apresenta ferramentas úteis para ajudar a desenvolver o seu mercado e a sua base de consumidores. Da mesma forma, você vai encontrar conselhos para melhorar sua capacidade de fazer uma venda. Apresentadas com casos práticos e envolventes da vida real, estas sugestões podem ser implementadas imediatamente e vão lhe trazer resultados com rapidez.

64. VOCÊ TRABALHA COM VENDAS, QUEIRA OU NÃO

Vendedores tímidos têm filhos magricelas.
— Zig Ziglar, escritor e palestrante motivacional

A realidade nos atingiu como um caminhão e nos deixou completamente paralisados. Embora tivéssemos alcançado o objetivo de criar o Omni Publishers, um dos primeiros sistemas de gestão de conteúdo construído especificamente para jornais e outros periódicos, nós percebemos que nos esquecemos de incluir o elemento mais importante em nosso plano para ganhar milhões. Assim como muitos outros programadores de computador ingênuos, porém brilhantes, nós nos concentramos em construir o produto, e não em vendê-lo. Quando a primeira versão do Omni Publishers estava completa, olhamos uns para os outros e dissemos: "E agora?". Você esperaria mais de um cara que, depois de algum tempo, passaria a escrever programas para a divisão de compra e venda do Goldman Sachs ou de um cara que estava começando sua terceira empresa, mas vai descobrir que esse é um cenário bastante comum entre jovens empreendedores?

Empreendedores que abrem uma empresa sem pensar em como seus produtos ou serviços serão vendidos no mercado estão cometendo um erro enorme. Por quê?

Em primeiro lugar, *eles correm um alto risco de desperdiçar recursos valiosos para criar um produto ou serviço que os consumidores não querem.* Todos nós estamos familiarizados com enormes fracassos. Alguns dos meus exemplos favoritos e mais ilustres incluem a Webvan, uma empresa pontocom de 2001, que entregava compras de supermercado diretamente na sua casa. A empresa alcançou quase um bilhão de dólares em investimentos totais antes de fechar as portas. Mais recentemente, a Netflix anunciou que iria separar o seu sistema de *streaming* on-line e o serviço de entrega de DVDs por correio. Foi uma má ideia. Não somente os consumidores rejeitaram a ideia, como também atacaram impiedosamente a empresa por implementar a mudança. A medida custou 800 mil clientes à Netflix.

Em segundo lugar, *você abriu uma empresa para ganhar dinheiro*. Esse é o objetivo. Por mais óbvio que pareça, alguns empreendedores se esquecem disso até que seja tarde demais. Só se dão conta disso quando estão afogados em dívidas, quando não têm uma renda operacional ou quando encaram outro momento do tipo "banho de água fria". Todas as manhãs faço questão de me lembrar de manter o foco nas vendas e nos lucros. Acho que o título do livro de George Cloutier resume isso da melhor maneira possível: *Lucro não é tudo, mas é o que realmente importa*.

As empresas que se concentram em vendas e nas necessidades do consumidor desde o início têm mais chances de se tornar grandes vencedoras. Por exemplo, sem os talentos de Steve Jobs em marketing e vendas, a Apple não cresceria tanto a ponto de se tornar uma empresa de capital aberto com recordes de vendas. Steve Wozniak, que certamente era o cérebro técnico por trás do computador pessoal Apple I, queria dar suas invenções gratuitamente. Jobs, por outro lado, mostrou-se inflexível no desejo de vender o Apple I e outros produtos com uma política de preços *premium*. O resto, todos já sabem. Da mesma forma, Mark Zuckerberg tinha Eduardo Saverin consigo, que começou a vender anúncios para o Facebook em abril de 2004. Esses anúncios incluíam empresas de mudanças, varejistas de camisetas e outras empresas que vendiam produtos e serviços para o mundo universitário.

Claro, existem exceções raras. Por exemplo, o Twitter nasceu de uma sessão de *brainstorming* em 2006. O projeto passou anos sem se concentrar em vendas e sem ter uma estratégia de monetização. Em vez disso, a empresa se concentrou no desenvolvimento do produto e sua base de usuários. Outra empresa que demorou quase dez anos para dar lucro foi a Pandora. Essas são grandes histórias de sucesso, mas a maioria de nós não pode se dar ao luxo nem tem a disposição de esperar tanto tempo. Devemos ser lucrativos assim que possível.

    O empreendedor sábio faz com que as vendas, a principal atividade de qualquer negócio, seja a prioridade. Um empreendedor que não tenha interesse em vendas encontra os melhores especialistas em vendas para a sua equipe, de modo a garantir o sucesso da empresa. Você presume que, como é a melhor coisa já inventada nos últimos tempos, todos irão querer comprá-la. Mas raramente as coisas funcionam assim, e descobrir as coisas da maneira mais difícil é custoso demais.

    Por falar nisso: se você estava se perguntando, meu sócio e eu decidimos que *eu* iria vender o Omni Publishers para as empresas. Nossa decisão foi um erro gigantesco e prejudicou o nosso crescimento. Com o talento e as estratégias certas de vendas, o valor da empresa teria sido exponencialmente maior. Após algum tempo, acabei vendendo a empresa, mas por menos do que o seu potencial total. Foi uma lição dura para aprender; se você construir, eles não virão necessariamente.

65. SEU CLIENTE É O SEU CHEFE

O cliente determina, ao final do dia, quem teve sucesso e por qual razão.
— Jerry Harvey, inventor e empreendedor

Todo mundo fala sobre como o empreendedorismo lhe dá a liberdade e a independência para fazer o que quiser. Você jamais terá que sofrer com horários rígidos e exaustivos do meio corporativo. Além disso, você não terá um chefe exigente e insensível bufando no seu cangote a cada minuto. De várias maneiras, essas coisas são verdadeiras. Inclusive, eu sou culpado por alardear esses benefícios do empreendedorismo para estimular o interesse das pessoas em começar um negócio. Entretanto, os empreendedores acabam deixando passar a realidade quando se concentram em meias-verdades como essas.

E qual é a realidade? A realidade é que, mesmo se você for um empreendedor, você tem um chefe: o cliente. A ideia de que empreendedores não precisam responder a ninguém é errônea e ilusória. No fim das contas, toda empresa precisa atender às necessidades do cliente. Aprendi isso já no primeiro emprego que tive, trabalhando como programador de computadores para a IBM.

Na função de desenvolvedor na IBM, testemunhei em primeira mão como algumas empresas são capazes de, presunçosamente, ignorar as necessidades dos seus clientes e ditar o que os usuários querem. Enquanto trabalhava em um produto bastante popular da classe dos *groupwares*, eu observei batalhas constantes entre gerentes de produtos que lidavam com os clientes e programadores de computador que raramente, ou mesmo nunca, interagiam com os consumidores. De um lado, os gerentes de produto traduziam o *feedback* dos usuários em atualizações para produtos ou mudanças para agradar aos compradores. Do outro, os desenvolvedores se concentravam em criar funções desafiadoras que não tinham benefícios reais para os clientes. As funções podiam ser muito legais, mas isso não acrescentava muito valor aos negócios dos clientes. Reunião após reunião, os mesmos problemas surgiam e cabeças quentes batiam de frente. Frequentemente, os desenvolvedores venciam a batalha em detrimento dos usuários finais e da própria IBM. A empresa precisava compreender e se concentrar na razão pela qual o produto e a empresa existiam. Negligenciar o consumidor é um erro fatal.

Embora a IBM, uma empresa de alto valor agregado e forte reputação, não seja representativa em relação a uma empresa mediana, ela serve como um ótimo exemplo de como as empresas de menor porte e empreendedores igualmente presunçosos ignoram as informações e o *feedback* dado pelos clientes. Empreendedores, especialmente aqueles que alcançaram certo grau de sucesso, sentem-se no direito de determinar o que é melhor para seus clientes, mais do que os próprios clientes têm a capacidade de determinar o que é melhor para si. Essa postura se manifesta na forma de um serviço ruim de atendimento ao consumidor ou uma queda nas vendas, o que, com frequência, leva a empresa a encerrar suas atividades.

Empreendedores que atuam na área *business-to-business* devem tomar um cuidado especial ao escutar seus clientes. Como indicado no meu exemplo da IBM, empresas são menos tolerantes em relação a funções que não agregam valor à suas organizações. Talvez seja por isso que você vê algumas grandes empresas que ainda usam sistemas de PDV (ponto de venda) que não são baseados no Windows. Essas caixas registradoras podem parecer antigas para nós, mas elas funcionam e tem um bom custo-benefício para as empresas. No caso de empresas na área de *business-to-consumer*, os clientes são mais tolerantes e têm uma aceitação maior de funções que não agreguem valor no senso tradicional dos negócios. Para eles, o valor pode ser ter aquilo que é melhor e mais recente, ou simplesmente ter uma ótima experiência com o produto ou o serviço.

Recentemente, grandes bancos na área de *business-to-consumer* tiveram que lidar com a reação enraivecida dos clientes que ficaram infelizes com as novas taxas para serviços básicos de conta corrente. Depois de um verdadeiro pesadelo em termos de relações públicas, vários bancos finalmente cederam e eliminaram a taxa mensal, entre eles o Wells Fargo e o Bank of America. Quando os bancos reverteram política de cobrança, milhares de consumidores haviam levado suas contas para cooperativas de crédito. Os grandes bancos perderiam mais clientes se implementassem as cobranças. Clientes irritados e ativistas dos direitos do consumidor criaram o Dia de Transferência de Banco, um movimento que acumulou 58 mil curtidas no Facebook. Os grandes bancos de varejo aprenderam do modo mais difícil que devem escutar o que seus clientes dizem. Hoje em dia, com as mídias sociais, você não pode agir como se os seus clientes não existissem.

Algumas outras empresas que ignoraram notoriamente as necessidades dos consumidores incluem a Verizon Wireless, com seu novo plano de dados com cobrança mensal, a BlackBerry, com seus produtos geriátricos que não acompanharam a evolução da tecnologia, e a Circuit City, com seu terrível serviço de atendimento ao consumidor.

As exceções a essa regra são poucas. Uma empresa raramente pode ditar aos seus consumidores o que eles precisam. A maioria das exceções vem de empresas de tecnologia como a Apple, que criou e passou a dominar novas categorias de produtos. Entretanto, as empresas de tecnologia devem ter a capacidade de responder rapidamente a problemas e sugestões dos consumidores, reiterando com a maior frequência possível até encontrarem a fórmula correta. Elas podem ter mais flexibilidade do que outros tipos de empresas, mas também devem responder ao chefe.

O simples fato de ser um empreendedor não significa que você não possa ser demitido. Na verdade, empreendedores são demitidos todos os dias por clientes insatisfeitos. Tenha a certeza de que você é capaz de escutar atentamente os seus clientes e responder às mudanças das necessidades que eles apresentam de maneira rápida. Se introduzir algo novo, tenha a certeza de que está preparado para a possibilidade de que a sua sugestão pode dar errado.

66. VOCÊ TEM VENDAS ANTES DE TER UM NEGÓCIO

> Esqueça a aparência dos negócios. Você deve se concentrar na busca por novos negócios.
> — Paul J. Meyer, escritor e empresário

Eu não pretendia me tornar empreendedor. Essa ideia jamais me passou pela cabeça como uma opção viável e sustentável de vida.

Na verdade, fui condicionado a pensar e aceitar que conseguir e manter um emprego bem remunerado era o Santo Graal, a principal conquista em toda uma vida. Depois de encontrar um emprego, eu poderia me casar, ter filhos, me aposentar e morrer com respeito. Embora tenha aprendido em casa essa maneira restritiva de pensar, ela também foi reforçada na época da faculdade. Todos os alunos se esforçavam para conquistar essa vida dos sonhos. Em alguns dias, quando se exigia que todos os alunos trajassem roupas iguais, eu me sentia como um produto sem qualquer originalidade em uma linha de montagem, sendo construído para o mundo corporativo. Sem conhecer qualquer outra opção, abri os braços para o processo e a entrega à América corporativa.

Tudo isso mudou quando um site que desenvolvi na faculdade ficou bastante popular. Tão popular que recebi pedidos de empresas que queriam publicar anúncios nele. O primeiro pedido de parceria veio de uma empresa pontocom chamada JobDirect, um serviço de busca de empregos para universitários. O pedido da JobDirect me pegou completamente desprevenido, já que eu não pretendia vender anúncios no meu site.

Construí o site apenas por diversão e para aprimorar minhas habilidades de desenvolvimento para a Web. Tudo que eu queria era que o site fosse o melhor portal universitário na Web, e alguns até disseram que era. Em outras palavras, eu era apaixonado pelo produto, não pelos lucros.

A JobDirect estava ansiosa para publicar seus anúncios no meu site e ter tudo preparado para o período de volta às aulas, assim, as negociações sobre preços e localização dos anúncios aconteceram rapidamente. Eu não conhecia nada sobre o processo, então procurei na internet qualquer informação que pudesse ajudar a me dar a impressão de que sabia o que estava fazendo. Eu não fazia a menor ideia do quanto cobrar da empresa, como estruturar o contrato ou quem tomaria as decisões. Apresentei um valor arbitrário ao vice-presidente de relações com *campus* da JobDirect pelo custo do banner que nem fazia sentido. Surpreendentemente, ele aceitou sem hesitar. Eu provavelmente poderia ter cobrado mais caro. No verão do meu terceiro ano na faculdade, eu fechara uma parceria e um contrato com a JobDirect que me rendeu um cheque de 1.800 dólares. Quando recebi o cheque pela FedEx, eu o fotocopiei e o emoldurei. Sentia-me especialmente orgulhoso. A primeira quantia que recebi não seria a nota de um dólar amarrotada que as pessoas frequentemente penduram na parede de uma empresa, mas um enorme cheque. Entretanto, só havia um problema: não podia descontá-la.

Meu site não estava oficializado legalmente como uma empresa, e eu tinha um cheque de valor relativamente alto nominal ao meu site. E não havia como descontá-lo. Entretanto, com todo esse dinheiro em jogo, aprendi rapidamente o que tinha que fazer para abrir uma conta bancária. Pesquisei na internet quais eram os passos necessários para abrir oficialmente a minha empresa e segui cada um deles. Inclusive, usei um serviço jurídico on-line para organizar meus contratos e termos de regularização e pedir a licença de operação para a minha empresa. Agora eu estava no jogo.

Eu não sabia disso na época, mas ter vendas antes de ter uma empresa era prova de que eu tinha um projeto promissor. Na verdade, considerando todas as empresas que abri — e houve várias —, as mais bem-sucedidas foram aquelas que tinham vendas ou uma demanda significativa antes mesmo de eu regularizá-las. Não há maneira melhor de começar uma empresa do que com ordens de compra. Eu não fazia ideia do que estava fazendo, mas sabia que era a melhor situação possível.

Como resultado, desconfio um pouco daqueles que empreendem puramente porque querem empreender. Por outro lado, fico animado com empreendedores que têm um produto ou serviço dinâmico que sirva a um mercado que está salivando por eles.

Qual desses dois é você?

67. VOCÊ NEM SEMPRE É A MELHOR PESSOA PARA FECHAR UM NEGÓCIO

A beleza desperta a alma para a ação.
— Dante Alighieri, poeta italiano

Animado para colocar o pé na estrada e vender anúncios na minha nova revista, visitei uma loja administrada por um casal perto da minha alma mater, o Morehouse College. Depois de fazer a minha proposta, fiquei à espera de uma resposta para saber se o dono da empresa iria querer colocar um anúncio na minha próxima edição. Ele não comprou o espaço publicitário, mas me deu algo muito mais valioso do que um pedido de compra: conselhos enormes sobre como fazer para que eu o conquistasse como cliente. O proprietário, que já tinha mais de quarenta anos e era brutalmente honesto, disse:

— Kevin, adoro a sua revista e acho que publicar um anúncio nela iria realmente ajudar a melhorar meus negócios, mas nunca vou comprar nada que venha de *você*. Mande a sua editora vir até aqui e eu comprarei anúncios com ela todos os meses!

Chelsey, a editora da minha revista na época, era uma das principais razões para a revista ser tão popular, e isso não se devia necessariamente ao fato de ela ser uma excelente editora. Todos os meses, homens em idade universitária com hormônios em fúria corriam para pegar a edição mais recente da revista para ver a bela foto de Chelsey em sua página do editorial. Da mesma forma, ela tinha um enorme fã-clube de homens mais velhos com o mesmo desejo de ver a sua foto. Quando o proprietário daquela loja me pediu para mandar Chelsey o visitar, eu simplesmente sorri porque sabia que era a única coisa que eu poderia fazer para convencê-lo a comprar um anúncio. E concordei.

Antes dessa experiência reveladora, eu pensava que meus clientes compravam anúncios principalmente por motivos lógicos, como ótimos preços, uma grande tiragem ou conteúdo de qualidade. Nunca pensei que clientes comprariam anúncios por outras razões, mesmo que fossem aparentemente frívolas. Eu estava errado e aprendi rapidamente como compreender e avaliar melhor a psique de um cliente em potencial, o que dá pistas sobre como abordar essa pessoa. Ao fazer isso, eu me dei conta de que, em muitos casos, eu, o CEO da empresa, não era sempre a melhor pessoa para fechar um negócio. Como no caso daquele proprietário de uma pequena empresa local, às vezes as pessoas preferem comprar de uma futura concorrente ao título de Miss Estados Unidos (Chelsey) do que de um *geek* empreendedor (eu), independentemente do quanto a oferta do *geek* fosse logicamente sólida.

Hoje em dia, eu me vejo como o líder de uma equipe de astros supertalentosos capaz de vender a qualquer pessoa. Assim como o dono de uma equipe esportiva vitoriosa, montei um grupo de pessoas espetaculares, capazes de lidar com vários tipos de situação diferentes quando chega a hora do jogo. Para aumentar a probabilidade de fechar uma venda, nós pesquisamos os clientes que prospectamos e determinamos o melhor plano de ação. Por exemplo, se uma cliente em potencial mostra sinais de que irá reagir melhor a um vendedor do sexo masculino, enviamos um homem para conversar com ela. Assim como a equipe técnica do Los Angeles Lakers assiste a horas e horas de gravações para determinar as melhores combinações de jogadores, nós descobrimos o máximo que podemos sobre os clientes que prospectamos para decidir quem deve fazer a visita de vendas. Nossa abordagem é incrivelmente eficiente e rende ótimos resultados por meio de lucros aumentados.

Apesar dos resultados comprovados dessa estratégia, muitos empreendedores têm um problema sério com ela. Eles pensam como eu pensava. Acreditam, erroneamente, que temos um mercado livre e utópico no qual os compradores operam unicamente de acordo com a lógica. Em outras palavras, os compradores não julgam ofertas pela pessoa que a está fazendo; eles são capazes de ver além das próprias premissas, estereótipos e desejos. Infelizmente, estamos longe disso.

Os melhores empreendedores sabem que ser um CEO não faz de você a melhor pessoa para apresentar um produto ou serviço a investidores, fechar uma venda ou executar uma boa quantidade de outras tarefas. Talvez você não fale com paixão ou tenha problemas para se comunicar. Nesse caso, deve estar disposto e ser capaz de se ajustar a situações diferentes para maximizar as suas oportunidades. Como isso está relacionado a compreender seus talentos e dons, o ex-aluno do Morehouse College, o Dr. Martin Luther King Jr., descreveu de maneira excelente em um de seus sermões: "Um carro da Ford tentando ser um Cadillac é absurdo, mas se um Ford aceitar a si mesmo como um Ford será capaz de fazer muitas coisas que um Cadillac jamais conseguirá fazer; e vai poder estacionar em vagas nas quais um Cadillac jamais entraria". King finaliza seu pensamento dizendo: "O princípio da autoaceitação é um princípio básico da vida". Eu concordo, e empreendedores que compreendem esse princípio nos negócios são exponencialmente mais bem-sucedidos.

68. NETWORKING NÃO É ALGO QUE ESTÁ CENTRADO EM VOCÊ

A moeda do verdadeiro networking
não é a ganância, e sim a generosidade.
— Keith Ferrazzi, fundador e CEO de Ferrazzi Greenlight

Odeio networking. Bem, acho que preciso requalificar a minha afirmação. Odeio o que o networking se tornou em muitas instâncias. Como resultado, parei completamente de frequentar os ditos "eventos exclusivos de networking", porque eles dão resultados muito ruins e são um desperdício do meu tempo precioso.

Em vez de experiências de qualidade que facilitam trocas e levam a relacionamentos empresariais, muitos eventos de networking não são nada além de uma miniconvenção de pessoas autocentradas. Você conhece esse tipo de gente narcisista. Frequentemente, eles são os "networkers" profissionais que se vestem para atrair atenção, projetam uma aura artificial e despejam seus cartões de visita. Quando conversam com você, o subtexto de tudo que eles dizem é "Eu sou o melhor! É por isso que você deve comprar o meu produto ou serviço. Agora, preciso conversar com a próxima pessoa". Se percebo que estou conversando com um indivíduo desses, vejo a boca se mover, mas tudo que ouço é "eu, eu, eu". Alguns talvez consigam enganá-lo por alguns segundos enquanto fazem perguntas sobre a sua empresa, mas logo depois o assunto volta para "eu, eu, eu". Se tiver coragem após dez, quinze ou vinte minutos desses monólogos desavergonhados — um tempo que você nunca vai conseguir recuperar —, simplesmente deixe essas pessoas para trás. Talvez elas nem percebam que você se afastou.

Quando é feito de maneira correta e eficiente, o networking não é algo que está centrado em você. Em vez disso, o foco é o que você pode fazer para ajudar os outros a melhorar suas empresas. Imagine se um empresário lhe fizesse as seguintes perguntas em um evento de networking, em vez de falar despropositadamente sobre si mesmo: "Qual é o melhor tipo de cliente para a sua empresa?". "Se eu me deparar com alguém na minha rede de contatos, como vou saber que essa pessoa é um bom cliente para você?". "O que posso fazer para ajudar a sua empresa a crescer, especificamente?" A probabilidade de fazer negócios com alguém que acabou de conhecer é pequena. Por outro lado, a probabilidade de que conseguirá ajudar essa pessoa a encontrar clientes dentro da sua rede de contatos é muito maior. Essa postura de servir aos outros em vez de servir aos próprios interesses fez uma diferença enorme na minha empresa. Ela funciona durante eventos de networking e em outras situações também.

Dois grandes benefícios surgem com essa mudança de paradigma. Primeiramente, a discussão se concentra imediatamente em como um relacionamento pode ajudar vocês dois a crescer. Perde-se pouco tempo com fingimentos. A maioria das pessoas vai ficar chocada com a sua capacidade de concentração e disposição altruísta de ajudá-las exatamente com o que precisam e, naturalmente, vão agir da mesma forma e retribuir o favor. Caso isso não aconteça, você sempre pode dizer a essas pessoas como elas podem ajudar você. Em segundo lugar, essa estratégia cria uma atmosfera de confiança mútua mais rápido do que qualquer outro método. As pessoas são mais inclinadas a confiar naquelas que estão dispostas a ajudar e que o fazem.

A maioria das pessoas que estão começando um negócio fica especialmente empolgada com o networking. Parece ser a coisa mais inteligente para fazer com que a empresa cresça. Entretanto, depois de algum tempo, muitos descobrem que o principal resultado é uma pilha de cartões de visita inúteis. Algumas pessoas acabam como eu, desiludidas. Mesmo assim, não pretendo encorajar você a evitar inteiramente os eventos de networking, mas, se decidir participar deles, tente extrair o máximo da sua experiência com uma postura focada em ajudar os outros. Em última análise, os benefícios vão voltar para você múltiplas vezes.

69. NÃO PERCA TEMPO COM PESSOAS QUE NÃO PODEM DIZER SIM

Nunca permita que uma pessoa lhe
diga não, se ela não tiver o poder de dizer sim.
— Eleanor Roosevelt, ex-primeira-dama dos Estados Unidos

Poucas coisas são mais irritantes no mundo dos negócios do que lidar com uma pessoa que finge ser uma tomadora de decisões, mas que, na realidade, é apenas uma subordinada. Você conhece esse tipo de gente malandra. Elas podem, inclusive, trabalhar em uma empresa que você deseja ter como cliente, e podem até ter um título ou cargo que insinua alguma influência, mas não são capazes de autorizar nada. Nas raras ocasiões em que forem capazes de sugerir um acordo, o pedido deve passar por tantas camadas de aprovação e burocracia que desenvolver uma relação forte com esse indivíduo provavelmente não vale a pena. Seria mais fácil encontrar o verdadeiro responsável pela tomada de decisão. Empresários gastam bilhões de horas de trabalho ligando, jantando e persuadindo esses trapaceiros na esperança de conseguir fechar negócios, apenas para descobrir que seus esforços foram em vão. Após algum tempo, as pessoas aprendem da maneira mais penosa que, se essa gente não pode comprar, você não vai conseguir vender.

Esse problema não tem uma solução fácil, mas eu descobri uma maneira bastante efetiva de administrar a situação. Conforme você atravessa as diferentes camadas de pessoas em busca de um tomador de decisões, seja simples e direto. Especificamente, pergunte ao seu contato depois de explicitar as suas intenções: "Quem vai tomar a decisão final em relação a esta proposta?". Você também pode elaborar sua pergunta desta maneira: "Quem são as outras pessoas que estarão inclusas no processo final de tomada de decisão sobre esta proposta?". Na maioria dos casos, seu contato vai responder à sua pergunta da mesma maneira direta. Fazer perguntas como essas diminui significativamente o tempo que você passa tentando vender a alguém que não pode comprar.

Essas perguntas são abertas, o que significa que não podem ser respondidas com um simples "sim" ou "não". Se você fizer perguntas como essas de forma que sejam respondidas com sim ou não, elas perdem sua potência. Fazer uma pergunta aberta nessa situação força a pessoa que está respondendo a dar informações vitais que vão lhe possibilitar ser mais efetivo. Questões desse tipo deixam pouca margem para interpretação ou mal-entendidos. De fato, você deveria usar perguntas abertas sempre que puder.

Essa tática não lhe dá uma licença para negligenciar ou maltratar pessoas que estão entre você e o principal tomador de decisões. Aja com cautela e trate os envolvidos no processo com respeito, desde a secretária até a CEO. É importante fazer com que aqueles que não são necessariamente os tomadores de decisão, mas que agem como influenciadores, acreditem e recomendem o que você propõe. *Insiders*, as pessoas que trabalham na empresa que você espera conquistar como cliente, têm influência sobre os tomadores de decisão. Às vezes, esses indivíduos são capazes de exercer mais influência do que você imagina. Seu objetivo deve ser trazê-los para o seu lado, de modo que eles possam vender a sua ideia dentro da própria empresa-alvo.

Essa mudança pequena teve um impacto imediato nos meus negócios quando a adotei, desde resultados mais rápidos quando vendia até investidores mais interessados quando eu apresentava as minhas propostas. Depois de fazer as perguntas sugeridas, eu recebia respostas claras; sabia exatamente quem era o meu alvo. Sem uma informação vital como essa, você vai perceber que está atirando dardos com os olhos vendados e esperando acertar na mosca. Tire a venda usando essa tática e aumente as chances de conseguir um sim.

70. NÃO EXISTE ESSE NEGÓCIO DE LIGAÇÃO NÃO SOLICITADA

Um esforço vencedor começa com a preparação.
— Joe Gibbs, ex-técnico da NFL, proprietário de uma equipe de corrida

Em uma conferência recente sobre empreendedorismo, na qual houve uma palestra com investidores-anjo, um membro da plateia fez a seguinte pergunta: "Vocês atendem às ligações não solicitadas? E, se atendem, o que eu, um empresário em busca de capital, devo dizer?". Uma das palestrantes, Valerie Gaydos, fundadora e presidente da Capital Growth, respondeu à pergunta como a maioria das pessoas esperaria que um investidor-anjo fizesse. Ela disse que não atende ligações não solicitadas. Em vez disso, analisa empresas com potencial juntamente com seus sócios, que lhe trazem prospectos de qualidade. Entretanto, Timothy Reese, sócio-administrador e gerente geral da Forge Intellectual Capital, surpreendeu a todos quando disse: "Eu *atendo* ligações não solicitadas, mas a sua ligação não deve ser inútil". Todas as pessoas da plateia se empertigaram para ouvir seus conselhos sobre como entrar em contato com um investidor-anjo que não sabe nada sobre você ou a sua empresa.

Ao dar esse conselho bastante direto, Reese enfatizou que você deve, primeiramente, saber tanto sobre a empresa dele quanto for possível. Por exemplo, se você estiver buscando alguém que faça investimento em sua empresa de vestuário e a companhia dele não investe nesse tipo de empresa, você está perdendo tempo. É imperativo que você pesquise os tipos de negócio que um anjo fechou e prefere, de modo que tenha melhor chance de atrair a atenção desse investidor. Além disso, você deve conhecer o tamanho dos acordos e, se a informação estiver disponível, como esses acordos foram estruturados. Isso demanda um pouco de pesquisa e esforço do seu lado, mas, como mencionou outro anjo que participou da palestra, Daymond John, este pode ser o grande acordo que vai mudar sua vida. Você não quer entrar totalmente despreparado e desperdiçar a oportunidade.

Se você é um empreendedor de elite, então não entra em nenhuma situação sem se preparar. Independentemente de estar vendendo um produto ou a sua própria empresa a um investidor, você deve saber o máximo que puder sobre o investidor que está prospectando. Hoje, não existe desculpa para estar despreparado. Existe uma quantidade imensa de recursos informacionais à mão, e a internet é o mais comum. Empreendedores que fazem um esforço extra para se posicionar melhor em uma venda sempre se saem melhor do que um empreendedor que tenta agir no improviso.

O maior benefício de fazer a sua lição de casa é estabelecer instantaneamente confiança e credibilidade com o investidor que está sendo prospectado, o que é algo muito benéfico. Como o investidor-anjo Reese sugeriu em seu conselho, um empreendedor que o aborde e conheça o seu histórico conquista imediatamente o seu respeito e o seu ouvido. Da mesma forma, suas ligações não solicitadas podem rapidamente despertar o interesse de quem as recebe quando você pesquisou seus prospectos exaustivamente. Eles vão apreciar o esforço que você fez para compreender suas posições.

Aqui está uma técnica que mostra como você pode estabelecer empatia ao fazer ligações não solicitadas. Não se concentre apenas em si mesmo ou no seu produto quando se comunica com um prospecto pela primeira vez. Em vez disso, mencione as informações vitais que a sua pesquisa revelou. Para exemplificar, digamos que sua investigação encontrou o histórico de compras anteriores do investidor que está sendo prospectado e sua necessidade de cortar custos. Você pode iniciar a conversa dizendo: "Entendo que você comprou com a empresa A no passado, mas gostaria de lhe dizer que o nosso produto foi avaliado como tendo a mais alta qualidade por uma fonte independente e tem um custo menor". Dizendo isso, você fez duas coisas importantes: conquistou confiança após analisar o histórico de compras da empresa prospectada e despertou o interesse com uma maneira de reduzir custos. Usar técnicas como essa lhe dá uma enorme vantagem sobre a concorrência.

A probabilidade de fechar uma venda está diretamente ligada à preparação envolvida em concluir a venda em questão com sucesso. Antes de tentar persuadir qualquer investidor ou empresa a fazer aquilo que você quer, reserve um tempo para descobrir o máximo que puder sobre a pessoa. Seus telefonemas nunca mais serão considerados como ligações não solicitadas.

71. FALE SOBRE A SUA EMPRESA PARA TODO MUNDO

> Crianças: elas dançam muito antes de aprender que existem coisas que não são música.
> — William Stafford, poeta

Durante os dois últimos anos, eu tive o privilégio de ser instrutor para a conferência *Teenpreneur*, um programa de dois dias que ensinou os conceitos vitais do empreendedorismo a milhares de adolescentes. Junto com outros instrutores que são empreendedores, instruí jovens alunos sobre como redigir um plano de negócios, como vender, como escolher um conceito de negócios que amem e onde conseguir apoio para estruturar seus negócios.

O programa também traz alguns dos empreendedores mais bem-sucedidos e executivos de empresas para conversar com os adolescentes. Por exemplo, o CEO da Capri Investment Capital (Quintin E. Primo III), que administra ativos no valor de 3,6 bilhões de dólares, veio à conferência em 2012 e falou sobre como construiu a sua empresa pioneira. Gosto de ensinar e de trabalhar com adolescentes porque eles são focados e bastante empolgados em aprender como construir riqueza por meio do empreendedorismo. Realmente adoro o fato de que muitos alunos já têm empresas bastante promissoras, mesmo ainda sendo adolescentes.

Todo ano recebemos um punhado de alunos que já têm empresas que ganham dinheiro. Este ano, uma moça que cria diferentes formas e animais com balões participou das nossas sessões. Ela começou a atuar com seu negócio aos nove anos de idade quando ganhou de presente um kit que mostrava como fazer arte com balões. Agora, tão elegante e bem articulada como qualquer CEO adulta, a empreendedora de dezesseis anos administra uma empresa próspera com clientes corporativos. Com uma receita que passou dos 5,5 mil dólares em 2011, ela está expandindo seus negócios para incluir outros serviços para festas, como pintura facial e contação de histórias. Outra adolescente, com quinze anos, faz biscoitos deliciosos. Conforme ela mesma descreve no material impresso da sua empresa, está "assando biscoitos rumo à faculdade". Dois rapazes do terceiro ano do Ensino Médio têm uma empresa de agenciamento de artistas. Eles divulgam o trabalho de novos artistas de acordo com uma fórmula de sucesso que desenvolveram. Inclusive, os dois rapazes venceram a competição de propostas da conferência, que requeria que os participantes seduzissem um painel de três jurados, descrevendo sua empresa em três minutos.

Além disso, uma garota de catorze anos abriu uma barraca de lanches e outros petiscos em sua igreja para servir especialmente as pessoas que não têm tempo de tomar o café da manhã antes de comparecer aos cultos. Ela ganhou um bom dinheiro com a sua ideia inteligente de negócios.

Além do fato de que esses adolescentes são verdadeiramente inspiradores, eles ensinam a nós, adultos, uma lição básica que muitos empreendedores mais velhos e veteranos frequentemente têm dificuldades para enfrentar. E que lição é essa? Empreendedores devem falar a todo mundo sobre sua empresa e fazer isso sem qualquer pudor.

Sem medo, cada um dos alunos que tinha uma empresa conversava sobre o seu projeto com todos que estavam na conferência. Por exemplo, a jovem com a empresa de criação de balões e entretenimento chegou na conferência trinta minutos antes com balões de amostra nas mãos. Estava vestida com um terno elegante e ansiosa para contar a história da sua empresa a cada pessoa que veio à conferência. A garota com a barraca de lanches trouxe a sua cesta de doces e os vendia a todo mundo, incluindo pais que vieram para participar do último dia e da cerimônia de graduação. Estava trabalhando com esforço. Eu fiquei especialmente impressionado com a sua iniciativa. Por exemplo, ela comprou um saco enorme de doces de um participante da conferência que o havia ganhado por trabalhar como voluntário. O participante não queria os doces, por isso ela os comprou dele por muito menos do que valiam e vendeu cada unidade embalada por 25 centavos. Mais tarde, ela me contou (depois de eu ter comprado alguns doces) que faturou o dobro do que pagou por eles; estava até fechando acordos durante a conferência. Outros adolescentes estavam fazendo vendas e divulgando seus serviços de babá, corte de grama, confeitaria e assim por diante. Não tinham medo nenhum e, mesmo que tivessem, seria impossível perceber.

Perto do fim da conferência, uma das minhas coinstrutoras comentou que, por alguma razão qualquer, muitos adultos perdem ou nunca chegam a desenvolver a capacidade destemida de falar aos outros sobre suas empresas. Estranhamente, alguns empreendedores pensam que irão receber propostas de negócios sendo passivos e sem incomodar os outros. Eles confundem ser humilde com ser silencioso. Outra razão possível para essa reticência é o condicionamento. A mesma instrutora disse: "Eu venho do sul dos Estados Unidos, e as mulheres não são estimuladas a ser diretas. Não nos ensinam a ser agressivas e falar às pessoas sobre os nossos negócios". Além disso, alguns empreendedores simplesmente têm medo de uma resposta negativa. Seja qual for a razão, muitos negócios são perdidos porque empreendedores inibidos decidiram que falar a outras pessoas sobre sua empresa é uma coisa ofensiva, pomposa, inconveniente ou prejudicial.

Um empreendedor que não fala às pessoas sobre a sua empresa é como um jogador de beisebol com o bastão na mão, mas que só rebate quando o tempo está ensolarado, perdendo várias boas oportunidades que podem ser *home-runs*. O empreendedor passivo não serve a ninguém, exceto à sua concorrência, quando fica quieto. Todos nós sabemos que os negócios não surgem facilmente e você pode não ser uma pessoa extrovertida, mas é preciso sair da sua zona de conforto. As regras do jogo dizem que você deve aproveitar toda oportunidade que tiver, o que significa se envolver com outras pessoas. Caso contrário, você nunca vai conseguir maximizar seu potencial. Assim como um destemido empreendedor adolescente, desenvolva o hábito de falar a todo mundo sobre o seu negócio. Vai fazer uma diferença significativa. Além disso, se você não fizer, conheço alguns adolescentes muito inteligentes que estão dispostos e são capazes de levar os negócios adiante se você tiver medo de ir atrás.

72. FAÇA AS PERGUNTAS CERTAS

> Pessoas de sucesso fazem perguntas melhores e, como resultado, recebem respostas melhores.
> — Tony Robbins, escritor e palestrante profissional

Como empreendedor, o seu sucesso depende enormemente da sua capacidade de fazer as perguntas certas. Por outro lado, poucas pessoas compreendem o enorme valor que existe em dominar essa arte. Eu diria que vários empreendedores — e profissionais de negócios — não fazem a menor ideia de que a qualidade das perguntas que eles fazem determina o seu sucesso.

Por que dominar a arte de fazer boas perguntas não é uma das maiores prioridades na lista de habilidades a aprender para os empreendedores? Talvez porque presumimos que todas as perguntas são criadas igualmente, e isso simplesmente não é verdade. Dependendo da situação, há perguntas boas e perguntas ruins. Ser capaz de determinar a diferença lhe dá uma vantagem competitiva nos negócios. Vamos examinar exatamente o que são perguntas boas e ruins.

Em geral, uma pergunta ruim é aquela que não estimula uma resposta com substância. Por exemplo, se você acabou de receber um pedido de um novo cliente, "Quer que eu lhe envie uma fatura?" é uma pergunta ruim. Essa resposta pode ser respondida bem facilmente e sem qualquer informação detalhada que poderia ajudá-lo a acelerar todo o processo de pagamento — sem mencionar que a resposta é bem óbvia. O cliente pode responder simplesmente com um "Sim". Claro, você pode emendar outra pergunta: "Quanto tempo vai levar até o pagamento ser feito?". Mas, agora, você está falando com um tom impaciente e um pouco autoritário. Uma boa pergunta nessa situação seria: "Quais são os passos que você precisa seguir para efetuar o pagamento?". Essa pergunta invoca uma resposta muito mais completa sem impor uma segunda pergunta. Talvez o cliente revele na resposta que um dos passos é solicitar a emissão de um cheque a um terceiro, o que leva pelo menos uma semana. Sabendo disso, você pode oferecer sugestões para otimizar o processo de pagamento, tal como estimular o cliente a pagar com cartão de crédito porque você oferece desconto de cinco por cento.

Fazer as perguntas certas depois de uma objeção talvez seja o momento em que essa habilidade será mais útil. Clientes raramente mencionam as verdadeiras razões por trás de uma hesitação, e as perguntas corretas podem revelar essas razões. Por exemplo, para derrubar uma objeção em relação ao preço, tente perguntar: "Que tipo de retorno sobre o investimento você está esperando?". Depois de expor inteligentemente a verdade por meio de boas perguntas, você pode abordar diretamente as objeções, melhorando suas chances de persuadir um indivíduo. Da mesma forma, abordar objeções dessa maneira ajuda empreendedores a examinar em profundidade ou refinar a ideia para uma start-up.

Um impedimento comum que os clientes têm é o alto custo. Em várias negociações, os clientes reclamaram que meus preços eram altos demais. Depois de pedir a eles, por exemplo, que descrevam o seu processo para a definição de orçamentos, posso descobrir que o custo nem sempre é o problema. Os clientes frequentemente gastam acima do orçamento que definiram para um determinado período e, nesse caso, você pode emitir duas faturas para fazer cobranças em dois períodos diferentes ou sugerir que dividam os custos com outro departamento que tenha fundos disponíveis.

Você pode receber o valor completo que cobraria pelo seu produto ou serviço se souber quais são as perguntas certas a fazer. Uma pergunta ruim, ou simplesmente o fato de não fazer nenhuma pergunta depois de uma objeção, pode lhe custar aquele negócio que renderia um milhão de dólares.

Evite fazer perguntas fechadas, do tipo que podem ser respondidas com um simples "sim" ou "não". Em geral, perguntas abertas são muito melhores do que perguntas simples.

Por exemplo, em vez de perguntar a uma cliente em potencial se ela está satisfeita com o produto ou serviço de um concorrente, pergunte especificamente sobre o que ela gosta ou o que não gosta nele. Essa informação é altamente valiosa e ajuda você a posicionar sua empresa para conseguir convencer essa cliente a passar a fazer negócios com você.

Em seu livro *Questions That Sell*, o autor Paul Cherry escreve: "Pesquisas mostram que, durante interações típicas de negociação, os clientes revelam somente vinte por cento do que têm em mente... é sua responsabilidade alcançar os outros oitenta por cento". Os melhores empreendedores chegam a esses outros oitenta por cento fazendo as perguntas certas e transformando as respostas em uma solução irresistível.

Conforme você continua a melhorar suas habilidades, seja em vendas ou no desenvolvimento de produtos, concentre-se em dominar a arte de fazer grandes perguntas para levar a sua empresa rumo a um patamar mais alto. Não há como questionar (sim, o trocadilho é intencional) que você perceberá uma melhora imediatamente.

73. RECEBA O VALOR MÁXIMO POR SEUS PRODUTOS OU SERVIÇOS

Nós acreditávamos que, se continuássemos a colocar produtos excelentes diante dos clientes, eles continuariam abrindo as carteiras.
— Steve Jobs, cofundador da Apple

Quando estava no segundo ano da faculdade, montei uma banda de jazz latino chamada Rio Negro com um amigo porto-riquenho que tocava congas. Adorávamos tudo em termos de música latina e não demorou até encontrarmos outros músicos da nossa escola para se juntarem à banda. Depois de ganharmos popularidade no *campus*, começamos a fazer algumas apresentações que atraíram mais notoriedade na região de Atlanta, chegando até a tocar no Super Bowl XXXIV e para o presidente Bill Clinton. Naquela época, fazíamos a maioria das apresentações gratuitamente enquanto estabelecíamos o nosso nome e aperfeiçoávamos nosso estilo. Mas, conforme a nossa popularidade cresceu, começamos a aceitar convites de corporações e organizações dispostas a pagar por nossas apresentações. Não fazíamos a menor ideia de quanto ou como cobrar. Como líder, era eu quem determinava o preço e cuidava dos negócios da banda.

Durante um bom tempo, nós pensávamos que o valor que cobrávamos por nossas apresentações era o padrão. Mas o problema é que nosso padrão era bem baixo, o oposto em relação à música de alta qualidade que produzíamos. Não nos demos conta disso até que um músico veterano da cidade chamou nossa atenção para o fato. Aquele guitarrista veterano de jazz tinha a reputação de ser brutalmente sincero. Inclusive, ele tinha a fama de expulsar músicos pouco habilidosos do palco em *jam sessions*. Naquele tom caracteristicamente tranquilo e discreto que todos os velhos jazzistas têm, ele reclamou:

— Vocês, seus moleques, estão fazendo shows muito grandes em troca de umas poucas centenas de dólares. Esses shows valem 2 mil dólares, cara. Vocês estão acabando com o meu dinheiro!

Um dos membros da minha banda chegou a ter uma discussão acalorada em uma das pausas para comerciais enquanto participávamos de uma entrevista em uma rádio. Os dois estavam no mesmo lugar por obra do acaso.

Percebendo que os valores que cobrávamos eram realmente baixos demais e considerando que queríamos ganhar a vida com a música, decidi aumentar significativamente nossos preços. Pensei que a mudança envolveria simplesmente aumentar o valor dos nossos contratos e receber cheques maiores. Mas eu estava errado; as coisas não funcionaram exatamente dessa maneira. Vários dos clientes que prospectamos ficaram em choque quando souberam dos novos valores e quase sempre diziam "não, obrigado". O resultado foi que eu voltei a cobrar os valores mais baixos, pensando que essa seria a única maneira pela qual conseguiríamos fazer mais shows. Não demorou muito tempo até ficarmos frustrados com o esforço que fazíamos para ganhar tão pouco em troca. Tocar com a banda simplesmente não era mais divertido. Decidi tentar algo novo: ater-me firmemente aos valores mais altos e não ceder.

Passamos meses sem conseguir muitos shows para tocar, mas eu continuei fiel ao plano e tinha o apoio dos membros da minha banda. Recebi várias rejeições, mas também ouvia e sentia uma decepção genuína daqueles que queriam nos contratar, mas não tinham condições. As pessoas realmente queriam nossa banda tocando em seus eventos. Alguns chegaram até mesmo a dizer que iriam pedir uma verba maior no ano seguinte para poder nos contratar. E, com efeito, no ano seguinte, várias das empresas e organizações que antes não tinham condições de bancar nosso preço conseguiram o dinheiro para nos contratar pelo preço que pedíamos. Aparentemente, dizer não a esses clientes serviu para aumentar tremendamente o nosso valor. A estratégia parecia contraintuitiva a princípio, mas funcionou. Nossa marca e nossa reputação cresceram conforme passamos a cobrar e receber valores maiores.

Com base nessa experiência, aprendi uma lição valiosa que aplico em meus outros negócios: defina o seu preço e exija recebê-lo. Isso requer que você diga "não" de maneira respeitosa quando possíveis clientes lhe pedem para baixar seu preço, mas, em muitos casos, eles irão respeitá-lo mais por manter-se firme e podem voltar posteriormente, dispostos a pagar. Você também vai precisar de uma dose extra de paciência, porque vai levar algum tempo para desenvolver a demanda pela sua empresa — especialmente se você precisa esperar por uma nova definição anual de verbas. Às vezes, sugiro sem qualquer pudor que meu potencial comprador peça mais dinheiro à sua empresa para conseguir alcançar nossos preços.

Claro, essa estratégia requer que você ofereça a melhor qualidade possível. Não pode pedir o preço que quiser se o seu produto ou serviço puder ser facilmente substituído. Minha banda era a única da sua categoria no mercado de Atlanta, o que nos dava uma vantagem competitiva. Tocávamos um tipo de música que poucas bandas tocavam, e fazíamos isso muito bem. Ninguém paga um preço *premium* por algo de má qualidade — pelo menos, não duas vezes.

Empreendedores novatos frequentemente cometem o erro de rebaixar o valor do seu produto ou serviço. Embora baixar seu preço possa ser uma boa maneira de entrar em um mercado ou conquistar clientes, ela acaba por corroer a lucratividade no longo prazo. Empresas que competem somente em termos de preço tendem a ser eliminadas rapidamente. Esforce-se para continuar em atividade durante décadas como a Apple. Empresa mais valiosa do mundo em agosto de 2012 com uma capitalização de mercado de cerca de 619 bilhões, a Apple nunca cedeu quando cobrava preços altos por seus produtos. Ao mesmo tempo, ela nunca decepcionou quando criava e vendia excelentes produtos. Assim como a Apple e várias outras marcas *premium*, alta qualidade e altos preços podem fazer com que sua empresa se transforme em uma campeã. Isso deve soar como música para seus ouvidos.

74. NÃO SEJA CONDESCENDENTE COM SEUS CLIENTES

Nenhuma empresa enriquece machucando seus clientes.
— John Stossel, jornalista especializado em defesa do consumidor

Em um clube privado de negócios, apresentei um amigo a um importante cliente prospectivo que poderia lhe trazer um volume enorme de negócios. Enquanto o apresentava, enfatizei a sua recente conquista, pois havia um artigo a seu respeito em uma revista empresarial de circulação nacional. Por causa da minha introdução calorosa e da recomendação que fiz, a cliente em prospecção ficou bastante animada com a empresa do meu amigo e em como ele poderia ajudá-la. Eu tinha certeza de que ele já havia conquistado aquela oportunidade de negócios. Naturalmente, meu amigo pediu as informações de contato da cliente para continuar a conversa, mas, depois que as tinha em mãos, ele arruinou qualquer oportunidade que tinha de fechar o negócio.

Depois de pegar o endereço de e-mail e o telefone da cliente, ele disse com a voz monótona e desinteressada:

— Vou mandar o meu assistente ligar para você amanhã.

Senti vontade de agarrá-lo pelos ombros, chacoalhá-lo algumas vezes e lhe dar uma bela bronca por agir daquele jeito. Mas não precisei fazer isso, entretanto. A cliente em questão retrucou:

— Eu quero que *você* me ligue!

Mas já era tarde demais. Em menos de cinco segundos, ele conseguiu jogar fora dezenas de milhares de dólares em novos negócios e azedar o que começou como uma ótima primeira impressão sobre a sua empresa de prestação de serviços.

Vejo com frequência jovens empreendedores cometendo esse erro cardinal: serem condescendentes com clientes para parecerem profissionais. Ao fazerem isso, eles alienam seus clientes e cortam fora seus próprios braços e pernas. Você percebe assim que a coisa acontece. Talvez o melhor exemplo seja quando um CEO-fundador o empurra para conversar com um assistente, como meu amigo fez. Os exemplos são virtualmente infindáveis de CEOs pomposos que fazem mais mal do que bem.

Por que empreendedores e CEOs agem dessa maneira? Em vários exemplos, eles não sabem que estão agindo errado ou que suas ações são prejudiciais. Outras vezes, a ação é bastante deliberada. CEOs jovens — e eles não são os únicos — agem de maneira condescendente em relação aos seus clientes por quatro razões principais.

1. *Pensam que CEOs devem agir dessa maneira.* Essas pessoas têm uma noção errônea do que é um CEO e como um CEO age. Em nenhum lugar da definição de CEO está escrito que você deve agir como se não fosse acessível ou que está acima dos clientes e das pessoas que trabalham para você.

2. *Levam longe demais o conselho comum de que devem delegar tarefas.* CEOs realmente devem desenvolver a habilidade de delegar. Essa habilidade reforça claramente as funções dentro da empresa e ajuda a gerenciar o tempo. Entretanto, você também deve usar uma boa dose de senso comum. Não é tão fácil quanto direcionar metodicamente certas tarefas para certas pessoas, independentemente do contexto. Especialmente quando se lida diretamente com clientes, delegar requer um certo nível de *finesse*. Por exemplo, meu amigo devia pelo menos ter perguntado ao seu prospecto se havia algum problema em pedir ao seu assistente que entrasse em contato com ela. Idealmente, se ele realmente estivesse tão ocupado assim ou tivesse regras rígidas sobre protocolo, ele telefonaria no dia seguinte para estabelecer a confiança e explicar o processo de pedidos da sua empresa daquele ponto em diante.

3. *Seu ego é grande demais.* O simples fato de que você tem uma empresa e é um empreendedor não lhe dá o direito de ser condescendente com ninguém. Na verdade, isso não tem nada a ver com os negócios. De maneira geral, ninguém gosta de gente arrogante. CEOs

arrogantes, principalmente líderes de start-ups, precisam de uma dose consistente de humildade. Ironicamente, a maioria deles está apenas a alguns clientes irados do fracasso.

4. *Eles querem dar a impressão de que comandam uma grande empresa.* Por alguma razão qualquer, jovens CEOs iludem a si mesmos, acreditando que os clientes têm mais respeito por empresas maiores ou que sua fachada altamente profissional pode justificar preços maiores. Mas não é assim: minha experiência mostrou que isso não é uma coisa favorável para que a maioria dos empreendedores presuma. Não importa o quanto sua empresa possa ser grande, se a sua marca não for conhecida, você não vai necessariamente se beneficiar do respeito extra que uma empresa listada na *Fortune* 500 recebe. O respeito vem principalmente de como você trata seus clientes individualmente e da alta qualidade do seu serviço.

Assim como o meu amigo, você pode precisar levar uns tabefes de realidade como aqueles que aparecem no programa *O Chefe Espião*. Mesmo se você for o CEO da sua empresa, nunca faça com que o cliente se sinta menor do que é. Não há justificativa para isso, de maneira nenhuma. O seu trabalho é fazer com que seus clientes e funcionários sintam-se como se fossem as pessoas mais importantes do mundo.

75. CONSTRUA A SUA REDE DE CONTATOS CRIATIVAMENTE

> Não se trata somente do que você sabe, e não é somente quem você conhece. Na verdade, trata-se de quem você conhece, de quem conhece você e do que você faz para ganhar a vida.
> — Bob Burg, autor *best-seller* de *Endless Referrals*

Se você vai a eventos de networking que podem ou não trazer bons resultados para expandir seus negócios, provavelmente não está aproveitando seu tempo da melhor maneira possível. O valor do networking tradicional, no qual pessoas aleatórias se encontram e tentam ligar os pontos, é próximo de zero. Na verdade, o valor pode até ser negativo e afetar a sua empresa de uma maneira ruim.

Por um momento, há alguns anos, muitas pessoas pensavam que esse tipo de networking iria passar por uma atualização. Em 2001, empreendedores e profissionais de todas as áreas deram as boas-vindas à nova ideia do NetWeaving, um conceito apresentado pelo autor e empresário Bob Littell. NetWeaving, conforme a descrição do livro que ensina a técnica, depende "totalmente de se doar e ajudar aos outros, ao mesmo tempo que você tem a autoconfiança de saber que, cedo ou tarde, você, o NetWeaver, receberá benefícios advindos dessa prática". Essa estratégia é mais eficiente do que o networking tradicional, mas ainda assim não lhe dá um plano direto de ataque. Além disso, você poderia conseguir favores para todas as pessoas envolvidas e esses favores talvez não retornassem para você, ou simplesmente demoraria demais para que isso acontecesse. Consequentemente, a mania do NetWeaving não durou muito tempo.

O networking deveria assumir um significado diferente para você, o empreendedor. Não deveria significar apenas ir para um evento na esperança de conhecer alguém ali que irá ajudá-lo a expandir seus negócios. Em vez disso, deveria significar seguir estes quatro passos importantes:

1. Ser proativo.
2. Ser criativo.
3. Conhecer as pessoas certas (que eu frequentemente chamo de "assinadores de cheques").
4. Encontrar o ambiente mais apropriado.

Fazer networking dessa maneira lhe dá as melhores oportunidades de realmente fechar grandes negócios, e é isso que tem que acontecer.

Por exemplo, eu descobri que trabalhar como voluntário para instituições filantrópicas e de caridade me dá oportunidades enormes de conhecer executivos ou profissionais em cargos de diretoria que podem autorizar um contrato com a minha empresa. Primeiramente, essa estratégia atende o requisito da proatividade. A filantropia não é para pessoas fracas. Exige comprometimento e responsabilidade. Em segundo, atende ao teste da criatividade. A maioria das pessoas não associaria atividades voluntárias e networking. Em terceiro lugar, ela me coloca em contato com as pessoas certas. Muitos tomadores de decisão corporativos têm orgulho das instituições filantrópicas e de caridade que apoiam. Inclusive, algumas empresas estimulam fortemente seus funcionários a dedicar uma porção de seu tempo para entidades como a Habitat for Humanity. Naturalmente, líderes participam dessas iniciativas para estimular o envolvimento do restante da sua equipe. Em quarto lugar, estou em um ambiente no qual "não se deve fazer vendas", o que ajuda a construir a empatia imediatamente. Quando um cliente em potencial vê que você faz atividades de voluntariado para uma entidade filantrópica, a experiência compartilhada reflete bem em você. Além disso, ela também evoca uma sensação boa em um possível cliente que aumenta a probabilidade de fazer negócios.

Há alguns anos, vi uma gigantesca oportunidade de crescimento na possibilidade de fazer negócios com instituições financeiras. Identifiquei uma entidade filantrópica que era patrocinada pelas empresas que eu queria ter como clientes, incluindo Wells Fargo, Nationwide, Bank of America e H&R Block. Consegui descobrir quem eram os indivíduos nessas grandes empresas que faziam trabalho voluntário para aquela entidade filantrópica e seus cargos corporativos. A seguir, ofereci o meu tempo e recursos para a entidade filantrópica, que oferece programas de alfabetização financeira para alunos de nível médio e universitário. Para encurtar a história, eu conheci muitos executivos que eram apoiadores da entidade e assinavam ou autorizavam os cheques que a instituição recebia. Além disso, o CEO da instituição filantrópica, ao ver a minha dedicação à sua organização, promoveu aproximações excelentes entre mim e seus patrocinadores. Como resultado, a minha empresa acabou fazendo muitos negócios com essas empresas e continua a fazê-los até hoje.

Não posso garantir que seguir esse exemplo específico trará benefícios para a sua empresa, mas posso dizer que seguir as quatro regras descritas anteriormente vai ajudar você a ser mais eficiente em alcançar as pessoas certas. Ao contrário de ter a esperança de encontrar as pessoas certas em um evento, você garante a sua presença com os tomadores de decisão quando implementa essa metodologia. Você não vai vencer usando técnicas antiquadas de networking.

76. NÃO GUARDE RANCOR

A raiva vive somente no seio dos tolos.
— Albert Einstein, físico alemão

O empreendedorismo é um exercício bastante realista sobre como aprender a lidar com suas próprias emoções negativas, assim como fazer aquilo que for melhor para a sua empresa. Uma das emoções mais difíceis de refrear é a raiva causada por um cliente em prospecção que não percebe o valor no seu produto ou serviço e lhe diz exatamente isso.

Vejo essa situação com frequência quando faço atividades de mentoria com jovens empreendedores que têm tanta confiança em sua própria empresa que acreditam piamente que a sua oferta é a melhor coisa que já surgiu desde a invenção do pão de fôrma. Eles pensam: "Como alguém é capaz de dizer não para o que temos a oferecer?" Pensando estar agindo em retaliação, eles xingam o cliente em prospecção. Convertem um "não" que receberam em um "nunca", decidindo dispensar completamente tal cliente.

Certamente sei o que é sentir esse tipo de raiva e decepção, sentimentos que advêm da rejeição. Era algo especialmente intenso quando eu cortejava clientes, principalmente os de grande porte, e que, sem qualquer razão aparente, subitamente voltavam atrás no compromisso que assumiram de comprar o que eu estava vendendo. Lembro-me vividamente de passar anos tentando negociar com um cliente listado na *Fortune* 100. Finalmente, a empresa concordou em assinar um contrato de vários anos cujo valor chegava aos seis dígitos, mas desapareceu quando chegou a hora de assinar na linha pontilhada. Eu não conseguia acreditar que o negócio havia evaporado daquela maneira. Como era um empreendedor novato, fiquei magoado e jurei que nunca mais teria nenhum contato com aquela empresa.

A frase "Não é nada pessoal, são apenas negócios", que ganhou popularidade em *O Poderoso Chefão,* certamente se aplica a esta lição. Você não deve levar os negócios para o "lado pessoal", porque isso só o afasta do caminho certo e leva a decisões empresariais terríveis. Em vez disso, transforme a rejeição ou uma ocorrência negativa em seus negócios em energia positiva que o ajude a perseverar. Essa é a marca do empreendedor veterano.

A regra mais simples a seguir em qualquer relacionamento de negócios é tratar mesmo aqueles que o rejeitam como se eles fossem seus maiores e melhores clientes. Seja cortês o tempo todo, envie mensagens de agradecimento e lhes dê as informações necessárias para ajudá-los com seus negócios. Essas são apenas algumas sugestões sobre como manter uma reputação positiva e aumentar as probabilidades de qualquer oportunidade no futuro. Não crie uma atmosfera ruim falando mal desses clientes, suspendendo contatos futuros, removendo-os da sua lista de contatos ou mesmo desejando que tenham problemas. Faça o que tiver de fazer, mas não encerre as comunicações, porque as condições podem mudar para melhor a qualquer momento; quando isso acontecer, você vai querer que o cliente sinta que as linhas de comunicação sempre estiveram abertas.

Como empreendedor, sua capacidade de transformar a raiva causada pela rejeição em motivação para perseverar pode levar sua companhia a alçar voos muito altos. Emoções negativas podem ser o seu pior inimigo, fazendo com que você perca oportunidades gigantescas. Eu quase perdi uma das grandes. A empresa da *Fortune* 100 que mencionei anteriormente, a mesma que deu para trás em um grande contrato, voltou a entrar em contato comigo bem mais tarde. Minha mudança de sorte pode ter surgido porque eu os afoguei em gentilezas. Não compensa guardar rancor no mundo dos negócios. Se o fizer, você só vai conseguir ficar irritado consigo mesmo.

CAPÍTULO 6

LIDERANÇA

Liderança e aprendizado são mutuamente indispensáveis.
— John F. Kennedy, trigésimo quinto presidente dos Estados Unidos

Líderes nascem feitos, não podem ser treinados. O que você acha? Muitas pessoas discordam. Embora algumas pessoas pareçam sair do ventre da mãe com qualidades de liderança, elas não detêm o monopólio da liderança, principalmente em relação a empresas.

Qualidades de liderança podem ser aprendidas e ensinadas. Há inúmeros exemplos disponíveis sobre empreendedores da área de tecnologia que aprenderam a ser líderes em suas empresas — e, inclusive, são líderes muito bons. Mark Zuckerberg, o cofundador do Facebook que recebeu *coaching* de empresários veteranos, é um exemplo que vem à mente. Um *nerd* reservado há alguns anos, ele atualmente é um CEO dinâmico que comanda uma empresa que vale bilhões de dólares.

Neste capítulo, você vai ler sobre algumas das principais qualidades de liderança que os empreendedores têm e por que elas são importantes.

77. AJA, APESAR DAQUILO QUE ESTÁ SENTINDO

Uma compreensão clara das suas emoções negativas as dissipa.
— Vernon Howard, escritor e filósofo

Se eu tivesse perdido essa imensa oportunidade, a minha empresa poderia ter deixado milhões de dólares sobre a mesa. Durante as duas noites que precederam o evento, consegui dormir um total de três horas. Estava exausto e precisava muito de um descanso. Meus olhos estavam injetados de sangue, eu estava com uma leve dor de cabeça e começando a ficar irritado. Durante uma conferência nacional para empreendedores, eu estava trabalhando diligentemente como instrutor, terminando um grande projeto para minha empresa, escrevendo um novo livro e saindo com amigos que também estavam na cidade. Estava sobrecarregado. Estava acostumado a um cronograma menos intenso. Para deixar as coisas ainda mais desafiadoras, ainda estava me ajustando a uma mudança de fuso horário.

Durante a última noite da conferência, quando os participantes estavam trajando seus melhores ternos e vestidos para participar do evento de gala culminante bastante entusiasmados para fazer seus últimos contatos, a minha cabeça estava longe. Embora eu devesse estar cheio de energia e pronto para falar com todos que pudesse sobre a minha empresa, eu estava mais preocupado em jantar e ir dormir depois. Mal podia esperar que a conferência acabasse para que eu pudesse descansar.

Enquanto caminhava pelo salão de baile percebendo as diferentes mesas etiquetadas com patrocinadores listados na *Fortune* 100, passei pela mesa de uma grande empresa de serviços financeiros que durante meses eu vinha tentando conquistar como cliente. Quando vi a mesa, eu me lembrei instantaneamente de que uma das minhas principais razões para participar da conferência era tentar conseguir novos negócios para minha start-up, uma empresa de análise de dados. Diferente da maioria das outras mesas corporativas, a mesa daquela empresa de serviços financeiros estava cheia de representantes da empresa. Naquele momento, eu estava determinado a não deixar que minha falta de sono arruinasse a oportunidade de fazer um belo contato.

Percebendo a necessidade de aproveitar essa grande oportunidade, consegui superar a letargia e a falta de disposição para interagir com pessoas. Reuni cada grama de energia que restava em meu corpo. Com uma força e uma empolgação recém-descobertas, fiz uma apresentação de sessenta segundos para toda a mesa. No início, pensei que não havia ido muito bem. Pelas expressões no rosto, aquelas pessoas não pareciam ter se interessado. Pensei que minhas palavras tivessem alcançado ouvidos surdos, mas logo depois a situação melhorou. Um dos cavalheiros ao lado de onde eu estava, na mesa, olhou para mim e disse que estava interessado no meu produto. Ele compreendeu o conceito instantaneamente e pareceu estar genuinamente animado com a proposta. Antes que eu percebesse o que estava acontecendo, ele me deu o seu cartão e me disse para entrar em contato com ele.

Esse cavalheiro era o vice-presidente de uma empresa, encarregado de comprar a tecnologia que a minha companhia oferece. O que eu havia passado meses tentando fazer ocorreu em questão de alguns segundos, e tudo porque consegui vencer a inércia das minhas emoções negativas. Se tivesse deixado as emoções comandarem, eu teria passado direto por aquela mesa, teria perdido aquele que, talvez, tenha sido um dos maiores contatos na minha vida de empresário.

Empreendedores vitoriosos agem apesar daquilo que estão sentindo. Nem sempre isso é fácil de fazer. Inclusive, superar aquilo que temos vontade de fazer *versus* o que deveríamos estar fazendo é uma batalha diária em todas as áreas da vida, mas é uma batalha que você deve vencer. Conforme avança rumo aos seus objetivos empresariais, não deixe que as emoções o façam perder uma oportunidade fenomenal e capaz de mudar sua vida. Se o fizer, você pode deixar de ganhar muito dinheiro.

78. AVANCE PARA ALÉM DO SEU MEDO

Assim que o medo se aproximar, ataque e destrua-o.
— Chanakya, filósofo indiano

Quando passei pela entrada grandiosa e vi a gigantesca pista de corrida, fui tomado por um medo arrasador. Só conseguia ver algumas das curvas da pista, mas a parte que vi foi o bastante para me dar uma injeção de adrenalina, daquelas que fazem o seu estômago doer e deixam um gosto metálico na boca. Eu havia corrido em pistas menores, o que inflou minha autoconfiança, mas agora a situação era real: uma pista profissional usada para corridas profissionais e amadoras de carros e motocicletas.

Naquela manhã ensolarada de sábado, cheguei na Road Atlanta, uma pista de pouco mais de 4 quilômetros de extensão localizada a cerca de uma hora ao norte de Atlanta, no estado da Geórgia. A pista recebe a famosa corrida Petit Le Mans, uma corrida anual de *endurance* para carros esportivos que atrai mais de cem mil fãs. Foi declarada uma das melhores pistas de corrida na revista *Car and Driver* de 2010. Meu cliente, a Cadillac, me convidou naquele dia para o evento conhecido como Cadillac V-Lab, que dá a participantes VIP a oportunidade de experimentar os 556 cavalos de potência do sedã de luxo mais rápido do mundo, o Cadillac CTS-V.

Depois de corridas de *dragsters*, voltas em seções mais curtas da pista e sessões sobre técnicas de pilotagem, o dia culminou com corridas na pista em velocidade total. Meu medo havia diminuído no decorrer do dia, mas quando nossos instrutores nos chamaram aos boxes, a sensação retornou com uma intensidade quase avassaladora. Os motores ruidosos e os carros que passavam por nós a velocidades que passavam dos 160 quilômetros por hora davam força à minha ansiedade. Mesmo assim, coloquei o protetor facial, peguei o capacete e consegui fazer "cara de conteúdo".

O que mais me intimidava naquela corrida, ou pelo menos a parte que eu conseguia ver, eram as mudanças de elevação. Eram visualmente aterrorizantes. Mais tarde eu viria a descobrir que as mudanças de elevação seriam a menor das minhas preocupações. Durante a sessão de testes na pista, encontrei os famosos "esses" do circuito. Eu não estava nem mesmo pilotando em alta velocidade, mas perdi o senso de direção rapidamente e acabei saindo da pista. Meu instrutor teve que segurar no volante do carro para me levar de volta ao traçado. Fiquei muito constrangido. Daquele ponto em diante, senti que estava bastante ansioso, mas também querendo provar o meu valor.

Mesmo assim, consegui me recuperar depois de mais algumas voltas de teste e me redimir. Meu medo gradualmente foi se transformando em empolgação. Na parte do circuito com um retão, eu alcancei duzentos quilômetros por hora, uma velocidade que jamais havia alcançado em um carro em um autódromo. Apesar de sair da pista mais cedo e deixar que os "esses" afetassem a minha concentração, deixei o meu medo comendo poeira no asfalto. Fui capaz de completar uma volta com o pé na tábua e fazendo um tempo respeitável.

Conforme reflito sobre aquele dia tão emocionante, percebo que abrir um negócio é muito parecido em vários aspectos. As características necessárias para ser um automobilista de sucesso é a metáfora perfeita para as características necessárias para ser um grande empreendedor. Embora esteja empolgado pela jornada à sua frente, você frequentemente deve superar o medo do fracasso e do desconhecido. O caminho do empreendedor, assim como uma pista de corrida, tem *chicanes*, "esses" ondulantes, curvas fechadas, variações na elevação e várias curvas e voltas. Todos esses obstáculos podem causar medo.

Mas, mesmo que você esteja assustado e saia do asfalto como aconteceu comigo, é preciso seguir em frente. Você segura o volante e pisa no acelerador, atravessando suas inibições. Seu comprometimento com a meta supera a sua trepidação, e ser um empreendedor é exatamente isso.

79. SEJA UM DELINQUENTE

Um brinde aos loucos. Aos rebeldes. Aos encrenqueiros. Àqueles que veem as coisas de um jeito diferente. Embora alguns possam ver essas pessoas como loucas, nós vemos a genialidade. Porque as pessoas que são loucas o bastante para pensar que podem mudar o mundo são aquelas que realmente o fazem.
— Apple, texto publicitário da campanha "Pense Diferente"

Não é coincidência que vários dos empreendedores mais bem-sucedidos e famosos foram delinquentes quando jovens. Você também vai descobrir que essa natureza rebelde é mais evidente durante a adolescência e aos vinte e poucos anos, uma época na qual os jovens adultos questionam o mundo em que vivem e desafiam as autoridades que fazem as regras.

Por exemplo, quando eram adolescentes destemidos, os fundadores da Apple, Steve Jobs e Steve Wozniak, construíram e venderam suas *blue boxes*, aparelhos ilegais, por 150 dólares para clientes que queriam fazer ligações interurbanas sem pagar por elas. *Blue boxes* eram populares na década de 1970 entre traficantes de drogas e outros personagens não muito idôneos porque faziam com que fosse impossível rastrear seus telefonemas. Inclusive, Berkeley Blue e Oaf Tobark, os apelidos que Wozniak e Jobs respectivamente usavam para conduzir seus negócios ilegais, foram assaltados à mão armada quando tentavam vender sua *blue box* para um cliente suspeito. Jobs chegou a dizer que a Apple nunca chegaria a existir se ele e o seu melhor amigo, Wozniak, não tivessem passado pela experiência com as *blue boxes*. Talvez serem ameaçados com uma pistola os motivara a fazer negócios no mercado de ações, e não no mercado negro.

Vamos avançar uns vinte e cinco anos no tempo. Dois outros transgressores que também mudariam o mundo que conhecíamos estavam cheios de más intenções. Os fundadores de um novo site de buscas chamado BackRub estavam em plena atividade em uma das docas de carga do prédio de ciência da computação da Universidade de Stanford. Os dois estudantes estavam roubando computadores novos que foram entregues para o departamento de ciência da computação para usar em seu próprio projeto de site de buscas que precisava de um poder de processamento maior. Os dois ladrões eram Sergey Brin e Larry Page, os fundadores do Google. De acordo com seus professores, essa irreverência pelo patrimônio do departamento de ciência da computação não chegou a ser chocante. Brin e Page frequentemente afrontavam seus professores, chamando-os de "desgraçados". Aparentemente, nem mesmo a possibilidade de prisão foi o bastante para impedir que aqueles dois malandros — ou piratas de processadores — se dedicassem à sua ideia.

Alguns anos depois, eu me vi na faculdade e, sem saber, estava dando continuidade à tradição de estudantes da área de tecnologia jovens e rebeldes que transformam a sua energia espertalhona em genialidade empreendedora. Com certeza, eu não estava vendendo produtos a figuras do mundo do crime ou roubando computadores do meu departamento de ciência da computação, mas consegui prejudicar o sistema de comunicação da minha faculdade quando criei o meu próprio sistema, que era mais popular. Os alunos confiavam mais no meu sistema baseado na web do que no sistema da escola, que frequentemente ficava off-line por causa de problemas com a rede. Na verdade, eu tinha tanto poder que o reitor da faculdade me chamou ao seu escritório para conversar. Eu criei o sistema, em parte, porque a escola rejeitou minha proposta de criar um *software* baseado na web que facilitaria a comunicação entre estudantes e transformaria as matrículas por telefone em matrículas on-line. Criar o próprio sistema foi a minha maneira de me vingar deles por terem me rejeitado. Essa experiência, consequentemente, serviu como base para o meu desejo de ser empreendedor e criar minha própria empresa.

Conforme os delinquentes vão ficando mais velhos, sua natureza rebelde permanece com eles e contribui significativamente para o seu sucesso empresarial. O que conhecemos como rebelião adolescente frequentemente se transforma em revoluções na indústria, uma nova maneira de fazer as coisas que irritam aqueles que apoiam o *status quo*. Esses transgressores são aqueles que vão mudar o mundo. Se algum dia você precisou de uma razão para ceder ao desejo de ser um rebelde, agora você a tem.

80. FAÇA SEUS SONHOS VIRAREM REALIDADE

Todos os nossos sonhos podem virar realidade
se tivermos a coragem de acreditar neles.
— Walt Disney, fundador da The Walt Disney Company

Quando se encaminhava ao meio da quadra de basquete, Michael Jordan tinha lágrimas nos olhos. Era o intervalo entre a primeira e a segunda metade do seu último All-Star Game da NBA em 2003, um momento bastante emocionante para os fãs do esporte por todo o mundo. Em meio a aplausos trovejantes, e com a lotação esgotada na Philips Arena em Atlanta, Geórgia, Jordan acenou para os fãs que vibravam e se emocionavam com aquele momento especial. Depois de uma longa salva de palmas com todos os torcedores em pé, ele disse humildemente: "A todos os fãs que gostam de basquete, não apenas de Michael Jordan. Obrigado pelo seu apoio. Eu deixo o esporte em boas mãos... e agora posso ir para casa e me sentir em paz com o basquete". Eu estava lá pessoalmente, assistindo em um assento da primeira fila enquanto a história era feita.

Por ter crescido em Harrisburg, na Pensilvânia, dos seis aos onze anos de idade, tudo que fazia era jogar e assistir a jogos de basquete. Eu e todos os meus amigos queríamos ir para a NBA. Éramos obcecados. Eu amava tanto o basquete que meu pai pagou um bom dinheiro para pavimentar nosso quintal com asfalto e instalar uma tabela e uma cesta de basquete com as medidas oficiais. Meu irmão mais velho e eu passávamos a maior parte do ano jogando ali, tanto sob a neve congelante quanto sob o calor acima de 40 graus. Joguei em todas as ligas e campeonatos que podia, em todas as temporadas. Fazia meus treinos de basquete religiosamente no porão da minha casa (os fãs do basquete se lembram do drible da aranha e dos dribles que seguiam o traçado do número 8). Estava determinado a seguir com o legado do jogador que tem o mesmo nome que eu e me profissionalizar... até que parei de crescer quando cheguei aos 1,75 metro de altura.

Quando parei de crescer, comecei a estudar. Com a mesma paixão com a qual jogava basquete, estudei matemática e ciências. Quando estava no terceiro ano do Ensino Médio, recebi uma bolsa de estudos integral da NASA para estudar ciência da computação no Morehouse College de Atlanta. Embora minha tentativa de chegar à NBA nunca chegasse a estar atrelada ao dinheiro, agora eu compreendia que teria que ganhar meus milhões na área de tecnologia. Enquanto estava na faculdade, descobri que o empreendedorismo era o caminho ideal a seguir. Estruturar minhas empresas me dava a mesma sensação de empolgação e realização que jogar basquete me dava.

Apenas três anos depois que abri a empresa, a NBA entrou em contato comigo para que os ajudasse a promover o All-Star Game de 2003 em Atlanta. Minha empresa havia feito um trabalho com a franquia dos Atlanta Hawks no ano anterior e o departamento de marketing dos Hawks recomendou a minha empresa para a NBA quando a entidade estava procurando empresas locais de boa reputação com as quais pudesse estabelecer parcerias durante o All-Star Game. A NBA contratou minha empresa para divulgar o fim de semana do jogo em 2003 e para ajudar a torná-lo um sucesso gigantesco. Fiquei especialmente animado porque, além de jogar na NBA ser o sonho que eu tinha quando era criança, eu também queria assistir ao campeonato de cestas de três pontos e o campeonato de enterradas. E ali estava a minha chance de fazer tudo isso.

Durante aquele fim de semana, tive a oportunidade de estar perto de muitos dos meus heróis do mundo do esporte, incluindo Magic Johnson, Michael Jordan, Kobe Bryant, Isaiah Thomas, Shaquille O'Neal e muitos outros. Também havia celebridades circulando pelo evento. Nick Cannon, Ashton Kutcher, Nelly e outros estavam por lá. Mas não existe nenhuma outra experiência como o All-Star Game em si. Como eu tinha um ingresso extra para o evento, convidei meu pai para vir comigo. Ele comprou uma passagem em Chicago e se juntou a mim para um dos momentos mais emocionantes da minha vida, tudo por causa do meu esforço como empreendedor.

Mesmo que eu não tenha disputado nenhum jogo da NBA, meu sonho de trabalhar para a NBA ainda assim se realizou. As coisas simplesmente ocorreram de um jeito diferente do que eu esperava. Em vez de a NBA me pagar para jogar basquete, ela me paga para planejar algumas das suas estratégias e táticas de marketing. Em vez de ficar sentado no banco de reservas como jogador (que provavelmente é onde eu ficaria), eu fico sentado bem diante da quadra, como espectador. Até hoje a NBA continua sendo um dos meus melhores clientes e o sonho continua. Empreendedores fazem com que seus sonhos aconteçam de muitas maneiras diferentes, e a minha experiência é um testamento a isso. Quem sabe? Talvez um dia eu me torne o dono do meu próprio time da NBA. Não seria demais?

81. FAÇA SACRIFÍCIOS CUSTOSOS

As grandes conquistas geralmente
nascem a partir de grandes sacrifícios.
— Napoleon Hill, autor de *Pense e enriqueça*

Sabendo que ele era casado e havia se tornado pai recentemente, eu perguntei a um conhecido:

— Como estão a sua esposa e o seu filho recém-nascido?

Ele vacilou antes de responder e, em seguida, disse com uma expressão vazia e sem qualquer emoção:

— Eu me divorciei.

Fui pego de surpresa com aquela resposta tão sincera. O que pensei que seria uma pergunta cordial subitamente se transformou em um momento social bem desajeitado. Não consigo me lembrar exatamente do que eu disse em seguida, mas meu novo amigo continuou a falar sobre como o divórcio foi a decisão certa a tomar. Aparentemente, o rapaz e a ex-esposa tiveram uma discordância significativa em relação ao espírito empreendedor dele e à sua necessidade de estar no Vale do Silício, a milhares de quilômetros de distância da Costa Leste dos Estados Unidos. Ele falava sobre como precisava encontrar a "ideia de um bilhão de dólares" para poder deixar um legado ao filho. Enquanto ele falava, eu percebia que ele estava convencido de que estava tomando a decisão certa. Só o tempo dirá.

Depois da minha conversa com um empreendedor famoso do Vale do Silício, pensei sobre minha própria disposição em fazer sacrifícios custosos para conseguir transformar um grande sonho em realidade. Como era casado e havia tido meu próprio filho há pouco tempo, não conseguia imaginar a possibilidade de abandonar minha esposa e o garoto pequeno para me dedicar a novos negócios do outro lado do país. Essa ideia jamais passaria por minha cabeça. Mas me perguntei, entretanto: se eu estivesse tão convicto pela perspectiva de uma ideia de um bilhão de dólares ou uma oportunidade única na vida, será que sacrificaria meu casamento e o relacionamento com meu filho? E, se eu conseguisse fazer isso, seria capaz de viver comigo mesmo? A resposta é um enfático "não", mas conheço minha esposa e ela apoia totalmente o que faço.

Assim é a vida de um empreendedor dedicado que compreende que, para alcançar suas metas, haverá sacrifícios; alguns serão pequenos e outros, grandes. A maioria dos empreendedores está disposta a fazer pequenos sacrifícios. Por exemplo, trocar algumas boas refeições por porções de macarrão instantâneo é quase um rito de passagem para empreendedores que estão lutando para se firmar no mercado. (Com certeza, eu já comi minhas porções de macarrão instantâneo e vivo me perguntando se existe uma correlação entre ser empreendedor e ter pressão alta.) Entretanto, quando se trata de fazer grandes sacrifícios, como abrir mão de um emprego com um alto salário, um curso universitário, boa saúde, uma família e outras coisas importantes, a dinâmica da discussão muda. Parece haver uma divisão entre empreendedores regulares, que sacrificam pouco, e empreendedores extremos, que sacrificam muito.

Em geral, é possível medir o quanto um empreendedor quer que uma ideia se transforme em realidade baseado no que ele está disposta a sacrificar. Da mesma forma, o sucesso de uma pessoa está relacionado aos sacrifícios. Com isso em mente, pergunto com frequência a sócios e funcionários em potencial das minhas empresas as coisas das quais eles estariam dispostos a abrir mão para fazerem parte de uma equipe vencedora. Eles frequentemente dão a resposta esperada: "Eu daria o meu braço direito!". Mas os frutos do trabalho podem ser encontrados nas dores do sacrifício. Consigo calcular a verdadeira resposta antes de fazer a pergunta, analisando o que eles já conquistaram e o que tiveram que sofrer para conseguir esses resultados.

Empreendedores têm que fazer sacrifícios enquanto buscam realizar seus sonhos. Entretanto, raramente se discute o quanto esses sacrifícios serão custosos para podermos alcançar altos níveis de sucesso. Fazemos piada sobre comer macarrão instantâneo porque isso é trivial. Mas você largaria um emprego com alto salário? Largaria a faculdade, mesmo que tivesse uma bolsa de estudos integral? Abriria mão da sua saúde? Sacrificaria o seu casamento e um relacionamento com o seu filho? Empreendedores extremos dizem sim a perguntas difíceis como essas, e é isso que os torna uma espécie rara. Ao embarcar na sua jornada que irá trazer a sua grande ideia para o mundo, pergunte-se: *O que estou disposto a sacrificar para fazer isso acontecer?* Sua resposta pode ajudá-lo a determinar a sua probabilidade de sucesso.

82. VOCÊ TEM UMA PERSEVERANÇA INACREDITÁVEL

A perseverança é uma das disciplinas mais difíceis, mas aquele que persevera é a quem vem a vitória final.
— Siddhartha Gautama, filósofo indiano e fundador do Budismo

Se você quer saber como é administrar uma empresa, então corra uma maratona. É sério. Treinar e correr uma maratona é a experiência mais próxima que existe de abrir e administrar uma empresa. É interessante perceber que as duas experiências não são somente extremamente similares, mas também compartilham uma estatística que torna a sua similaridade ainda mais atraente.

Recentemente, minha curiosidade me inspirou a investigar quantas pessoas correm uma maratona (42,2 quilômetros) ou uma meia maratona (21,1 quilômetros) por ano e quantas pessoas abrem uma empresa anualmente. Em 2010, por exemplo, aproximadamente 1,9 milhão de pessoas terminaram maratonas ou meias-maratonas, de acordo com a Running USA. Isso é menos de um por cento da população dos Estados Unidos. Da mesma maneira, 340 de cada 100 mil adultos abriram uma empresa, de acordo com a Kauffman Foundation. Depois de acrescentar a população não adulta à estatística populacional para fazer com que a comparação seja mais precisa, o resultado ainda é de menos de um por cento da população dos Estados Unidos. Aproximadamente a mesma porcentagem daqueles que se dedicam à experiência desafiadora de correr uma maratona ou meia maratona tomam a decisão difícil de começar um negócio. Uma das razões: as duas atividades são extremas, pois atraem indivíduos que têm alta tolerância à dor. Em outras palavras, as duas requerem uma perseverança inacreditável.

Inspirado por meu irmão mais velho, um corredor de distâncias extremas que deu a volta ao mundo correndo uma vez e atravessou os Estados Unidos correndo duas vezes, comecei a correr meias maratonas em 2008. Considerando o quanto meu irmão era rápido, eu nutria grandes esperanças em relação ao meu desempenho. Pensei que a diferença de quatro anos me daria uma vantagem, por isso estabeleci uma meta bastante ambiciosa desde o início. Queria terminar a meia maratona em 1 hora e 45 minutos. Bem, vamos dizer simplesmente que não alcancei esse objetivo. Jamais cheguei a pensar que seria fácil alcançar esse tempo, mas, com certeza, não pensei que seria tão difícil. Durante a primeira corrida, machuquei a perna por volta dos 14 quilômetros porque estava correndo rápido demais e não havia treinado adequadamente. Meu tempo foi de 2h14m33s. Depois daquela corrida, ajustei a meta para terminar a prova abaixo das 2 horas. Levei quatro corridas e mais de três anos para bater essa meta. Em janeiro de 2012, não somente consegui quebrar o limite de duas horas, mas também superei com folga o tempo que havia estabelecido para mim mesmo, terminando a corrida em 1h54m10s. Bati a própria marca por uma diferença gigantesca de 10 minutos, um tempo significativo em corridas de longa distância. Refletindo sobre a melhor marca pessoal, posso creditar essa conquista tão importante ao meu treinamento focado em perseverança e resistência.

Desde que comecei a correr em 2008, aprendi, por experiência própria, que participar de corridas de longa distância e administrar empresas têm muitos elementos em comum. Das similaridades, a mais forte é certamente a necessidade de se ter perseverança e resistência tremendas em ambas para se ter sucesso. A necessidade da perseverança aparece em muitos aspectos diferentes de cada uma dessas empreitadas.

Quando você finalmente está correndo a maratona, há momentos em que simplesmente quer desistir. Você se sente esmagado pela longa distância que tem à sua frente, ou pelo quanto seu corpo está cansado. Às vezes penso comigo mesmo: *Por que diabos estou fazendo isso? O que estou querendo provar? Não seria ótimo parar e descansar?* Da mesma forma, quando você está no comando de uma empresa, às vezes você quer jogar a toalha. Pode estar perdendo dinheiro, tentando construir um protótipo funcional ou lidando com uma batalha jurídica. Você pode dizer para si mesmo: *Ter um emprego é muito mais fácil.* E, apesar desses obstáculos, você mantém o objetivo final em mente e supera as dificuldades, encontrando um bom ritmo.

Além disso, quanto mais você corre, mais se aprimora. Depois do desempenho terrível na minha primeira corrida, meu irmão me disse que, quanto mais eu corresse, mais eu melhoraria. Pensei que ele estava me dizendo isso apenas para me animar, mas ele tinha razão. Quanto mais eu corria, mais compreendia como meu corpo reage aos diferentes tipos de ambiente e regimes de treinamento. Aprendi a evitar lesões, quais as condições climáticas que prefiro e como maximizar o aproveitamento das minhas sessões de treinamento. Também recebi conselhos de corredores de elite sobre como treinar, o que comer e quais marcas de roupas, calçados e meias usar. Tudo isso fez uma diferença enorme em meu desempenho e na perseverança. Da mesma forma, quanto mais negócios você abrir ou quanto mais tempo passar se dedicando à administração de empresas, melhor você fica. De fato, de acordo com um estudo da Universidade de Harvard, empreendedores de primeira viagem têm somente dezoito por cento de chance de alcançar o sucesso; empreendedores que fracassaram anteriormente têm vinte por cento de chance de conquistar o sucesso.

Além disso, o treinamento consistente e extensivo vai prepará-lo adequadamente para um desempenho excelente. Correr uma maratona não é algo que uma pessoa decide fazer apenas por um capricho, na véspera do evento ou na semana que o antecede. Requer comprometimento para treinar e suportar a preparação árdua para o grande dia. Principiantes precisam de cerca de dezoito semanas para treinar para uma maratona, e doze semanas para uma meia maratona. Se a distância em si não afastar as pessoas da ideia de correr uma maratona, então um programa de treinamento que envolve correr quase todos os dias da semana durante meses vai acabar fazendo isso. Da mesma forma, se você começar um negócio sem nenhum treinamento, vai cometer muitos erros que poderia ter evitado completamente. Para se preparar para os negócios, seu regime de treinamento vai envolver a participação em conferências, a leitura de livros e revistas e encontrar um mentor.

Mais do que qualquer outra característica de um empreendedor, ter uma perseverança sobre-humana é, de longe, a mais vital. Inclusive, é mais importante do que ser inteligente, ter bons investidores por trás do projeto ou ser carismático. Empreendedores que têm a fortitude de continuar seguindo em frente apesar do cansaço, de continuar a se educar para terem um desempenho excepcional e de continuar a se esforçar mesmo apesar das dores crônicas são aqueles com a maior probabilidade de alcançar o sucesso. Muitas pessoas dizem que administrar um negócio é como correr uma maratona. Como já fiz os dois, certamente concordo.

83. ESTEJA PREPARADO PARA PERDER TUDO

> Se eu não conseguisse ter sucesso neste mundo, provavelmente seria uma pessoa sem-teto. Nunca tive uma reserva muito grande que pudesse me respaldar.
> — Shawn Wayans, ator e produtor

Eu estava sentado sozinho em meu apartamento, olhando para a parede diante de mim. Estava pensando em como iria fazer para pagar as contas. Minha empresa não estava gerando nenhum dinheiro na época, e meu orgulho me impedia de pedir ajuda. Eu estava no fundo do poço e não tinha ninguém com quem conversar a respeito. Sentia-me miserável e extremamente solitário.

Durante os dias seguintes, continuei tocando a vida como de costume e saí com os amigos para tentar melhorar um pouco o meu humor. Eu era bom em esconder a sensação de desamparo. Além disso, tinha a sensação de que precisava agir normalmente, porque meus amigos e familiares pensavam que eu era rico. Não faziam a menor ideia de que eu mal conseguia pagar o aluguel e outras contas básicas. Se eu tivesse mencionado minhas dificuldades financeiras, eles não acreditariam em mim. Na opinião deles, eu era um dos muitos talentos das empresas pontocom que apareciam com frequência na mídia daquela época. Em outras palavras, eles achavam que eu era rico o bastante para me aposentar aos vinte e um anos de idade. Nunca acreditariam que eu estava prestes a perder tudo, inclusive a minha própria sanidade.

Depois de algum tempo, consegui sair do fundo do poço, mas foi uma experiência difícil de aprendizado. Foi a primeira de algumas ocasiões na qual tive vontade de desistir de tudo porque a pressão e o estresse eram demais. Entretanto, cada martírio me preparou para lidar melhor com épocas desafiadoras. Apesar do desgaste emocional e do estresse tremendo, eu estava determinado a continuar sendo empreendedor. Todas as vezes, consegui terminar as crises por cima e ficar cada vez mais confortável com minha capacidade de evitar o desastre, mas as coisas nem sempre acontecem assim para todo mundo.

É raro que os empreendedores conversem sobre o quanto a situação pode ficar ruim. Se chegarmos a falar sobre o assunto, nós não nos aprofundamos nos problemas, minimizando-os e talvez até fazendo pouco caso das experiências. Fazemos piada sobre passar longos períodos comendo macarrão instantâneo e sanduíches de pasta de amendoim e geleia. Rimos sobre não ter dinheiro para pagar as contas ou por ficarmos com o nome sujo nos sistemas de proteção ao crédito. Fica muito mais fácil falar sobre essas experiências depois que elas passaram e nos encontramos em uma posição de conforto relativo.

Em vez de evitar conversas difíceis ou minimizar as dificuldades, lembre-se, de vez em quando, do quanto essas épocas podem ser deprimentes. De maneira contrária à crença glorificada e popular, mesmo quando você é empreendedor, às vezes não se sabe de onde seu próximo dólar vai vir. Você pode considerar abrir um processo de falência. Pode sentir que tem que fingir que as coisas vão muito bem entre amigos e familiares que admiram a sua coragem empreendedora e invejam a sua conta fictícia no banco. Você terá dias em que simplesmente vai ter vontade de se encolher em posição fetal e dormir até que suas preocupações se resolvam por conta própria. Ao tentar realizar seus sonhos na área dos negócios, vários empreendedores sacrificaram casamentos, o tempo que passariam junto com sua família, a estabilidade financeira, a própria saúde e uma longa lista de outras coisas.

Mesmo que eu sempre seja um empreendedor e exiba as muitas razões maravilhosas pelas quais decidi ser empreendedor, sei que é a coisa mais difícil que já fiz na vida. Também sei que muito do que vemos na mídia não passa de exagero. Nem todo empreendedor está ganhando rios de dinheiro e vivendo uma vida perfeita. Em nenhum momento, quero dar às pessoas uma visão unilateral do que é o empreendedorismo, porque isso não é a realidade. O empreendedorismo não é para os fracos. Se não estiver preparado para perder tudo, então você definitivamente deveria fazer outra coisa.

CAPÍTULO 7

MOTIVAÇÃO

As pessoas dizem frequentemente que a *motivação* não tem resultados duradouros. Bem, *banhos* também não têm, e é por isso que recomendamos que sejam tomados diariamente.
— Zig Ziglar, escritor e palestrante motivacional

A palavra "motivação" em um contexto de negócios frequentemente conjura imagens de uma sala cheia de gerentes corporativos assistindo a uma apresentação bastante cara de palestrantes motivacionais como Zig Ziglar e Les Brown. Mas a motivação surge em várias formas diferentes, muitas das quais são sutis e até inconscientes. Como empreendedor, você deve estar bem ciente daquilo que o motiva para garantir que seu esforço máximo seja sustentável.

Neste capítulo, você vai aprender sobre o que motiva os empreendedores de maior sucesso; coisas que vão desde ser demitido até querer criar o melhor produto possível no mercado. Vai aprender alguns dos sinais — alguns dos quais podem até mesmo surpreendê-lo — que mostram se a sua motivação está bem ou mal direcionada. Se tudo der certo, essas histórias, estatísticas e crenças são motivacionais em si mesmas. Finalmente, você deve alinhar sua motivação com seus objetivos de negócios, uma proeza desafiadora, mas, ainda assim, alcançável.

84. TER SUCESSO NÃO É O OBJETIVO

Nada se desfaz como o sucesso.
— Walter Winchell, comentarista de
programas de fofocas no rádio e em jornais

Em 2009, o cantor canadense Drake lançou "Successful", o segundo single do seu terceiro álbum, intitulado *So Far Gone*. A música tinha um refrão melódico e fácil de lembrar: "Eu só quero ter, eu só quero ter sucesso". O mesmo verso é repetido várias e várias vezes, como se fosse um cântico religioso. Drake glorifica o que acredita que seja a vida de uma pessoa de sucesso, ansiando por dinheiro, carros, mulheres, roupas e prêmios. Quando ouvi a música pela primeira vez, certamente consegui me identificar com o desejo de ter sucesso daquele rapaz de vinte e três anos. Mas, como alguém que tem sete anos a mais do que ele, não consegui evitar pensar que ter sucesso é uma meta incrivelmente frívola, e como desejar prêmios, bens materiais e companhias baratas não trará uma alegria duradoura.

Eu frequentemente ajo como mentor ou cruzo o caminho de pessoas que pensam que ser empreendedor é uma das maneiras mais rápidas para se ter sucesso ou conquistar respeito. Elas veem a atividade frenética da mídia ao redor do IPO do Facebook ou da aquisição do Instagram por milhões de dólares; assistem aos seus cantores, bandas e atores favoritos sob as luzes da ribalta, ganhando milhões de dólares. A pressão para ser respeitado por seus pares e ter um estilo de vida de sucesso é especialmente prevalente entre os membros da geração Y. Inclusive, de acordo com um estudo recente da Universidade do Oregon, o desejo por respeito como um valor primordial aumentou tremendamente sobre os níveis de anos anteriores. A autora que coordenou o estudo, Eda Gurel-Atay, disse: "Nós descobrimos que as pessoas querem respeito por si mesmas e querem ser importantes para outras pessoas". Esse valor aumentado é bastante evidente nas mídias sociais, onde o desejo ampliado por respeito e importância frequentemente se transforma em postagens exageradas e narcisistas no Facebook. Infelizmente, a motivação dessas postagens, assim como a canção de Drake, é uma crença de que o verdadeiro sucesso vem do *status*, e não da autorrealização.

Um verdadeiro empreendedor não é impulsionado por aparências exteriores de sucesso, e sim por resolver um problema cuja solução traga valor para seus consumidores. Essa dedicação aparece com frequência em pessoas que conquistam grandes coisas no mundo dos negócios, e fica mais ainda evidente entre aqueles que, apesar de grandes fortunas e conquistas, continuam a ter um estilo de vida modesto. Por exemplo, Mark Zuckerberg, o CEO do Facebook, passou anos morando em um imóvel alugado, mesmo tendo uma fortuna que chegava à casa dos bilhões de dólares. Seu compromisso com o objetivo original do Facebook de melhorar a comunicação humana foi reiterado em seu discurso no dia em que a empresa abriu o capital: "Nossa missão não é ser uma empresa de capital aberto. Nossa missão é tornar o mundo mais aberto e conectado". Ele poderia ter vendido suas ações e saído de cena há anos, mas seu conceito de sucesso é transformar sua ideia em uma realidade completa ou, em outras palavras, alcançar a autorrealização.

Muitos empreendedores seriais aprendem o valor da autorrealização depois da primeira saída. Depois de alcançar um ponto na vida no qual eu pensei que fosse bem-sucedido, essa sensação não durou muito tempo. Embora outras pessoas continuassem a pensar que eu tinha sucesso, eu não sentia que as coisas eram assim. Havia vendido minha primeira empresa e estava a caminho de abrir a próxima. Aprendi que o que mais importa para mim não é tanto receber as recompensas de uma empresa altamente lucrativa, mas sim resolver problemas, construir empresas de valor e causar um impacto no mundo. Sim, pode parecer um pouco soberbo, mas essa é a razão pela qual me levanto todas as manhãs e a medida pela qual determino o meu sucesso.

Não há nada de errado em querer ter sucesso, mas é a razão errada para começar um negócio. Começar um negócio para ter sucesso é como se casar para fazer sexo. As pessoas frequentemente se concentram demais nos benefícios da empreitada em vez de no seu propósito verdadeiro. Se você se lembrar de se concentrar em seu propósito — sem deixar que ele seja adulterado por quaisquer motivos ulteriores —, permanece no rumo certo para atingir sua meta, e os benefícios do seu esforço terão uma probabilidade maior de se acumular. Eu gosto da maneira que Dave Navarro, o "Coach dos Lançamentos", descreve a questão: "O sucesso não é uma pessoa. É um evento".

85. VOCÊ FICA EMPOLGADO NAS MANHÃS DE SEGUNDA-FEIRA

Esta é só mais uma segunda-feira louca
Queria que fosse domingo
Porque esse é o meu dia divertido
O dia em que eu não preciso correr
Esta é só mais uma segunda-feira louca
— Tradução de "Manic Monday", The Bangles

"Manic Monday", a canção popular que debutou em 1986 com a banda americana de pop The Bangles e foi composta por Prince, descreve a angústia semanal de tantas pessoas que se levantam para ir trabalhar em uma manhã de segunda-feira. Embora eu tivesse somente seis anos de idade em 1986, lembro-me muito bem da melodia da música e ainda consigo recitar alguns dos versos de cabeça. Quando ainda era criança, não fazia ideia do que a música queria dizer. Eu sabia apenas que havia algo peculiar em uma segunda-feira. Mas não demorou muito até que eu conseguisse me identificar com a música:

alguns meses depois, a manhã de segunda-feira representava a hora de ir para a escola, e isso não é mais divertido do que ter de ir trabalhar.

A música do The Bangles se tornou um sucesso porque muitas pessoas conseguiam se identificar com ela. Todo mundo, em algum momento da vida, tem esse sentimento ruim em relação às manhãs de segunda-feira. Embora a música descreva uma ansiedade comum de maneira leve e divertida, a questão que envolve as segundas-feiras é muito mais séria do que talvez você pense.

Uma quantidade desproporcional de ataques cardíacos acontece nas manhãs de segunda-feira. A razão? As pessoas ficam tão estressadas por terem que ir trabalhar que sua pressão arterial vai às alturas, aumentando a probabilidade de um ataque cardíaco. Um estudo conduzido pela Universidade Feminina de Medicina de Tóquio, no Japão, e publicado no *American Journal of Hypertension* em 2005 comprova que ter um emprego pode ser devastador para a sua saúde. E isso porque a música era leve e divertida!

Em contraste com essa realidade tristonha e deprimente para milhões de americanos, existe um grupo de pessoas que ama de verdade as manhãs de segunda-feira. Essas pessoas não têm uma música-tema composta por um dos maiores astros do rock nem estudo médico publicado sobre o pouco estresse que têm. Quem são essas pessoas tão raras? Os empreendedores. Empreendedores adoram as segundas-feiras. Por quê? São vários os motivos, mas aqui estão dois dos meus favoritos:

1. *Segundas-feiras representam um renascimento.* Trabalhar em uma segunda-feira é como apertar o botão de *reset*. A maioria dos empreendedores trabalha o tempo todo; por isso, a segunda-feira — mesmo que a sua única razão de existir seja o fato de ser o primeiro dia de trabalho da semana — representa um momento de recomeçar e de ajustar o foco.

2. *Nas segundas-feiras, os negócios continuam a funcionar como sempre.* Na segunda-feira, o mundo parece estar funcionando em sua

totalidade novamente. As pessoas estão de volta aos seus escritórios. Elas retornam os telefonemas da semana anterior. Respondem os e-mails. Por ser um dia oficial de trabalho, as pessoas se sentem mais obrigadas a responder às suas mensagens. E se você trabalha com vendas ou negociações, nada é pior do que quando o fim de semana chega para matar o seu impulso. Você não pode conquistar o mundo se ele para por dois dias.

Aqueles entre vocês que já são empreendedores provavelmente assentem, concordando. Por outro lado, aqueles de vocês que trabalham durante o horário comercial e têm sonhos empreendedores acham difícil acreditar que alguém poderia amar uma manhã de segunda-feira. Este segmento é para você. Mas não se preocupe em tentar assumir ativamente essa característica. É algo que acontece automaticamente. Um empreendedor que teme as segundas-feiras talvez não seja um empreendedor pelas razões certas. Se você precisa de uma questão que sirva como teste para saber se a sua motivação está onde precisa estar, aqui está ela. Em outras palavras, se você é um empreendedor e não gosta das segundas-feiras, provavelmente é hora de procurar outra coisa para fazer. O jeito que você se sente nesse dia tão crítico é muito importante. Afinal de contas, gostar ou não das segundas-feiras pode ser uma questão de vida ou morte... literalmente.

86. VOCÊ FICA DECEPCIONADO QUANDO A SEXTA-FEIRA CHEGA

Eu detesto fins de semana porque a bolsa de valores não funciona.
— Rene Rivkin, corretor de ações e empreendedor australiano

Há alguns meses, em uma manhã de segunda-feira, atualizei o meu *status* no Facebook com a seguinte frase: "Eu adoro absolutamente as segundas-feiras. Não me empolgo tanto com as sextas". Já antecipava que receberia alguns comentários bem-humorados dos meus amigos, mas não pensei que a minha sanidade seria questionada. Um dos meus vizinhos comentou: "Você é maluco, cara". Mesmo assim, não me ofendi. Por mais que esse comentário fosse chocante e direto, ele até que tinha certa razão.

Embora a maioria das pessoas entenda por que eu amo as segundas-feiras, elas não entendem a razão pela qual não gosto das sextas. Elas acham que todo mundo ama as sextas. Mesmo se você trabalha por conta própria ou administra uma empresa, a sexta-feira é o dia que dá fim à semana árdua de trabalho, o sinal verde para ir a festas, dormir até mais tarde, fazer exercícios, cuidar das tarefas que deixamos para o fim de semana, passar o tempo em companhia da família e fazer muitas outras coisas que são divertidas. Como é possível alguém não gostar das sextas-feiras, não é?

A alegria da sexta-feira é algo que está entranhado em nossa cultura. Por exemplo, há inúmeras canções sobre a sexta-feira e seu significado feliz. Talvez a mais popular seja "Friday on My Mind" de The Easybeats, uma banda de rock australiana da década de 1960. A letra da música inclui este sentimento: "Não há nada que me incomode mais do que trabalhar para aquele ricaço". Para o compositor desse verso e milhões de trabalhadores rabugentos, a sexta-feira representa a liberdade, mesmo que temporária, do tal ricaço. Da mesma forma, há uma expressão bastante coloquial no inglês: T.G.I.F. (*Thank God It's Friday*, ou "graças a Deus, hoje é sexta-feira"), que chegou a virar o nome de uma rede de restaurantes bastante famosa nos Estados Unidos. Qualquer coisa inferior a elogios para as sextas-feiras e tudo que ela representa é quase um sacrilégio. Para algumas pessoas, a sexta-feira é mais sagrada que o sábado.

Bem, os adoradores da sexta-feira vão ter que me queimar na fogueira da inquisição, porque eu sou o Anti-Sexta-Feira. As sextas são o meu inferno. Fico particularmente irritado nesse dia e o meu moral é baixo. Às vezes chego até mesmo a passar várias horas sem comer. Fico exausto tentando motivar os membros da equipe que estão pensando somente na hora em que vão poder fugir do escritório. E me transformo na encarnação viva da depressão.

Percebo que outros empreendedores são como eu, e isso acontece por várias razões: três delas são bem comuns. Em primeiro lugar, *a sexta-feira, de maneira geral, é um dia inútil*. A produtividade dos funcionários cai bastante. De acordo com uma pesquisa da Accountemps, uma empresa de recrutamento e de empregos temporários, as sextas são, de longe, o dia menos produtivo de toda a semana de trabalho. Não há nenhuma surpresa aqui. Em segundo lugar, especialmente nos Estados Unidos, a sexta-feira é o *dia do pagamento...* para todos os funcionários, não para você. Não há estresse que se compare àquele que surge quando temos problemas para cumprir com as obrigações da folha de pagamento. Enquanto todos estão se sentindo como gatos gordos, você se sente como um cão raquítico. Em terceiro, *você tem de esperar dois dias inteiros até que qualquer coisa seja feita*. A maioria dos empreendedores está sempre trabalhando. Essa é a vida que escolhemos e que amamos, mas é especialmente frustrante quando você espera que todas as pessoas ao seu redor ajam da mesma forma.

A sexta-feira poderia ser renomeada como "chora-feira". E não existe happy hour; somente "unhappy" hour. Assim é a vida dos empreendedores, cheia de dicotomias: gostamos das segundas-feiras enquanto as outras pessoas gostam das sextas; gostamos de trabalhar enquanto todas as outras pessoas estão se divertindo; assinamos os cheques enquanto todas as outras pessoas recebem seus salários. Não me entenda mal. Não estou reclamando. Na verdade, acho que o meu amigo do Facebook tinha razão. Eu *sou* maluco. Mas gosto de ser maluco — ou insanamente rico, pelo menos. Mesmo que signifique detestar as sextas-feiras.

87. TRABALHAR EM HORÁRIO COMERCIAL É PIOR DO QUE A MORTE

Um emprego de verdade é um emprego que você odeia.
— Bill Watterson, cartunista e escritor

Todos os dias, para poder pagar suas contas, milhões de americanos vão para um emprego que odeiam. Todos os dias eu pago minhas contas para evitar ter de arranjar um emprego que odiaria. Enquanto o funcionário médio espera jamais ser demitido, eu espero jamais ser contratado. A maioria dos funcionários tem que lutar para conseguir um pequeno aumento; eu sou empreendedor porque não faz sentido colocar um limite na minha renda. A maioria das pessoas encontra a autoestima no trabalho; eu encontro a autoestima no empreendedorismo. Essa é a minha realidade e, embora não seja normal, creio que seja bastante natural.

Não me entenda mal. Tenho muito respeito por pessoas que fazem aquilo que é necessário para conquistar a renda que precisam para sustentar a si mesmos ou suas famílias. Até consigo me identificar com elas.

Por exemplo, houve uma época em que tive um emprego sazonal na Macy's e achava que ia morrer. Tinha que acordar às 4h30min para vender relógios de pulso e empurrar cartões de crédito para os clientes, passando o dia inteiro em pé e agradando alguns dos compradores mais mal-educados. Todos os dias eu voltava para casa me perguntando como as pessoas conseguiam fazer esse tipo de trabalho durante anos. Ter que passar o dia inteiro em pé e cuidando do horário parecia um castigo cruel e inusitado, não um emprego. Quando a temporada de compras de natal se encerrava, eu estava ansioso para voltar a ser o meu "antigo eu".

Por mais ridículo que possa parecer, eu tenho um medo bastante real de ter que trabalhar durante o horário comercial. Na verdade, temo isso bem mais do que a própria morte. O medo é tão intenso que frequentemente tenho pesadelos a respeito. Com uma análise mais aprofundada do meu medo, um psicólogo treinado provavelmente determinaria que não tenho medo do emprego em si. Em vez disso, o que me aterroriza é a possibilidade do fracasso.

O trabalho é somente um sintoma daquilo que seria uma derrota interna esmagadora.

Ter um emprego significaria que eu não poderia mais continuar com minha vida de empreendedor em período integral, fazendo o que acho ser mais gratificante. Dessa maneira, sou como todas as outras pessoas que classificam o medo do fracasso como uma das suas maiores fobias.

Ouvimos com bastante frequência a expressão popular "Não há nada a temer!". Inclusive, a frase em inglês ("No Fear") é uma estampa de camisetas que vende muito bem nas lojas. O fenômeno é um excelente exemplo de como a nossa cultura idolatra uma realidade inalcançável na qual nós não temos medo de nada. O medo é o principal inimigo que devemos vencer. Bem, eu discordo disso. Em alguns casos, o medo pode fazer muito bem. Se, assim como eu, você tem medo de ter que trabalhar em horário comercial em um emprego comum, isso serve de motivação para que você faça tudo o que for possível para evitar que isso se torne realidade. Até agora, as coisas deram certo para mim.

Diz-se com bastante frequência que empreendedores são destemidos. Mas essa percepção não corresponde totalmente à realidade. Empreendedores são seres humanos e têm medos como qualquer outra pessoa. É muito provável que ter um emprego seja um desses medos, mas nós simplesmente o canalizamos em algo construtivo, como a motivação ou a coragem para sermos excepcionalmente bons no que fazemos.

Quando um medo saudável é combinado com um desejo maior de chegar ao sucesso, nada será capaz de detê-lo.

88. SEUS PAIS QUEREM QUE VOCÊ ENCONTRE UM EMPREGO DE VERDADE E QUE TENHA BENEFÍCIOS

Meu filho, agora, é um "empreendedor". É assim que as pessoas chamam quem não tem emprego.
— Ted Turner, fundador da CNN, empresário e filantropo

Era tarde demais. Como pude ser tão descuidado e ter deixado aquela carta na minha escrivaninha? Minha mãe, cuja curiosidade frequentemente não respeita a privacidade dos filhos, estava com a carta na mão. Não creio que ela tenha lido todo o texto antes de correr até onde meu pai estava para lhe mostrar a carta. Tenho quase certeza de que ela parou de ler por volta do terceiro parágrafo daquela carta de duas páginas que declarava: "Sua remuneração inicial será de 55 mil dólares por ano... se aceitar trabalhar conosco, vamos lhe pagar um bônus contratual no valor de 5 mil dólares no ato da assinatura do contrato". Oh, não! Meus pais descobriram aquilo que eu imaginava que jamais viessem a saber.

No final do ano 2000, na época do natal, eu havia acabado de iniciar o último ano da faculdade e acabado de completar vinte anos de idade. Três semanas antes de voltar para casa para passar o período das festas, recebi uma carta de proposta de uma das cinco maiores empresas de consultoria da época, mas não a havia lido. Não estava interessado em lê-la, porque não tinha nenhuma intenção de aceitar realmente o emprego, não importava quanto dinheiro a empresa me oferecesse. No decorrer das festas, finalmente decidi ler a carta. O contrato inteiro tinha um valor de mais de 80 mil dólares, corrigido para valores de 2012, e isso sem incluir os benefícios.

A primeira coisa que meu pai me disse depois de saber da oferta de emprego me pegou de surpresa. Ele resmungou:

— Mesmo depois de trabalhar na mesma empresa por mais de trinta anos, eu não ganho nem ao menos vinte dias de férias remuneradas.

Depois desse comentário, eu me senti um pouco culpado por recusar a proposta. Percebi, depois daquela conversa desajeitada, que ele e minha mãe queriam que eu aceitasse, já que ela representava a culminação de todos os esforços que eles fizeram. Eu sentia que era o filho de ouro. Havia recebido uma bolsa de estudos integral para cursar a faculdade, e agora tinha uma proposta de emprego incrível durante aquele que os analistas de mercado diziam ser um dos piores períodos, em anos, do mercado de trabalho para profissionais recém-formados. Ainda assim, eu queria trilhar um caminho diferente, uma aventura mais empolgante que imaginei que me levaria à verdadeira autorrealização.

Meus pais, após algum tempo, aceitaram a minha ideia de me dedicar cem por cento ao empreendedorismo. Depois daquele natal, eles nunca chegaram realmente a me pressionar para conseguir um "emprego de verdade". Eu os agradeço por isso. Talvez o seu apoio venha do fato de terem total confiança em mim, sabendo que vou alcançar meus objetivos. Imagino que tenha ajudado, também, o fato de eu conseguir cuidar de mim mesmo sem precisar de muita ajuda deles. O mais engraçado é que, hoje em dia, a minha mãe, que ainda acredita que um emprego em uma grande corporação é a forma mais garantida de ter segurança financeira e prestígio social, sempre me pergunta com um toque de preocupação materna: "Como vai a sua empresa?". Assim como venho fazendo durante os últimos doze anos, eu a reconforto, dizendo: "Está indo bem". Por algum motivo, não creio que minha resposta ajude a diminuir sua preocupação, especialmente porque tenho uma família agora. Meu pai não diz muita coisa, embora eu saiba que ele me apoia.

Se os seus pais quiserem que você arranje um emprego de verdade, seja paciente com eles. No fundo, eles estão apenas pensando no seu bem. Tenho pouco mais de trinta anos e acho que eles ainda gostariam que eu arranjasse um emprego de verdade. Essa é somente a expectativa da geração deles, e qualquer coisa que fuja à norma é um risco enorme. De muitas maneiras, eles têm razão. Todos nós sabemos que o número de empresas que fracassam é muito menor do que o número das que chegam ao sucesso. E, para você, a melhor coisa a fazer é trabalhar duro para construir um negócio que seja lucrativo e altamente bem-sucedido. Talvez até possa mandar um cheque para seus pais de vez em quando. Como é possível que eles não sintam orgulho disso?

Caso esteja se perguntando qual foi a empresa que me fez aquela proposta de trabalho, foi a Arthur Andersen, a empresa de consultoria que não existe mais. Ela quebrou junto com a Enron em um dos maiores escândalos contábeis e desastres financeiros da história. A Enron declarou falência em 2 de dezembro de 2001. Se eu tivesse aceitado a oferta que me fizeram, estaria desempregado dali a alguns meses.

Em mais uma reviravolta estranha do destino, meu pai foi recentemente forçado a assumir uma situação de semiaposentadoria por uma empresa na qual ele trabalhou durante quase quarenta anos. A empresa o dispensou, junto com alguns executivos altamente experientes, da maneira menos honrosa do que ele poderia ter imaginado. Quem sabe? Talvez seja uma coisa boa. Agora posso estimulá-lo a se tornar um empreendedor.

89. ÀS VEZES, VOCÊ CONSEGUE MAIS DECEPÇÕES DO QUE RESPEITO

Empreendedores são os heróis esquecidos da América.
— Ronald Reagan, quadragésimo presidente dos
Estados Unidos da América

Quando se torna empreendedor, você não recebe um uniforme de super-herói com uma enorme letra E estampada no peito. Embora você realmente seja sobre-humano — já que deu um salto do tamanho de um oceano que muitas pessoas jamais considerariam dar, resolveu problemas complexos e transformou uma paixão em lucro —, a pessoa comum não valoriza os superpoderes que você tem. E, quando conquista o sucesso, Gotham City não vai lhe dar uma festa em agradecimento por ter salvado a economia; provavelmente vai apenas lhe enviar uma fatura com impostos mais altos. Para quase todo mundo, você é a mesma pessoa que sempre foi. Está muito longe de ser um super-herói em uma equipe de elite como Os Vingadores, combatendo e detonando o desemprego, as recessões e o subdesenvolvimento. Inclusive, algumas pessoas consideram que você é mais parecido com um vilão do que com um salvador.

Uma parte da culpa recente por essa ingratidão se deve à economia ruim. O empreendedorismo, atualmente, é proposto como a panaceia para os nossos males econômicos. Enquanto economistas e autoridades governamentais acreditam que estimular o empreendedorismo em seus níveis mais fundamentais seja uma solução parcial para fazer com que a economia ganhe fôlego outra vez, a atividade empreendedora perdeu um pouco do seu prestígio e a capacidade de atração. Tornou-se um último recurso burocrático e romântico para ajudar pessoas que não têm emprego. Em alguns estados americanos, programas para estimular o empreendedorismo aparecem bem quando as reservas para os benefícios assistenciais de desemprego se aproximam do esgotamento. Infelizmente, a situação ficou assim: ser empreendedor se tornou um eufemismo para estar desempregado. Ser empreendedor chegou até a ser associado a ser preguiçoso. Em vez de o empreendedorismo ser um distintivo de mérito, a atividade se tornou um estigma de vergonha. O bom é que essa postura provavelmente vai mudar conforme a economia melhora, mas as pessoas se ressentem dos empreendedores por causa de duas outras razões que permanecem firmes há muito tempo:

1. *A inveja talvez seja a razão mais comum pela qual os empreendedores não recebam o respeito que merecem*, principalmente das

pessoas que são próximas a eles. Como se estivessem observando uma linha do tempo do Facebook bastante maquiada e tendenciosa, os espectadores ressentidos sentem inveja do estilo de vida incrível de alguns empreendedores. Mas não se dão conta do trabalho duro que está envolvido em fazer com que esse estilo de vida seja possível. É preciso de autoconfiança e bom senso dignos de um super-herói para se tornar empreendedor — e todo mundo sabe disso. Empreendedores são extremamente raros, perfazendo menos de um por cento da população total dos Estados Unidos. Apesar desses fatos, as pessoas sempre sentem inveja daqueles que assumem riscos para fazer algo grandioso, e a inveja frequentemente se manifesta na forma de ressentimento.

2. *Empreendedores são desrespeitados porque não fazem mais parte de um quadro de funcionários ou saíram da Matrix.* Como resultado, as pessoas não conseguem necessariamente encaixá-los em uma caixinha bonita que tem um rótulo do tipo "advogada", "mecânico" ou "secretária". Para elas, existe um mistério incômodo sobre o que os empreendedores fazem, como passam seu tempo, para onde vão e assim por diante. Elas se perguntam como essa categoria profissional consegue pagar suas contas. Pessoas com consciência de classe têm uma dificuldade particular, porque não fazem ideia de quanto dinheiro um empreendedor ganha. Querem descobrir quem ganha mais dinheiro para que possam saciar a ansiedade gerada pela sua curiosidade. Em geral, as pessoas têm medo e desconsideram aquilo que não entendem; infelizmente, isso inclui os empreendedores.

Um ponto positivo é que os empreendedores que encontram tal ressentimento frequentemente o transformam em um fator poderoso de motivação. Da mesma maneira que um super-herói pode ser motivado a refutar alguém que nega o seu valor, um empreendedor se inspira a silenciar o ressentimento que existe em relação ao empreendedorismo, e até mesmo aos ataques pessoais. Super-heróis e empreendedores fazem o que deve ser feito sob quaisquer circunstâncias. Em última análise, eles sabem que ressentimento e respeito não são mutualmente excludentes.

90. A QUESTÃO NÃO É SER SEU PRÓPRIO CHEFE

"Matar o meu chefe? Será que me atrevo a transformar o Sonho Americano em realidade?"
— Homer Simpson, em *Os Simpsons*

Por um momento, parecia que a mensagem estava por todos os lados — na televisão, no rádio, em inúmeras mensagens do Twitter e do Facebook. Todos os dias eu ouvia alguém ou via algum anúncio alardeando o maior benefício do empreendedorismo. E qual era esse grande benefício? Bem, não era como a dedicação ao empreendedorismo poderia fazer de você uma pessoa rica. Em vez disso, o empreendedorismo possibilita que você "seja o seu próprio chefe". Que coisa sem graça! E, acima de tudo, é enganoso!

Esse slogan espertalhão seduz aqueles que têm um emprego e querem escapar do seu chefe, mas não podem. Seria como persuadir um presidiário a fugir da cadeia porque, agindo assim, ele pode ser o seu próprio carcereiro. Por que você iria querer ser o seu próprio chefe, alguém que você detesta?

Ser seu próprio chefe não é a razão certa para se dedicar ao empreendedorismo por duas razões:

1. *A expressão "ser o seu próprio chefe" atrai aquelas pessoas que acreditam que um chefe dominador é uma coisa ruim.* Elas anseiam pela liberdade de fazer aquilo que quiserem, quando quiserem. Pessoas com esse tipo de postura geralmente se tornam empreendedores terríveis. Como muitos empreendedores vão lhe dizer, a menos que você tenha uma autodisciplina muito forte, um chefe exigente que o mantenha nos trilhos que levam ao sucesso é algo excelente, independentemente

de esse chefe ser você mesmo, um investidor, um mentor ou uma diretoria executiva. Uma coisa é certa: para ser um empreendedor de sucesso, a disciplina é indispensável. Não há como escapar.

2. *O malfadado slogan "seja o seu próprio chefe" se apoia em uma falsa ideia sobre o verdadeiro significado de ser empreendedor.* Essa frase implica que ser um empreendedor é ser um gerente. Não é verdade. O escritor e guru do empreendedorismo Michael Gerber definiu o conceito da melhor maneira possível em seu livro clássico, *O mito do empreendedor.* Ele explica que há três tipos de pessoas que decidem abrir seu próprio negócio: o empreendedor, o gerente e o técnico. Escreve Gerber: "A personalidade empreendedora transforma a condição mais trivial em uma oportunidade excepcional. O Empreendedor é o visionário que existe em cada um de nós. O sonhador. A energia por trás de cada atividade humana. A energia que acende o fogo do futuro. O catalisador da mudança... para o empreendedor, a maioria das pessoas são problemas que atrapalham a realização do sonho".

Por outro lado, um chefe ou O Gerente é pragmático. Gerber prossegue: "Sem O Gerente, não haveria planejamento, nem ordem, nem previsibilidade... sem O Gerente, não haveria empresa, não haveria sociedade". Um empreendedor não é gerente.

Eu ficaria muito mais feliz se aqueles anúncios que dizem "seja seu próprio chefe" jamais mencionassem o empreendedorismo. Em um mundo ideal, eles diriam: "Seja o dono da sua própria empresa!". E a coisa pararia por aí. O empreendedor, de acordo com a descrição de Gerber, "constrói uma casa e, no instante em que termina, já começa a planejar a próxima". Empreendedores não se interessam nem um pouco em ser chefes e, se um empreendedor tiver que ser chefe, é quase certo que essa função será temporária.

As pessoas que acreditam na falácia do "seja seu próprio chefe" prejudicam o próprio potencial empreendedor e estão no jogo pelas razões erradas. Você é um chefe ou um empreendedor?

91. O EMPREENDEDORISMO ESTÁ NO SEU SANGUE, LITERALMENTE

A inspiração vem de lugares inteiramente diferentes.
— Jeffrey Katzenberg, CEO da DreamWorks Animation

Oprah Winfrey é famosa por fazer chorar os convidados que entrevista em seu programa. Entretanto, desta vez, foi ela quem acabou derramando lágrimas, emocionada pela importância e pela circunstância do momento.

Em 2007, eu me deparei com um programa especial de televisão chamado *As raízes de Oprah: Um especial sobre vidas afro-americanas*, no qual o produtor Henry Louis Gates Jr. revelou notícias chocantes para Winfrey sobre a história da sua família. Gates, o chefe do curso de Estudos Afro-Americanos de Harvard, pesquisou extensivamente a história familiar de Winfrey e decidiu divulgar o que descobriu em um programa especial na TV. A revelação foi espantosa.

Gates anunciou que o tataravô de Winfrey, um ex-escravo nascido cinco gerações antes dela, comprou uma grande extensão de terras e construiu em sua propriedade uma escola para crianças afro-americanas. Considerando a época em que ocorreu, foi uma conquista extraordinária. Quando Winfrey soube desse fragmento incrível da história, ficou sem palavras. Lágrimas encheram seus olhos. Um olhar vazio se transformou em um sorriso cheio de autoconfiança. Winfrey, cujas paixões são a educação e a terra, estabeleceu imediatamente uma conexão com seu ancestral pioneiro. Assim como o tataravô, ela construiu uma escola para crianças pequenas e é proprietária de uma quantidade significativa de terra. Oprah descobriu e validou um propósito renovado na vida. (Coincidentemente, minha esposa e eu fomos cavalgar nas terras de Winfrey em Hana, no Havaí, em 2008. Foi então que soubemos que as terras que ela tem ali são uma de várias propriedades que ela tem espalhadas pelo mundo.)

MOTIVAÇÃO

Enquanto assistia àquele programa, não consegui evitar de me emocionar também. Senti uma alegria tremenda por Winfrey e esperança por mim mesmo, no sentido de que algum dia eu encontraria alguém na minha família que foi um empreendedor pioneiro. Como um jovem empreendedor, eu me esforçava para encontrar uma afirmação positiva na família de que o empreendedorismo era um caminho honrado e legítimo. Ter um grupo de amigos e associados que são empreendedores é maravilhoso, mas ter o apoio de familiares, sejam os mais imediatos ou mais distantes, faz diferença.

Meu irmão mais velho foi a figura mais próxima de um empreendedor que vi na família. Depois de se formar no Berklee College of Music em Boston e viajar pelo mundo tocando jazz no piano com Wynton Marsalis e Herbie Hancock, ele ficou encarregado de conseguir shows para a sua banda, cuidar do agenciamento e pagar os músicos. Criou uma empresa pela qual produzia os CDs e cuidava dos seus contratos de afinação de pianos. Além do meu irmão, ninguém na minha família mais próxima chegava perto de ser um empreendedor. Nos dois lados da minha família estendida, todos trabalhavam em empregos normais, das nove da manhã às cinco da tarde.

Posteriormente, eu acabaria descobrindo o quanto os empreendedores são raros. De acordo com a Kauffman Foundation, Atlanta era a segunda área metropolitana em número de criação de novas empresas em 2011.

Em 2011, 500 de cada 100 mil adultos com idades entre vinte e sessenta e quatro anos abriram um negócio. Los Angeles era a maior cidade, com 580 de cada 100 mil. Isso corresponde a aproximadamente 0,58 por cento na cidade mais empreendedora dos Estados Unidos. Não me admira que seja tão difícil encontrar um parente que seja empreendedor.

Minha avó paterna nasceu em 1912. Nunca pensei que ela seria o elo que me conectaria aos parentes que tinham sua própria empresa.

Enquanto encorajava meus irmãos e a mim a assistir a um vídeo da minha avó falando sobre sua vida, meu pai mencionou que ela tinha um irmão que era dono de um mercado. Depois de pedir ao meu pai que contasse um pouco mais sobre a história, soube que meus tios Thomas e Dan eram empreendedores. O tio Thomas entregava os produtos com sua carroça e o cavalo, enquanto o tio Dan viajava até as minas na Pensilvânia para recolher carvão e vendê-lo em Baltimore. Quando soube disso, não cheguei a verter lágrimas como Oprah, mas procurei e encontrei uma conexão. Eu não era um cara tão estranho, afinal de contas.

Decidir ser empreendedor pode ser uma experiência e um esforço solitários, especialmente se ninguém na sua família tiver vocação para isso. Mas quero estimular você a fazer algumas pesquisas no seu próprio histórico familiar, e há boas chances de encontrar alguém que assumiu os mesmos riscos que você. Assim como Oprah Winfrey e eu, você vai descobrir aquele parente corajoso que lhe dá a inspiração extra e o enche de orgulho. Assim como a personagem Charlotte Phelan disse no filme *Histórias Cruzadas*, "A coragem às vezes salta uma geração".

92. VOCÊ SABE O QUANTO VALE

A autoestima vem de uma coisa bem específica:
pensar que você tem valor.
— Wayne Dyer, escritor de livros de autoajuda e palestrante motivacional

John olhou bem nos meus olhos e, com uma expressão severa e a voz sussurrada, compartilhou um segredo perturbador. Sua revelação me deixou abalado. Ele me avisou:

— Eles contratam e pagam muito bem os alunos de ciência da computação que estudam na Georgia Tech. Todos os estagiários de outras escolas recebem salários menores e cargos inferiores. Muitos deles simplesmente ficam felizes por estar aqui, por isso trabalham de graça ou em troca de migalhas. Não deixe isso acontecer com você. Faça com que paguem aquilo que você vale.

John era um estagiário veterano na empresa e estava no último ano do seu curso na Georgia Tech. Sua informação foi bem precisa. Quando me ofereceram o emprego, segui seu conselho e consegui negociar um bom salário. John e eu nos tornamos bons amigos.

Cerca de um ano antes, em outro estágio em Boston, meu mentor me disse para evitar aceitar cargos em nível de entrada se eu soubesse que poderia arcar com um trabalho mais desafiador. Especificamente, ele me alertou, dizendo:

— Seja lá o que você faça, não aceite um emprego na área de QA. Você é bom o suficiente para ser um desenvolvedor de *software*. Se começar no nível de QA, sua carreira vai ficar engessada e vai demorar mais para subir pelos degraus da hierarquia até chegar a desenvolvedor.

QA é a abreviação de *Quality Assurance* e descreve o trabalho daqueles que testam os programas que os desenvolvedores escrevem. A turma do QA certamente preferiria escrever os programas em vez de somente testá-los. Eu estava no primeiro ano da faculdade quando recebi esse conselho. Foi a primeira ocasião em que fui exposto ao absurdo do sistema de castas que existe em muitas empresas grandes de tecnologia.

Após algum tempo, saí do emprego que John me ajudou a conseguir em Atlanta. A política corporativa e os egos começaram a inibir o meu crescimento, e eu não estava disposto a ficar esperando até que as coisas melhorassem. Também fiquei frustrado por trabalhar para alguém que ganhava várias vezes mais do que eu. Sabia que meus talentos valiam mais do que qualquer empresa estava disposta a pagar. Alguns meses depois de sair do emprego, fundei minha própria empresa.

O que isso tem a ver com ser empreendedor? Se você ainda está trabalhando, tem tudo a ver. Muitos empreendedores em potencial não conhecem seu próprio valor. Ficam paralisados pelo próprio conforto, sem a disposição de maximizar seu verdadeiro potencial. Se pelo menos eles conseguissem despertar e perceber que seu salário é apenas uma fração do que poderiam conquistar como empreendedores... felizmente, eu despertei cedo.

Quando você der o passo decisivo para se tornar empreendedor e estiver tocando o seu negócio há algum tempo, conhecer o próprio valor assume outro significado. Neste ponto, a questão não é mais o seu valor necessariamente, e sim o valor da sua empresa. Não há exemplo melhor de alguém que compreendeu o valor da sua empresa do que Mark Zuckerberg, cofundador e CEO do Facebook.

A empresa de Mark Zuckerberg teve várias oportunidades de ser adquirida quando realmente começou a crescer. Por exemplo, a Viacom chegou a oferecer 75 milhões de dólares para comprar a empresa inteira em 2005. Queria combinar o *Thefacebook*, como ela era chamada então, com a MTV.com. Conforme foi descrito no livro *O efeito Facebook* de David Kirkpatrick, "se Zuckerberg aceitasse essa oferta, teria enfiado cerca de 35 milhões de dólares no bolso em troca de um ano de trabalho. Mas isso não lhe interessava". A maioria de nós teria aceitado a oferta. Zuckerberg pensava que a sua empresa seria uma empresa de bilhões de dólares algum dia. Sete anos depois, o valor do Facebook foi estimado em 75 bilhões de dólares antes que a empresa abrisse o seu capital na bolsa de valores. Sim, são bilhões, com "b".

Se você estiver contemplando a possibilidade de sair do seu emprego ou analisando ofertas para a compra da sua empresa, é necessário ter coragem para bater o pé e conseguir aquilo que acredita que você ou sua empresa vale. Você tem que entender que as coisas nem sempre funcionam a seu favor, mas, quando isso acontece, tudo vale a pena.

Não precisa acreditar no que estou dizendo. Basta perguntar a Mark Zuckerberg.

93. VOCÊ NÃO CONSEGUE FICAR EM UM SÓ EMPREGO

> Não percebi na época, mas percebi que ser demitido da Apple foi a melhor coisa que poderia ter acontecido comigo... isso me libertou para entrar em um dos períodos mais criativos da minha vida.
> — Steve Jobs, cofundador da Apple

Nunca consegui ficar no mesmo emprego por mais de cinco meses. Tive cinco empregos e estágios em toda a minha vida, e a maioria terminou mais rápido do que o tempo que precisei dispender para garantir a oportunidade. A maioria dos empregos era formada por estágios de verão ou mesmo empregos de curto prazo, mas alguns deles eram contratos mais longos, nos quais eu trabalhava em horário comercial. Mesmo assim, descobri bem cedo na vida que ter um emprego tradicional não era para mim. Mal sabia eu que minha experiência nômade era típica de alguém que se enquadra como um empreendedor em formação.

De acordo com um estudo recente feito pelo LinkedIn, um site de redes sociais profissionais com mais de 100 milhões de perfis públicos, empreendedores ficaram em seus empregos anteriores por cerca de 2,5 anos, comparados à média nacional de 4,4 anos. O estudo revela a natureza inquieta dos empreendedores que não conseguem ficar em um mesmo cargo por muito tempo. O desejo para dar um passo adiante pode vir de várias fontes.

Para mim, a inquietação veio da impossibilidade de me afastar dos meus próprios projetos. Sempre tinha uma ideia ou um negócio que estava desenvolvendo, e essa era a minha prioridade. Sentia que ter um emprego em vez de trabalhar na própria empresa era uma escolha ruim. Não importa o quanto o trabalho fosse atraente, eu sempre acabava dando preferência aos meus próprios projetos. Mesmo quando meu empregador permitiu que eu trabalhasse em meus próprios projetos, acabei me desligando da empresa porque o trabalho estava ocupando o tempo precioso que eu poderia dedicar às minhas próprias ideias. Ter um emprego não estava me ajudando a crescer. Não era nada além de um salário e uma sensação de segurança financeira. Para a maioria das pessoas isso é o bastante, mas eu queria algo diferente, algo além.

Alguns dos mais famosos empreendedores também não conseguiram se firmar em um emprego comum. Uma das minhas histórias favoritas sobre funcionários rejeitados é de como o agora bilionário Mark Cuban, fundador da MicroSolutions e proprietário do Dallas Mavericks, um time da NBA, foi demitido do emprego de vendedor de computadores. Quando Cuban não chegou na hora certa para abrir a loja, seu gerente o demitiu. Foi o último emprego de Cuban.

Da mesma forma, Walt Disney, Oprah Winfrey, Michael Bloomberg, J. K. Rowling, Thomas Edison, Bernie Marcus e Arthur Blank também foram demitidos antes de se tornarem empreendedores reconhecidamente destemidos. Todos eles perseveraram e criaram empreendimentos que valem bilhões de dólares. Muitos desses magnatas ainda identificam o fato de ter sido demitidos como uma das melhores coisas que lhes aconteceu e acreditam que a experiência serviu, inclusive, para acender neles a chama para trilhar o próprio caminho rumo ao sonhado sucesso.

Há muitos sinais de que você é um empreendedor, mas não ser capaz de ficar em um emprego por muito tempo talvez seja o melhor. Se não consegue se manter em um mesmo emprego, o universo pode estar tentando lhe dizer alguma coisa. Em vez de pular de emprego em emprego, corra a toda velocidade rumo ao seu destino empreendedor. Eu fiz isso e já faz doze anos que tenho um "emprego".

94. VOCÊ CHORA QUANDO AS COISAS NÃO ACONTECEM DO SEU JEITO

A decepção é poço infindável de inspiração para a comédia.
— Martin Freeman, ator inglês

Não há espaço para o choro nos negócios! Bem, era isso que eu pensava até ler a biografia de Steve Jobs que foi publicada pouco tempo depois da sua morte.

Para minha surpresa, parece que Jobs chorava por qualquer coisa que não acontecesse do jeito que ele queria. Por exemplo, quando Jobs foi forçado a sair da Apple, a empresa que ele mesmo havia fundado, ele chorou. A diretoria da Apple na época decidiu apoiar John Sculley para o cargo de CEO e planejava reduzir as funções de Jobs na empresa. Walter Isaacson, o autor da biografia, escreveu: "Ele [Jobs] voltou ao escritório, reuniu seus aliados fiéis na divisão do Macintosh que o acompanhavam há tempos e começou a chorar". Esse foi somente um de vários exemplos espalhados pelo livro que fala sobre o choro de Jobs.

Algumas dessas razões são relativamente justificáveis — como ser enxotado da empresa de bilhões de dólares que você criou —, mas outras parecem especialmente frívolas. Jobs também chorou quando o cofundador Steve Wozniak foi premiado como funcionário número um, e ele não foi. Chorou quando alguns dos seus melhores funcionários deixaram a empresa. Chorava quando as negociações não eram concluídas do jeito que ele queria. Chorava quando sua equipe tinha problemas com o design. Acho que você consegue visualizar essa imagem molhada.

Eu julguei Jobs rápido demais, mas em seguida me lembrei de que eu também havia chorado quando as coisas não aconteceram do jeito que eu queria nos negócios. A primeira e mais emotiva crise de choro aconteceu quando tinha vinte e cinco anos e um grande investimento acabou não se concretizando. Eu sentia que o meu mundo estava acabando, assim, chorei. Não foi um choro com dignidade no qual as lágrimas lentamente se acumulam até escorrer pelos seus olhos, escorrendo graciosamente pelas faces, enquanto você ainda tem controle sobre o seu corpo. Não, foi muito pior. Eu chorei com tanta força que soava como uma criança pequena que mal era capaz de respirar. Tinha muco saindo pelo meu nariz e o meu corpo se agitava em espasmos rítmicos durante a inalação para conseguir acompanhar o transbordamento daquela emoção tão crua. Por sorte, a namorada que tanto me apoiava estava ali para consolar, abraçar e orar por mim, dizendo que tudo ficaria bem. Após um tempo, eu me recuperei e me senti melhor pela choradeira.

Quando me lembrei desse incidente, sorri porque sabia que Jobs e eu éramos tão apaixonados por nossas empresas que não conseguimos evitar de nos expressar da maneira mais natural quando uma situação adversa nos afetava. Muitos empreendedores internalizam suas emoções infelizes de modo a parecer invulneráveis. Certamente há um lugar para isso. Entretanto, às vezes uma boa chorada é do que um CEO precisa para ir em frente e superar qualquer coisa que tenha acontecido.

Todo mundo fala sobre como os empreendedores devem ser completamente apaixonados pelo que fazem. Entretanto, raramente se fala sobre ser apaixonado de uma maneira mais abrangente. A paixão se manifesta de diferentes formas, de trabalhar por longos períodos até gritar com membros da sua equipe, de ter um entusiasmo juvenil e chegar às lágrimas quando as coisas não acontecem da maneira que você espera. Se você sente o desejo de chorar de vez em quando por causa de alguma questão relacionada à sua empresa, vá em frente e chore. Não há problema nenhum nisso. Muitos empreendedores no mundo inteiro choraram por causa das suas empresas. Eles simplesmente não são honestos o bastante para admitir o fato como Jobs e eu.

95. NUNCA É TARDE PARA SER UM EMPREENDEDOR

> Você nunca é velho demais para estabelecer outro objetivo ou para sonhar um novo sonho.
> — C. S. Lewis, escritor e teólogo

— Sou velha demais para abrir uma empresa — disse a minha amiga de quarenta e quatro anos quando eu tentava estimulá-la a se tornar empreendedora.

Balancei a cabeça enquanto ela tagarelava sobre o fato de ter muitas responsabilidades e por não ser mais tão criativa quanto costumava ser. Suas desculpas eram ridículas, mas bastante comuns para as pessoas da sua idade.

Conforme a mídia se concentra em jovens CEOs como Mark Zuckerberg do Facebook e Kevin Systrom do Instagram, é fácil presumir que a maioria das empresas, hoje, são abertas por adolescentes e por pessoas que tenham menos de trinta anos. Consequentemente, muitas pessoas mais velhas passam a acreditar nesse exagero da mídia e acham que abrir uma empresa é assunto para os jovens, aceitando que suas chances de sucesso são limitadas por causa da idade. Essa concepção e os exageros da mídia não poderiam estar mais distantes da verdade.

Em primeiro lugar, toda essa cobertura exagerada da mídia está concentrada no setor de tecnologia, que tende a glorificar os jovens superastros. Quando a mídia decide o que é mais atraente, a nova empresa de mídia social sempre brilha mais do que a nova confeitaria na avenida principal. Entretanto, a maioria das novas empresas nos Estados Unidos não são relacionadas ao setor de tecnologia nem são sexy. Serão principalmente microempresas com um único proprietário e pequenos empreendimentos com menos de cinco funcionários. A maioria dos proprietários terá idade suficiente para ser o pai ou a mãe de um guru da tecnologia.

Em segundo lugar, as pessoas mais velhas estão abrindo mais negócios do que adolescentes e pessoas com vinte e poucos anos. De acordo com um estudo da Kauffman Foundation, americanos com idades entre trinta e cinco e quarenta e quatro anos representaram o maior aumento na atividade empreendedora de 2008 a 2009. Americanos com idades entre cinquenta e cinco e sessenta e quatro anos compuseram o segundo maior grupo. As razões vão desde adultos na meia-idade que querem complementar sua renda até indivíduos aposentados que querem continuar trabalhando. Independentemente das razões, americanos mais velhos estão sendo infectados pelo vírus empreendedor, o que é uma boa notícia para todo mundo. Infelizmente, não ouvimos o suficiente sobre esses dados tão animadores.

De maneira bem interessante, as pesquisas mostram que pessoas mais velhas têm mais chances de chegar ao sucesso quando abrem seus negócios. Empreendedores mais velhos têm a experiência necessária para navegar melhor pelas águas revoltas do empreendedorismo. Durante anos de trabalho eles desenvolveram uma arca de tesouros que os torna profissionais altamente valiosos. Por exemplo, se eles decidem abrir uma empresa no mesmo ramo da indústria em que trabalharam durante anos, sua compreensão sobre o negócio é uma tremenda vantagem competitiva.

Outra boa notícia é que o economista David Galenson da Universidade de Chicago diz que "inovadores experimentais" precisam de tempo para alcançar seu ápice. Sua pesquisa, que em grande parte é responsável por decifrar o código por trás da mente criativa, conclui que inovadores experimentais fazem seus melhores trabalhos quando estão com idades mais avançadas. Eles aprimoram a sua genialidade por meio da tentativa e erro. Exemplos de inovadores como esses são Steve Jobs, Mark Twain e Alfred Hitchcock.

As pessoas mais velhas podem ter uma quantidade enorme de motivos para dizer que são velhas demais para abrir um negócio, mas essas são apenas desculpas — e muitas delas são defendidas com a desinformação. Atualmente nós temos muitos dados e motivos para acreditar que ter uma idade mais tardia é uma vantagem, não um problema, quando se abre uma empresa. Se você tiver trinta e poucos, quarenta e poucos anos ou for ainda mais velho, não é tarde demais para abrir a própria empresa. Não deixe que a idade o impeça de correr atrás dos seus sonhos. Em última análise, uma ideia sólida para uma empresa pareada com uma execução impecável, e não um rosto jovem, é o que leva ao sucesso nos negócios.

96. VOCÊ SENTE UMA ALEGRIA INCRÍVEL QUANDO SUA IDEIA SE TRANSFORMA EM REALIDADE

"Ele está vivo!"
— Dr. Frankenstein, em *Frankenstein*

Depois de lançar meu site quando estava no segundo ano da faculdade, costumava ir aos laboratórios de computação nos *campus* de diferentes escolas e ajustava os navegadores para que, na inicialização, eles abrissem diretamente na página do meu site. Fazer isso não era somente uma maneira eficaz de apresentar o meu site aos alunos, mas também me permitia ver como os alunos reagiam ao ver e usar o site pela primeira vez.

A maioria das pessoas que visitava o site pela primeira vez ficava surpresa ao descobrir um site de aparência profissional que exibia criativamente suas escolas com notícias, fotos e vídeos. Inclusive, alguns alunos que vinham ao laboratório com seus amigos mostravam imediatamente o site às pessoas com as quais chegavam. Esse era o nível de animação. Enquanto isso, eu observava os alunos navegando pelo meu site — percebendo as coisas nas quais clicavam, quanto tempo passavam no site e as expressões que tinham no rosto. Muitos alunos ficavam no site por longos períodos, clicando nas galerias de fotos, batendo papo com amigos, analisando perfis pessoais e aproveitando o conteúdo do site.

Conforme o site ganhava popularidade, vi mais alunos usando a plataforma. Poder observar as pessoas usando e curtindo algo que criei era especialmente gratificante e me dava uma sensação de alegria que eu jamais havia sentido. Frequentemente, quando se tem uma ideia, ela nem sempre funciona no mundo real da maneira que você imaginou que aconteceria. Eu não tive esse problema. Consegui acertar logo na primeira tentativa.

Da mesma forma, quando lancei a minha revista alguns anos depois, observei os leitores que a folheavam. Novamente, tive sucesso com a revista conforme leitores espalhados por toda a cidade de Atlanta a adoravam e esperavam ansiosamente a chegada da próxima edição. Era a mesma alegria que eu sentia quando observava os usuários navegando pelo meu site.

Talvez a ocasião em que senti a maior alegria vinha de receber *feedback* positivo dos usuários do meu site, leitores da minha revista e, posteriormente, usuários dos meus produtos. O *feedback* do qual me recordo melhor veio de uma mãe cuja filha estava na França, como aluna de intercâmbio, durante os ataques terroristas de 11 de setembro de 2001. Ela me escreveu uma carta bastante emocionada, descrevendo como a filha frequentemente visitava o meu site para ficar em contato com a sua escola e o seu país. Foi uma época difícil para a sua jovem filha enquanto estava na Europa, e visitar o meu site a ajudava a escapar do sentimento antiamericano do qual foi vítima na época. A mãe ficou verdadeiramente grata e emocionada o bastante para me escrever uma carta de agradecimento. Fiquei muito feliz em saber que o meu site serviu como um refúgio emocional para a sua filha, algo que jamais teria imaginado que aconteceria.

O que essas histórias têm a ver com ser empreendedor? Elas exibem o fato de que empreendedores têm orgulho e alegria enormes por transformar suas ideias em realidade. Saber que a sua ideia realmente funciona e causou impacto no mundo de alguma maneira é uma sensação diferente de todas as outras. Para muitas pessoas, é uma sensação ainda mais intensa do que fechar sua primeira venda ou receber o primeiro salário.

Eu me lembro da sensação incrível de alegria que o personagem Dr. Emmett Brown, conhecido afetuosamente como Doc, demonstra em um dos meus filmes favoritos, *De volta para o futuro*. Quando Doc percebe que sua máquina do tempo funciona, ele fica sem palavras por alguns segundos, em um estado de euforia maravilhada. Em seguida, sai dançando pelas ruas como se não houvesse ninguém olhando. São momentos como este e aqueles que compartilhei que motivam os empreendedores a criar; momentos como esses fazem com que nossos projetos e empreendimentos sejam muito mais especiais.

97. SEGUIR A SUA PAIXÃO É ALGO QUE NÃO EXISTE

Se a paixão é algo que o impulsiona, deixe as rédeas nas mãos da razão.
— Benjamin Franklin, empreendedor; um dos Pais Fundadores dos Estados Unidos da América

Uma expressão particular de quatro palavras se tornou o mantra dos empreendedores em todos os lugares, e é usada para inspirar e motivar as massas oprimidas para que se libertem das correntes da falta de paixão.

"Siga a sua paixão". Outra versão é a seguinte: "Faça o que você ama". Qualquer variação dessas duas frases tem a mesma premissa questionável. Ela presume que o sucesso vem da satisfação emocional ou de se envolver em uma atividade pela qual você tem forte atração ou desejo, a própria definição de paixão. Levando em conta que o sucesso no empreendedorismo é ter uma empresa lucrativa, essa premissa está muito longe da verdade. Contrariamente, o sucesso vem de fazer aquilo que frequentemente lhe traz a menor satisfação emocional.

Apesar dessa realidade, muitos empreendedores veteranos perpetuam o mito da paixão quando discutem como ter sucesso nos negócios. Estudos demonstram que é muito mais fácil inspirar e motivar por meio do reforço positivo, mas isso solapa a importância de fazer aquilo que é difícil e desconfortável de maneira consistente para levar um negócio adiante. Em vez de enfatizar às pessoas que façam aquilo que amam, deveríamos pelo menos atrair uma atenção igual à necessidade de enfrentar com a mesma energia as coisas que odeiam.

E o que eu quero dizer com "odeiam"? Quando você tem uma empresa, especialmente uma empresa jovem, é inevitável ter de fazer coisas que não são agradáveis. Seja fazer ligações não solicitadas para gerar mais negócios ou demitir um funcionário improdutivo, essas tarefas desagradáveis são a chave para se continuar no caminho correto. Os mais fortes e sábios empreendedores aprendem a assumir essas tarefas de maneira diligente e sem falha.

Recentemente, o magnata dos negócios Mark Cuban causou um enorme rebuliço quando publicou uma postagem em seu blog que acrescentava uma maneira diferente de encarar o mito da paixão. Conhecido por dizer o que pensa, Cuban escreveu: "'Siga a sua paixão', com toda a certeza, é o pior conselho que você poderia receber ou dar... sempre vai haver coisas que amamos fazer. Que sonhamos fazer. Que queremos muito, muito fazer com nossas vidas. Essas paixões não valem um centavo... se você realmente quer saber onde está o seu destino, olhe para onde você aplica o seu tempo... não siga as suas paixões, siga os seus esforços."

A perspectiva de Cuban, que é diferente, mas igualmente válida, era o resultado de uma avaliação honesta da falácia de que o dinheiro, a felicidade e o sucesso aparecem magicamente quando você segue a sua paixão.

Empreendedores não deveriam necessariamente encorajar as pessoas a seguir suas paixões para alcançar o sucesso nos negócios. Esse conselho é mais aplicável a uma meta maior de autoajuda na vida. Empreender é algo que envolve resolver problemas, melhorar a qualidade de vida, criar novas soluções e, sim, ganhar dinheiro. Essas coisas envolvem uma grande quantidade de dor e trabalho enfadonho, não uma euforia infindável. Se você conseguir alinhar a construção de uma empresa sólida com o ato de fazer o que ama, isso é ótimo, mas certamente não é um pré-requisito. Da mesma forma, é uma má ideia monetizar sua paixão sem uma consideração bastante extensa. Finalmente, o fato da sua empresa ter alguma coisa a ver com a sua paixão não deveria ser o fator determinante para você desejar abrir um negócio.

98. VOCÊ TEM A MOTIVAÇÃO CERTA

O dinheiro nunca foi a motivação.
— Katarina Witt, patinadora artística e modelo alemã

Conforme o empreendedor se desenvolve, o mesmo deveria acontecer com a motivação dessa pessoa. Na maioria dos casos, nós falamos sobre a motivação em termos gerais; raramente, se é que chegamos a fazê-lo, exercemos um julgamento de valor sobre os diferentes tipos. Presumimos que toda a motivação, desde que sirva para catalisar a atividade empresarial, é aceitável. Ou presumimos que a maioria dos empreendedores é, em última análise, motivada pelo dinheiro. (O objetivo de qualquer empresa, afinal de contas, é gerar lucros.) Entretanto, essas premissas comuns não nos ajudam a delinear nem dar valor aos diferentes tipos de motivação que podem ser usados para examinar o sucesso ou o fracasso de um empreendedor — e o seu progresso ou retrocesso — a qualquer momento. Por exemplo, a motivação empreendedora varia em intensidade, validade e sustentabilidade. Para explicar melhor esses graus de diferença, eu formei um contexto, ou estrutura, que tenta explicar a maturação natural da motivação de um empreendedor típico em três estágios básicos, juntamente com alguns de seus desafios.

1. *O primeiro nível da motivação tem a ver com o desejo de alguém em deixar ou evitar um emprego por causa de condições insatisfatórias*, seja uma carga de trabalho exaustiva, pouca liberdade, colegas com quem é difícil conviver, falta de oportunidades ou baixa remuneração. Enquanto está empregado, esse futuro empreendedor deseja sair da ocupação atual, mas não está disposto ou hesita em abrir mão de alguns dos confortos do seu emprego. Esses confortos podem incluir a ausência de responsabilidades, um salário fixo com benefícios ou uma sensação de segurança.

Esse nível é a motivação menos madura e orgânica para o empreendedorismo.

A motivação vem de uma vontade de se afastar ou escapar, e não de resolver um problema relacionado aos negócios. Além disso, outros empregos sempre podem oferecer uma experiência melhor e, assim, aliviar condições insatisfatórias. No caso de uma pessoa encontrar um trabalho que acomode tudo isso, a vontade de se dedicar ao empreendedorismo esmaece. Além disso, essa pessoa provavelmente tentará se dedicar ao empreendedorismo para criar um ambiente similar àquele recém-abandonado, mas de acordo com sua própria visão. Esse empreendedor está trabalhando para restaurar um nível de conforto. Portanto, empreendedores que estão nesse nível raramente vão além de se tornarem profissionais autônomos ou sócios-proprietários, e optam por um estilo de vida calcado no empreendedorismo. Ainda assim, quando chega a coragem de deixar o emprego e abrir uma empresa, a motivação vai ao segundo nível.

2. *O segundo nível de motivação está relacionado à sobrevivência*, e talvez seja o nível mais natural dos três. Essa motivação está enraizada em nós como seres humanos. Ainda assim, um empreendedor que escapou do confinamento de um emprego em horário comercial vai ter dificuldades para se acostumar a essa nova motivação, especialmente em migrar de uma mentalidade de funcionário para uma mentalidade de empreendedor.

Enquanto empreendedores comem somente aquilo que eles mesmos matam, funcionários comem independentemente do que matam. Enquanto empresários não esperam ter um salário fixo, funcionários sabem exatamente o quanto vão ganhar e quando essa quantia será paga. Enquanto empreendedores acreditam que o potencial da sua empresa é maior que a gratificação recebida por qualquer salário, funcionários definem seu potencial dentro dos limites da empresa em que trabalham. E, acima de tudo, os empreendedores são motivados por uma sensação intrínseca de sobrevivência, enquanto os funcionários são motivados por uma sensação extrínseca de que têm um direito natural de receber seus benefícios e salários.

Esse nível apresenta um problema singular, mas compreensível, para os empreendedores. Eu o chamo de "empreendedorismo de subsistência". Empreendedores motivados primariamente pela sobrevivência ou por manter um certo padrão de vida frequentemente não vão além dos esforços necessários para alcançar esses objetivos. Como resultado, suas empresas dificilmente chegam a crescer. Empreendedores podem dar início a projetos inovadores e promissores, mas inevitavelmente o seu crescimento fica limitado por seu próprio esforço ou pela falta de ambição em alcançar objetivos cada vez maiores. Empreendedores que estão nesse nível devem estabelecer uma estratégia inteligente de crescimento e objetivos que os tirem do seu novo ponto de equilíbrio. Muitos empreendedores jamais passam desse nível de motivação.

3. *O terceiro nível de motivação está relacionado com a capacidade*

de criar um excelente produto ou serviço que atenda uma necessidade ou resolva um problema. Diferente dos dois níveis anteriores, somente esse nível encontra motivação dentro do contexto do mundo dos negócios. Portanto, esse nível de motivação é mais apropriado e condutivo a grandes conquistas.

Por exemplo, o PayPal não foi necessariamente criado para facilitar pagamentos globais e transferências de dinheiro via internet. Em vez disso, a ideia se originou das crenças libertárias do cofundador Peter Thiel que ganharam força quando ele estava na faculdade. O PayPal foi uma solução para o problema criado por países, particularmente aqueles comandados por ditadores, de manipular a moeda circulante e, assim, destruir sistemas de livre mercado. Da mesma forma, o cofundador do Facebook, Mark Zuckerberg, foi guiado por um desejo de criar um excelente produto capaz de tornar o mundo mais transparente e conectado.

Os empreendedores mais reverenciados da nossa era vieram quase que totalmente de uma posição financeiramente privilegiada, o que lhes permitiu passar por cima dos dois primeiros níveis de motivação. De maneira geral, eles não precisam lutar com a bagagem psicológica e as limitações dos níveis anteriores.

Por exemplo, concentrar-se em construir um produto revolucionário é muito mais fácil quando você não precisa trabalhar em um emprego em período integral para conseguir comer ou pagar as contas. As estatísticas mostram que a maioria dos empreendedores não tem essa vantagem.

Certamente existem outras motivações para se tornar empreendedor além das três que foram apresentadas neste livro, mas elas certamente são inferiores. O objetivo dos empreendedores deveria ser alinhar a sua motivação com o objetivo da sua empresa, que é um elemento do terceiro e mais alto nível de motivação. Quando você alcança esse nível, a sua empresa tem o maior potencial para alcançar o sucesso.

99. VOCÊ AMA A SUA VIDA

A melhor maneira de prever o futuro é criá-lo.
— Peter Drucker, escritor e consultor de administração de empresas

Às vezes eu tenho que me beliscar e perguntar: "Isso está acontecendo de verdade?". Por exemplo, recentemente, joguei uma partida de golfe de dezoito buracos em um belo campo privado em Orlando, na Flórida, com três médicos, alguns dos quais certamente têm uma fortuna avaliada em milhões de dólares. No décimo sexto buraco, um dos meus principais clientes me ligou para confirmar o endereço da minha empresa para enviar dois cheques polpudos. Ao mesmo tempo, minhas várias empresas estão gerando renda (eu recebo alertas por e-mail sobre os resultados das vendas). Enquanto isso, a minha família está se divertindo em um longo período de férias na Disney World e outras atrações na região de Orlando. Normalmente, nós viajamos de avião, mas desta vez fomos de carro porque um dos meus clientes me deu um SUV de luxo para usar na viagem. E isso tudo aconteceu apenas em um dia!

Outros momentos em que me belisco incluem o convite feito pelo governo norueguês para ficar na suíte do vencedor do Prêmio Nobel no Grand Hotel em Oslo, ser convidado para ir à Casa Branca pelo Presidente Barack Obama, jantar com o vice-presidente do Quênia em Nairóbi, assistir ao All-Star Game da NBA em um assento logo ao lado da quadra, jogar golfe com o vice-presidente Joe Biden em St. Thomas, bater papo com Kanye West durante uma festa de lançamento privada do seu novo álbum e assim por diante. Todos esses grandes momentos ocorreram porque eu tive a fortitude necessária para iniciar as atividades da minha própria empresa e criar valor para esses importantes indivíduos e organizações.

A qualidade de vida que eu tive como empreendedor foi maior do que qualquer coisa que eu poderia ter imaginado. Sinto-me especialmente orgulhoso do fato de que as minhas empresas me permitiram sustentar a minha família e vê-la crescer, assim como as famílias das pessoas que trabalham para mim, viajar pelo mundo e visitar mais de vinte e cinco países, ajudar muitas instituições filantrópicas e causas que são importantes para o meu coração e inspirar outros a transformar seus sonhos em realidade. Se eu não tivesse sido contaminado pelo vírus do empreendedorismo durante o segundo ano na faculdade há doze anos, eu teria uma vida muito diferente, e quase certamente não teria tantas realizações.

Sim, a minha vida é boa, e você provavelmente esperaria que eu lhe dissesse isso como uma espécie de evangelizador do empreendedorismo, mas as coisas nem sempre foram perfeitas, e eu não espero que elas sejam sempre assim.

A vida de empreendedor também foi difícil. Em alguns momentos preocupantes, eu pensava que iria perder tudo, perguntando a mim mesmo se o caminho que estava seguindo era o certo. Quis desistir de tudo. Inclusive, nos meus piores dias, todos esses pensamentos podem passar pela minha cabeça. Entretanto, não importava o quanto me sentisse deprimido ou perdido, sempre acreditei que o empreendedorismo é o melhor caminho a seguir rumo à felicidade e à autorrealização. Essa crença poderosa talvez seja o que vive me dando forças para começar mais um negócio, várias e várias vezes.

Aparentemente, não sou o único que pensa assim. Nunca conheci um empreendedor que odeia ser empreendedor. Independentemente de estarem abrindo um processo de falência ou se preparando para abrir o capital da empresa na bolsa de valores, os empreendedores adoram assumir riscos e abrir novas empresas. Para a maioria deles (e para mim), nenhum outro tipo de vida chega perto.

Empreendedores amam suas vidas, não necessariamente por causa dos benefícios do sucesso, mas porque amam o jogo de empreender, que pode trazer alegria e *também* dor. Uma sensação indescritível de alegria vem de saber que você tem o controle sobre o seu destino, e essa alegria está presente em épocas boas e ruins. Quando digo que amo a minha vida, não faço isso para me gabar ou por arrogância, e sim para reafirmar minha crença de que ser empreendedor é a vida acontecendo da melhor forma possível. É isso que faz dos empreendedores uma espécie única.

100. VOCÊ É UM ETERNO EMPREENDEDOR

> Você engole a pílula azul, a história termina, você acorda na sua cama e acredita no que quiser acreditar. Você engole a pílula vermelha e continua no País das Maravilhas, e eu lhe mostro o quanto o buraco do coelho é profundo.
> — Morpheus, em *Matrix*

Conforme vou envelhecendo, às vezes imagino como o meu impulso empreendedor vai mudar quando eu chegar à idade de oitenta, noventa ou mesmo cem anos. Vou decidir me aposentar e ter uma vida focada em repouso, viagens e passar o tempo com meus netos? Ou vou continuar a trabalhar em busca da próxima grande ideia que vai gerar riqueza, ainda trabalhando por longos períodos e indo ao escritório? Embora uma vida de lazer com a aposentadoria seja atraente, e também seja o estilo de vida ao qual a maioria das pessoas aspira quando chega aos seus anos dourados, eu duvido que acabe selecionando essa opção. Quando me tornar centenário em 2079, tenho certeza de que o meu espírito empreendedor vai estar tão forte e ambicioso quanto é agora.

Aprendi uma coisa sobre a qualidade natural e empolgante do empreendedorismo: uma vez que você se deixa infectar, o vírus nunca mais o abandona. A ambição e a vontade de alcançar os níveis mais altos do empreendedorismo não são páreo para obstáculos comuns como a idade ou mesmo o fracasso.

Mesmo uma idade mais avançada não importa. Eu me inspiro em empreendedores como Truett Cathy, o fundador da rede de restaurantes rápidos Chick-fil-A, de noventa e um anos. Cathy não deixa que a idade o atrapalhe. Ele continua com a sua rotina diária de acordar cedo e continua a desempenhar um papel importante na empresa de bilhões de dólares que fundou há sessenta e seis anos. Inclusive, Cathy lançou um livro recentemente, intitulado *Riqueza: vale a pena?* no qual discute as oportunidades e a responsabilidade que a riqueza cria. Todos nós podemos aprender com o impulso impressionante de Cathy em uma época na qual a maioria das pessoas com a mesma idade já colocou o pé no freio há anos.

Da mesma forma, não importa o quanto foi desastroso o último negócio de um empreendedor. Eu ainda preciso encontrar alguém que renegou totalmente o empreendedorismo depois de fracassar espetacularmente. Não importa o quanto foram terríveis as experiências que tiveram no mundo dos negócios, os empreendedores têm o talento único de separar os resultados de seus esforços da santidade do conceito do empreendedorismo em si. Pode ser também o fato de que o sonho de adquirir independência financeira e a capacidade de determinar o próprio destino tenha um forte apelo humano.

Muhammad Yunus, o pioneiro do microcrédito e vencedor do prêmio Nobel, postula que o empreendedorismo é tão natural à nossa humanidade quanto a nossa necessidade de comer. Segundo ele, todos os seres humanos são empreendedores. Quando estávamos nas cavernas, todos nós éramos profissionais autônomos... encontrando a nossa comida e nos alimentando. Foi onde a história humana começou. Quando a civilização chegou, suprimimos esse impulso. Tornamo-nos empregados porque eles nos rotularam, "vocês são empregados". Esquecemos que somos empreendedores.

Talvez Yunus tenha razão. Ele parece ter descoberto a razão mais primal para explicar por que, uma vez que alguém seja empreendedor, essa pessoa sempre será um empreendedor. Ou, como Yunus poderia dizer, "Uma vez que você perceba o seu estado natural de ser um empreendedor, jamais voltará a se ver como um empregado".

Independentemente da razão pela qual o empreendedorismo é tão cativante, todos nós podemos concordar que ele realmente é. Mesmo se você retornar a um emprego comum em horário comercial, nunca vai encará-lo da mesma maneira. Você é somente um empreendedor disfarçado ou em transição. Aqueles de nós que tomaram a "pílula vermelha" já sabem disso. Mas se você estiver considerando o empreendedorismo pela primeira vez, saiba que, uma vez que você está no País das Maravilhas, é para sempre. Não há como voltar.

POSFÁCIO

Não há nada de especial em escrever. As únicas coisas que você faz são sentar diante de uma máquina de escrever e sangrar.
— Ernest Hemingway, escritor

Obrigado por ler meu livro. Sou grato pelo seu investimento de tempo e dinheiro.

Espero que tenha aprendido muitas lições valiosas que vão inspirá-lo a começar um negócio com mais conhecimento ou melhorar o negócio que você já tem. E o encorajo a compartilhar este livro com outras pessoas que também podem se beneficiar dele.

Além de tudo isso, espero que este seja o início de um relacionamento duradouro, no qual eu possa continuar a lhe dar conselhos e você possa me dar *feedback*. Por favor, siga-me no meu blog, no Twitter e no Facebook. Por meio desses canais, você vai encontrar novos conteúdos incluindo artigos, palestras e futuros projetos.

Finalmente, eu lhe desejo muito sucesso conforme você prossegue na jornada mais gratificante e satisfatória que conheço: o empreendedorismo.

AGRADECIMENTOS

Não existe algo como o homem "feito por si mesmo". Nós somos feitos por milhares de outras pessoas.
— George Matthew Adams, colunista jornalístico americano

Quando quero alcançar um objetivo, eu me jogo de cabeça. Em outras palavras, encontro alguma maneira de desafiar a mim mesmo, aderindo a um cronograma torturante durante cem dias para alcançar minha meta; eu me concentro com bastante afinco. Quando concorri a uma eleição em 2009, eu me comprometi a percorrer a pé os bairros do meu distrito e bater em portas para conseguir votos durante cem dias seguidos. Quando quis correr a minha primeira meia maratona, criei uma agenda rígida que exigiria que eu treinasse por cerca de cem dias. Quando quis escrever este livro, decidi escrever todos os dias, por pelo menos cem dias seguidos. Consegui atingir essa meta, e este livro é o resultado do meu esforço.

Entretanto, não foi algo simples como ser fiel ao meu plano de cem dias e confiar na minha própria capacidade de transformar este livro em realidade. O que pode parecer como uma realização conquistada por meus próprios méritos, na verdade, é exatamente o oposto. No decorrer de todo o processo de compor este livro, eu recebi muita ajuda e estímulo, seja de membros da minha família, algum amigo distante por meio das mídias sociais ou de um editor profissional. Sem a ajuda dessas pessoas, este livro nunca teria sido publicado. Continuaria a ser um sonho inalcançado, um item que não estaria marcado como concluído na minha lista de coisas a fazer. Só posso esperar que a minha gratidão e os agradecimentos nesta parte do livro sejam suficientes para expressar o quanto sou grato pela ajuda de todo mundo.

Em primeiro lugar, agradeço a Deus, que é a minha força e cuja glória é o propósito do meu desejo de ter sucesso na vida e nos negócios. A seguir, tenho que agradecer a meus pais, Richard e Jean, por serem os melhores pais que alguém poderia ter. Eu sou porque eles são. Obrigado por acreditarem em mim e apoiarem os meus projetos empreendedores. Além disso, obrigado por instilarem em meus irmãos e em mim o amor pelos livros e pela leitura. Minha mãe lia constantemente para nós quando éramos crianças. Conforme fomos ficando mais velhos, a hora de contar histórias se transformou em um forte estímulo para ler com frequência. Eu ainda consigo ouvir a bronca que ela nos dava: "desliguem essa TV e vão ler um livro!". Uma das minhas lembranças mais vívidas quando criança era de observar o meu pai ler e fazer marcações em um dos seus belos livros de estudo sobre a *Bíblia* ou receber dele um livro com várias anotações que ele havia lido recentemente sobre administração de empresas. Ainda no meio do Ensino Fundamental, eu já estava lendo obras sobre administração corporativa e liderança.

Além de tudo isso, devo muito à minha esposa, Deidre, que me deu o espaço necessário para completar este projeto desde o início. Mesmo com todo o trabalho que envolvia cuidar do nosso filho de seis meses, ela nunca vacilou em seu apoio. Mesmo quando as nossas férias em família na Disney World coincidiram com os meus últimos sete dias de redação, ela me estimulou a continuar firme e forte no projeto e não deixar passar um só dia. Em geral, seu apoio fiel pelos meus negócios e objetivos na vida foram uma tremenda bênção. Nada mais pode explicar sua empolgação, o encorajamento, o apoio e a tolerância além de amor incondicional.

Meus irmãos também me deram bastante incentivo. Meu irmão mais velho, Richard, foi uma enorme inspiração para mim, por ser um dos melhores pianistas de jazz do mundo ou por recomendar livros que eu deveria ler. Inclusive, sua primeira recomendação mudou a minha vida e a minha perspectiva sobre o quanto os livros podem ser empolgantes. Durante o Ensino Médio, ele me deu *Miles Davis: A autobiografia*, uma narrativa emocionante que fez brotar o meu amor pelo gênero das autobiografias e pelo trompete no jazz. Minha irmã mais nova, Angela, deixou que eu pegasse os seus livros de administração da faculdade emprestados para melhorar minhas habilidades em finanças, contabilidade e marketing, já que eu não estava cursando administração de empresas como ela.

O restante da minha família também me apoiou com a mesma vontade, assim como toda a família da minha esposa. Seja por ativar suas redes de contato pra me ajudar ou simplesmente por serem meus maiores fãs, todos contribuíram para o sucesso deste livro. Agradecimentos especiais vão para a família Turner: Dennis, Janet, Dennise, Donnice, Dawn e Dorian. Além disso, agradeço aos avós, que deram apoio total ao projeto.

Sem dúvida, uma das maiores influências na minha vida foi a minha família da igreja na área de Boston, em Massachusetts, onde vivi por muitos anos, até o último ano do Ensino Médio. Era um grupo especial da igreja no qual vários homens e mulheres bem-sucedidos tinham seus próprios negócios e estimulavam a nós, jovens, para seguir seus passos. Muitos deles eram empreendedores no setor de tecnologia e continuam em atividade até hoje. Inclusive, às vezes faço negócios com eles. Havia também advogados e médicos que eram donos dos próprios escritórios ou consultórios. Eles me ensinaram que abrir uma empresa e ter sucesso no que podem parecer ser condições desfavoráveis não era somente possível, mas também o que se esperava. Obrigado especialmente a William Bagley, Carlo Cadet, Michael Collison, Michael Dawson, o sr. e a sra. Larry Edmonds, Tom Farrington, James Grigsby, Jonathan Mayo, Denzil McKenzie, Kevin Pearson, Darrin Poullard, Malcolm Roberts, Michael Robinson, Lyndon

Myers e John Womack. Vocês todos foram exemplos excelentes.

Sou especialmente grato àqueles de vocês que dedicaram seu tempo para ler ou revisar os exemplares do meu livro e me dar *feedback*. Da mesma forma, aqueles de vocês que me seguem no Twitter e leem o meu blog foram muito importantes durante todo esse processo. E agradeço também a todos vocês que deram depoimentos para apoiar este projeto. Essas pessoas gentis incluem Dexter Caffey, Andrew Dietz, Scott Gerber, Vivian Giang, Christopher Hanks, James Herbert, Samuel T. Jackson, Shaun King, Robert Lahm, Kent Matlock, David Meredith, Chau Nguyen, Eric Overby, Devon Wijesinghe, Andrew Young e outros. Suas ideias, comentários e endossos fizeram com que este livro fosse muito melhor e me deram mais autoconfiança.

Não há nenhum ato capaz de exacerbar a humildade e a dor de alguém do que ter seu manuscrito criticado e editado. É uma das experiências que mais exacerbou o meu senso de humildade. Mesmo assim, é necessário para fazer com que a minha mensagem seja clara e efetiva, e isso é ótimo. Como resultado de passar pelo processo de edição e revisão, eu me tornei um melhor escritor e comunicador. Bob Land, um mestre entre os editores, foi uma pessoa muito importante com quem pude contar. Obrigado por suas sugestões e experiência.

E, finalmente, obrigado a todos os meus colegas de trabalho, mentores e amigos que me apoiaram no decorrer dos anos. Tentei listar o máximo de pessoas que foi possível. Se omiti alguém importante, peço desculpas. Certamente não foi intencional. Agradeço a Henry "Hank" Aaron, Donovan Adams, Tiwa Aganga-Williams, Blair Alexander, Amy Allen, Kate Atwood, Shane Aubrey, James Bailey, Antoinette Ball, Leona Barr-Davenport, Gail Banks, Kornelius Bankston, Tony Baraka, Greg e Juanita Baranco, Gerald Barnes, Galen Barrett, Lekan Bashua, Bijan C. Bayne, Danny Bellinger, Kathleen Bertrand, Geoffrey e Beth Bennett, C. J. Bland, Cicely Bland, Robert Bolton, Jasper Boykin, John Breton, Max Brooks, Sierra Brown, Tiffany Bussey, Joshua Butler, Laura Butts, Alzay Calhoun, Jason Carter, Rodrigo Cervantes, Amani

Channel, Stacey Chavis, Christopher Cooper, Chris Craft, Gloria da Cunha, Cedric Dark, Anthony Davis, Rachel Bottini Donohoe, Bandon Douglass, Araba Dowell, Ralph Dragon, Torarie Durden, Jason Edwards, Mike Eckert, Marshawn Evans, Tomeeka Farrington, Garry Fielding, Daniel Fowler, Cristina Francis, Howard Franklin, Robert Franklin, Bernice Frazier, Nekeidra Shegog Frederick, Daniel Gaviria, Lamar Gilliam, Kat Goduco, Joey Gonzalez, Henry Goodgame, J. Craig Gordon, Natasha Gore, Eric Gordon, Garrett Gravensen, Kacey Greene, Russell Griffin, Hezekiah Griggs III, Cynthia Hale, Lori Hall, Milano Harden, Amisha Harding, Malla Haridat, Jeremy Halbert-Harris, Ryan Hattaway, Caroline Hennigar, Rhonda Hight, Derrick Hill, Michael T. Hill, Ebony Hillsman, Michael Holmes, Jacinta Howard, Tom Hughes, Spencer Humphrey, Tad Hutcheson, Markel Hutchins, Carletta S. Hurt, Alicia Ingram, Beverly Isom, Bunnie Jackson-Ransom, Adora Andy Jenkins, Sabrina Jenkins, William Jenkins, Penny Jerald, Gordon Johnson, Karla Johnson, Michael Johnson, John Wayne Jones, Melvin Jones, Felicia Joy, Jamahl L. King, Greg Knight, Joshua Kushner, Sabrina LaFleur, Jeffrey Lam, Donnie Leapheart, Erik Limpaecher, Jennifer Madden, Guy Madison, Hermon Menghisteab, Rubina Malik, Joy Marshall, Walter Massey, Henry Masson, John Maupin, Lee May, Jonathan Mayo, Kevin R. McGee, Sheridan McNeair, David Meredith, Rene Miller, Mecca Moore, Alisha Thomas Morgan, Carla Morrison, Farai Mtetwa, Lori Newman, Sean Norman, Steven Otu, Carlos Overall, Eric Overby, Ronda Penrice, Erica Petri, Michon Pinnix, Bolaji e Tamara Oyejide, Curtis Parker, Vanessa Parker, Kisha Payton, Eric Perrin, John Pitts, Dameon Pope, J. Kevin Powell, Shonika Proctor, Tigner Rand, Alfred Record, Larry e Alea Riley, Sheri Riley, Sidney Robbins, Jinean Robinson, Chelsey Rodgers, Terrance Rogers, Daniel Rubio, Dewey Sadka, Nadya Saib, I'na Saulsbery, Oliver Santana, Broderick Santiago, Mitch Schlimer, Kevin Scott, Tyree Cinque Simmons, Terrance Smalls, Calvin Smith, Levar Smith, Tom Sobczynski, Steve Sparks, Ricardo Spicer, Corey Sutton, Wayne Sutton, Ciji Tatum, Mark Anthony Thomas, Otis Threatt,

Rachel Tobin, Garrett Turman, Carmen Turner, Orie Ward, Boyce Watkins, Anthony Webb, Cheryl Weston, Johntrae Williams, Devin White, Tiffany White, sr. e sra. Ronald Whittle, Jamie Wolf, Catherine Woodling, Derrick Woods, Jason Woody e Andrew Young.

Primeira edição (Março/2019) · Sexta reimpressão
Papel de Miolo Ivory Bulk 1.8 58g
Tipografias Lucida Bright e TT Norms
Gráfica LIS